Individualpsychologische Psychoanalyse

Klaus-Jürgen Bruder
Almuth Bruder-Bezzel
(Hrsg.)

Individualpsychologische Psychoanalyse

PETER LANG
Frankfurt am Main · Berlin · Bern · Bruxelles · New York · Oxford · Wien

Bibliografische Information Der Deutschen Bibliothek
Die Deutsche Bibliothek verzeichnet diese Publikation in der Deutschen Nationalbibliografie; detaillierte bibliografische Daten sind im Internet über <http://dnb.ddb.de> abrufbar.

Satz:
Die Setzer, Berlin 2006.

ISBN 978-3-631-54752-6

www.peterlang.de

Inhalt

Einleitung

Die Psychoanalyse Sigmund Freuds, dessen 150-jährigen Geburtstag wir in diesem Jahr feiern, hat sich in ihrer über 100-jährigen Geschichte, in ihrer Verbreitung von Wien über die ganze Welt, in ihren Verbindungen mit den verschiedensten wissenschaftlichen, kulturellen und praktischen Bereichen, sehr weit verzweigt, in verschiedene Richtungen und Schulen, die – ehemals hart konkurrierend – heute eher friedlich nebeneinander wirken. Die Psychoanalyse ist heterogen geworden. Diese Vielfalt der Theorien (und damit der Praxis) wird von manchen beklagt, es fehle der common ground. Man kann und sollte das aber auch als Bereicherung sehen, das den verschiedenen Aspekten des Lebens, den Unterschieden zwischen den Menschen, den Patienten und den Analytikern, zugute kommt. Die psychoanalytischen Theorien unterschieden sich in vielen Einzelfragen der Theorie und Praxis, vielleicht aber ist der common ground wirklich die Anerkennung des Unbewussten, des Unbewussten, das dem Bewusstsein entzogen ist und das gleichwohl unser Denken, Handeln, Fühlen und Wollen bestimmt.

Es erfüllt derzeit viele Psychoanalytiker mit Genugtuung, dass die Neurowissenschaft nun das Unbewusste grundsätzlich anerkennt. So heißt es beispielsweise bei dem Neurobiologen Gerhard Roth: „Das Unbewusste hat mehr Einfluss auf das Bewusste als umgekehrt; das Unbewusste entsteht zeitlich vor den Bewusstseinszuständen; und das bewusste Ich hat wenig Einsicht in die Grundlagen seiner Wünsche und Handlungen" (Roth, zit. n. „Zeit", 23.2.06, S. 33). Das ist ganz im Sinn der Psychoanalyse, aber sagt natürlich nichts aus über die Inhalte und über die verschiedenen Mechanismen der kurzfristigen und langfristigen Entwicklung des Unbewussten, und es ist fraglich, ob sie je darüber etwas sagen können. Die Inhalte unbewusster Prozesse sind naturwissenschaftlich nicht deutbar und sie sind, über die Zeiten und Kulturen hinweg, nicht allgemeingültig. Die Vielfalt der Deutungen des Unbewussten, die sich in den unterschiedlichen Schulen ausdrückt, ist deshalb angemessen und naturwissenschaftlich nicht aufzuheben.

Individualpsychologische Psychoanalyse ist aus der Tradition der Individualpsychologie Alfred Adlers hervorgegangen. Alfred Adler (1870-1937) gehörte zu den Gründungsmitgliedern des Freudschen Gesprächskreises, der „Mittwochgesellschaft" und war der erste, der sich von Freud 1911 trennen musste. Auf der Freudschen Grundlage aufbauend rückte Adler inhaltlich die Spannung von Macht und Ohnmacht oder das Streben nach Geltung und Macht als den kompensatorischen Versuch, Gefühle von Minderwertigkeit und Ohnmacht zu überwinden, in den Mittelpunkt seiner Psychologie und sah darin den wichtigsten Antrieb für psychische Entwicklung. Er betrachtete den Menschen nicht als isoliertes Einzelwesen, sondern sah ihn in seinem sozialen Umfeld und in seiner sozialen Bezogenheit und mit sozialen Bedürfnissen (Gemeinschaftsgefühl).

Adlers metatheoretisch auffälligster und grundlegenster Punkt, der ihn von Freud unterscheidet – und ihn der modernen Psychoanalyse näher rückt – ist, dass er nicht triebtheoretisch, deterministisch denkt, sondern aus einem schöpferischen Unbewussten heraus, das, auf ein Ziel hin, den Lebensstil generiert. „Das Unbewusste, das ist der Lebensstil" (Adler 1930, S. 51).[1] Das Ziel ist bei ihm die Erhaltung, Festigung, Erhöhung des Persönlichkeitsgefühls. Darin ordnet er andere Konzepte, die intersubjektive Perspektive, den Lebensstil, die Kindheitserinnerungen, den Traum, das schöpferische Unbewusste ein.

Den Bezug zum anderen, die intersubjektive Perspektive, hat Adler in die Psychoanalyse hineingetragen. Bereits die Gerichtetheit auf das Ziel der Persönlichkeit verwirklicht sich in Beziehung zu anderen, ist intersubjektiv zu verstehen. Eine dieser primären intersubjektiven Zusammenhänge ist natürlich die Familie insgesamt und, von Adler im besonderen hervorgehoben, die Geschwisterbeziehung und Geschwisterposition. Aber – das unterscheidet Adler von den jüngeren Intersubjektivitätstheoretikern – diese Beziehung zum anderen entsteht und verwirklicht sich – oder scheitert – immer schon vor dem Hintergrund und im Rahmen der umfassenderen gesellschaftlichen Bedingungen und Verhältnisse. Der Begriff der Macht, als Streben nach Macht, hat hier seinen Ausgangspunkt und seinen Kontext.

Erzählte Erinnerungen an die frühe Kindheit sind Produkt der Erinnerungsarbeit zum Zeitpunkt der Erinnerung, erinnert und erzählt im intersubjektiven Kontext („Konstruktion"). Aber diese Konstruktion ist nicht vollkommen beliebig, sondern ist gebildet aus dem Lebensstil heraus, dem „Stil", mit dem das Individuum sein Leben führt, seine Beziehungen zu anderen und zu sich selbst gestaltet, der „Meinung" über sich und die „Welt". Erinnerungen sind also Konstruktionen innerhalb eines bestimmten indivi-

[1] „Nochmals – Die Einheit der Neurosen". In: Alfred Adler: Psychotherapie und Erziehung. Ausgewählte Aufsätze Band II: 1930 – 1932. Frankfurt: Fischer 1982, S. 35–55.

duellen und intersubjektiven Rahmens und mit den Mitteln, die dem Individuum zur Verfügung stehen. Die darin ausgedrückte „schöpferische" Produktivität ist zugleich „gebunden", in der Reproduktion alter Strukturen, der Wiederholung alter Erfahrungen, Befürchtungen, Hoffnungen – aber im Sinn einer Neuschöpfung.

Das allgemeine Prinzip der Produktion aller unserer Lebensäußerungen, das selbst nicht bewusst zu werden braucht, – und nur zum geringen Teil bewusst wird – ist der Lebensstil, vergleichbar dem Habitus (bei Bourdieu). Der Lebensstil dient in erster Linie der Aufrechterhaltung des Selbstwert-Gefühls und bestimmt die Werte und den „Sinn" eines Lebens. Er ist eingespannt in die Spannung zwischen Minderwertigkeit und Kompensation, oben und unten, die selbst intersubjektiv geprägt und gerichtet ist. Er ist die auf Überwindung zielende „Triebkraft". Man könnte den Lebensstil als das eigentliche Gedächtnis bezeichnen, als das Prinzip der Produktion der aktuellen Erinnerungen.

Was Freud mit „Übertragung" zu fassen versucht ist dieses generative Prinzip des Lebensstil, das uns gestattet (und darauf einschränkt), in neuen Situationen und Begegnungen die alten Muster wieder zu (re)produzieren, die Melodie unserer Gefühle, Wahrnehmungen, Handlungen in der Beziehung mit anderen. Und deshalb zeigt sich in der Struktur der neuen Beziehungen etwas von den früheren, auch in der Beziehung zum Analytiker, in der Inszenierung in der aktuellen Sitzung. Die Intersubjektivität strukturiert auch den Raum und die Begegnung in der Therapie.

Auch der Traum ist der schöpferische Ausdruck des Lebensstils, Träume und Kindheitserinnerungen werden produziert in einem narrativen Produktionsprozess, der ununterbrochen abläuft, in einem ständig ablaufenden Erzählprozess. Beim Traum sehen wir deutlicher zwei Schichten dieser Produktion: den Traumbericht, die Erzählung des Traums vor dem anderen, zum Beispiel dem Analytiker und die eigentliche Produktion des Traumes im Schlaf (ähnliches kann man auch über die Erzählung der Erinnerung in der analytischen Stunde sagen). Der Traum ist selbst bereits Ergebnis einer Beziehungsstruktur, der Struktur jener Beziehungen zu den anderen in der frühen und frühesten Zeit des Individuums.

Nach einer Darstellung der historischen Entwicklung und Einordnung dieser individualpsychologischen Richtung der Psychoanalyse und der Erörterung ihrer grundlegenden theoretischen Begriffe (*Almuth Bruder-Bezzel*) werden in diesem Buch die zentralen Ansätze und Konzepte der individualpsychologschen Psychoanalyse in ihrem heutigen Verständnis im Kontext der modernen Forschung dargestellt: Individuum und Selbst (*Gisela Eife* und *Karl-Heinz Witte*), Gemeinschaftsgefühl (*Karl Bald*), Lebensstil und Kindheitserinnerungen (*Klaus Ohm*), Geschwisterkonstellation (*Ulrike* und *Gerd Lehmkuhl*), Traum (*Rainer Schmidt*), Dauer und Ziele individualpsychologischer Therapie (*Gerd* und *Ulrike Lehmkuhl*) und die Konzeption der Macht (*Klaus-Jürgen Bruder*).

Der erste Beitrag *„Die Entstehung der Adlerschen Theorie aus dem Kreis um Freud"* von *Almuth Bruder-Bezzel* versteht sich als Einführung in Theorie und Geschichte der Individualpsychologie. Es wird die Geschichte der 9-jährigern Zusammenarbeit mit Freud skizziert und die Herausbildung der eigenen Schule als Auseinandersetzung mit Freud auf dem Boden grundsätzlicher Übereinstimung. Die einzelnen Stationen der Theorie- und Organisationsentwicklung Adlers, die verschiednen Begriffe und Denkansätze in ihrem Kontext werden anschaulich beschrieben. Der Adlersche Ansatz erweist sich als produktiver Beitrag zur modernen Psychoanalyse.

Gisela Eife und *Karl Heinz Witte* stellen in *„Das Individuelle in der Individualpsychologie"* Adlers Beitrag zur Psychoanalyse, in den Kontext der Philosophie, insbesondere Kants, sowie der mit ihm begründbaren Kritik an der Objektivierung der Subjektivität. Dies setzen sie auch in Vergleich zu anderen modernen psychoanalytischen Konzepten. Individualpsychologie halte an der Einzigartigkeit jedes Individuums und seiner Äußerungen fest, an der Tatsache, dass jedes Individuum unter gleichen Bedingungen prinzipiell verschieden Stellung nehme. Diese Sichtweise erfordere ein methodisches und therapeutisches Konzept, dessen Prinzipien ein „streng individualisierendes Vorgehen", die „Ablehnung jeder Regel", eine „ganzheitliche Zugangsweise", die am besten mit der Praxis des Künstlers verglichen werden könne. Es ist das der adlerschen Vorstellung vom Menschen als Schöpfer seiner Persönlichkeit, als „Künstler und Kunstwerk zugleich" entsprechende therapeutische Konzept. Dieses methodische Vorgehen wird von *Gisela Eife* und *Karl Heinz Witte* in einer umfangreichen Skizze der Analyse einer Patientin mit Borderline-Persönlichkeitsstörungen konkretisiert.

Karl Bald widmet sich in *„Das Adlersche Konstrukt „Gemeinschaftsgefühl"*: ein Entwurf des Menschen als sozialem Wesen." dem Begriff, der für die Adlersche Psychologie nach dem 1. Weltkrieg zentral ist und der, in anderen Konzepten bereits vorher angelegt, den sozialpsychologischen Blick in die Psychoanalyse einführt. Der Begriff „Gemeinschaftsgefühl" ist, wie *Karl Bald* ausführt, ein schillerndes Begriffskonglomerat, bei dem soziologische, psychologische, ethische, religiöse und wissenschaftliche Aspekte ineinander fließen. Er orientiert sich an einer idealen Gesellschaft (sub specie aeternitatis) und impliziert damit durchaus Normsetzungen. Der Begriff ist innerhalb der Individualpsychologie heute sehr umstritten. Auch diese Diskussion wird bei *Karl Bald* skizziert.

Klaus Ohm rückt eine weitere Besonderheit der Individualpsychologie in den Vordergrund. Bereits im Titel seines Beitrages sind drei Begriffe versammelt, die die Spezifik der Adlerschen Psychoanalyse charakterisieren: *„Persönlichkeit und Lebensstil in frühen Kindheitserinnerungen"*. Anders als Freud, der in den frühen Kindheitserinnerungen nach den Ursachen für spätere neurotische Entwicklung im Sinn einer kausalen Wahrheit suchte, sind frühe Kindheitserinnerungen die Bausteine, aus denen das Individuum seinen Lebensstil bildet und damit subjektive Werte bildet und Wirklichkeit umbildet (konstruiert). In Adlers Theorie haben Erinnerungen darüber hinaus die Funktion, das Wertgefühl in der Gegenwart zu bewahren oder zu steigern. *Klaus Ohm* verdeutlicht diese Gedanken in einer spannenden Analyse der Biographie von Charles Chaplin.

Ulrike und *Gerd Lehmkuhl* wenden sich in ihrem Beitrag *„Die Bedeutung von Geschwistern in der Psychotherapie"* einem weiteren genuin individualpsychologischen Feld zu, das außerhalb der Individualpsychologie zugleich stiefmütterlich behandelt wird. Gleichwohl können sie zeigen, dass die wenigen Untersuchungen, die es zu diesem Thema gibt, die Bedeutung der Geschwister nachdrücklich untersteichen: „Die Geschwisterbeziehung ist die längste in unserem Leben. Geschwistergruppen sind wie Elternpaare: unauflösbar, sie gelten ein Leben lang, auch wenn räumliche Trennungen eintreten". Psychoanalytisch gesehen werden im (früh)kindlichen Zusammensein Wesenszüge und Anteile der Geschwister in die eigene Person integriert und zu guten und weniger guten inneren Objekten umgebaut. Ein kaum beachteter Beziehungsraum, der in der Psychotherapie wenig genutzt wird, obwohl wir heute wissen, in welchem Ausmaß Geschwisterbeziehungen spätere erwachsene Beziehungen mit gestalten. Das Geschwisterthema steht im Schatten der Eltern-Kind-Beziehungen. *Ulrike* und *Gerd Lehmkuhl* zeigen die Komplexität der Geschwisterbeziehungen auf, die sie darin begründet sehen, dass diese sowohl durch vertikale Beziehungen zu beiden Eltern als auch durch horizontale Beziehungen zueinander gestaltet sind.

In seinem Beitrag *„Träume und Tagträume in der Individualpsychologie"* geht *Rainer Schmidt* von der Freudschen Traumanalyse aus, die der Ausgangspunkt auch für die individualpsychologische Traumanalyse ist. Zugleich wird bei der individualpsychologischen Herangehensweise an die Träume wiederum ihr konstruktivistisches Verständnis deutlich: Träume werden vom Träumer produziert, sie werden auch nicht, ebenso wie die Erinnerungen, aus der Vergangenheit wie aus einem Archiv hervorgeholt. Hier widmet sich *Rainer Schmidt* ausführlich dem Dialog zwischen Psychoanalyse und Neurobiologie über Träume und Unbewusstes, der seiner Auffassung nach geeignet ist, einige Verengungen des Blicks sowohl der Naturwissenschaft als auch der Psychoanalyse zu lichten. Die Darlegung der individualpsychologischen Traumarbeit wird eingebettet in die spezifischen Marksteine von Adlers Individualpsychologie (kritische Machtpsychologie, Gemeinschaftsgefühl, Finalität, schöpferischer Kraft, Lebensstil). Träume und Tagträume haben eine ähnliche Struktur, sie sind „Dichtung" und „Märchen" entsprungener kreativer schöpferischer Kraft, zur Überwindung einer „Minussituation" gemäß einem individuellen Lebensstil. Der Traum und der Traumbericht bezieht den Analytiker ein, er ist Botschaft im therapeutischen Gespräch. Sehr feinfühlig führt Rainer Schmidt seine Art der Traumbearbeitung in Einzelanalyse und mit Gruppen an Beispielen vor.

Gerd und *Ulrike Lehmkuhl* arbeiten in ihrem Beitrag, *„Dauer und Ziele individualpsychologischer Therapie"* die Grundlinien individualpsychologischer Zielsetzung der Therapie heraus, wie sie Adler und Künkel dargestellt hatten. Der Anspruch besteht darin, die Zusammenhänge der individuellen Lebensziele und der individuellen Methoden, an diesen festzuhalten, zu verstehen und damit möglicherweise ändern zu können. Dies setzt eine langfristig angelegte Therapie voraus. Adler betont die Notwendigkeit eines individualisierenden Vorgehens und die freie, wohlwollende therapeutische Beziehung als Bedingung, zur nachhaltigen Selbstanalyse und Selbsterziehung gelangen zu können. Die Zielsetzung im einzelnen verändert sich im Verlauf einer Therapie und beeinflusst ihre Dauer. Ziel und Dauer der Therapie stehen in einem engen Zusammenhang. Lehmkuhl und Lehmkuhl ziehen vergleichend weitere analytische Autoren heran.

Im letzten Beitrag stellt *Klaus-Jürgen Bruder* in *„Die Freudsche Erzählung von Ödipus als Mythos der Macht"* die unterschiedliche Perspektive in der Psychoanalyse und Individualpsychologie, die Macht in den Blick zu bekommen, dar. An Freuds zentralem Mythos, dem des Ödipus, arbeitet er die Verleugnung der Macht in der Psychoanalyse heraus: Macht-Strukturen werden ins Unbewusste des Individuums verschoben und damit als gesellschaftliche unsichtbar gemacht. Damit wird aber zugleich auch der emanzipatorische

Anspruch (bzw. das Versprechen) der Psychoanalyse aufgegeben. Individualpsychologie, die die Wirkung der gesellschaftlichen Macht in der Struktur des Unbewussten explizit thematisiert, kann hierdurch einen unverzichtbaren Beitrag zum psychoanalytischen Diskurs unter den heutigen Bedingungen einer zunehmend aus der Kontrolle der Zivilgesellschaft geratenen Macht leisten.

Dieses Buch geht aus einer Ringvorlesung des Alfred Adler Instituts Berlin hervor, die in der Freien Universität Berlin im Sommersemester 2005 veranstaltet wurde. Wir danken den AutorInnen für ihre aktive Beteiligung als ReferentInnen und dafür, dass sie ihren Beitrag für die Veröffentlichung zur Verfügung gestellt haben.

Das Interesse des Verlages hat dazu geführt, dass diese Vorträge in Buchform vorliegen können. Unser Dank hierfür gilt besonders Herrn Dr. Benjamin Kloss.

Berlin im März 2006

Klaus-Jürgen Bruder
Almuth Bruder-Bezzel

Die Entwicklung der Individualpsychologie aus dem Kreis von Freud

Almuth Bruder-Bezzel

Die Individualpsychologie Alfred Adlers hat sich aus der Psychoanalyse Sigmund Freuds entwickelt und gehört zu den drei klassischen tiefenpsychologischen Schulen, aus denen sich im Lauf dieses Jahrhunderts die verschiedenen modernen psychoanalytischen Richtungen herausgebildet haben. Adler war der erste „Dissident" aus dem Freud-Kreis und diese Dissidenz hat tiefe Spuren hinterlassen. Adler gründete eine eigene tiefenpsychologische Schule, – die, in gleichwohl veränderter Ausrichtung, bis heute besteht. Sie war sowohl durch die Übernahme von Freuds Denkansätzen als auch durch Abgrenzungen gegen ihn gekennzeichnet.

Alfred Adler wurde im November 1902 von Sigmund Freud gebeten, sich einem „kleinen Kreis von Kollegen und Anhängern" (Kahane, Reitler, Stekel) anzuschließen. Aus diesem „kleinen Kreis" wurde die psychoanalytische „Mittwochgesellschaft", die 1910 zur „Wiener Psychoanalytische Vereinigung" der „Internationalen Psychoanalytischen Vereinigung" expandierte. Adler gehörte somit zu den Gründungsmitgliedern des Freudschen Kreises.

Adler wurde ein ideenreiches, aktives und selbständiges Mitglied, – wie dies in den „Protokollen der Wiener Psychoanalytischen Vereinigung" ab 1906 gut nachzuverfolgen ist – der auf dem „Mutterboden" der Psychoanalyse auch immer wieder neue Ideen beisteuerte und damit natürlich auch aneckte. 1911 kam es, nach 9 jähriger Zusammenarbeit, zum endgültigen Zerwürfnis und Austritt Adlers und einiger seiner Anhänger, aus der Wiener Psychoanalytischen Vereinigung.

Der Bruch, eingeleitet von Freud, wurde auf beiden Seiten feindselig (vgl. Bruder-Bezzel 1983 und 1999; Handlbauer 1990).

Alfred Adler 1870 – somit 14 Jahre jünger als Freud – in Wien geboren und aufgewachsen, – war um die Zeit 1902 Allgemeinmediziner in Wien, ab 1910 Nervenarzt. Er gehörte dem sozialdemokratischen Umfeld an und war ab 1898 bis 1903 mit einigen Beiträgen zur damals neuen reformerischen Sozialmedizin hervorgetreten.

Freud war um 1902 in Wien weithin bekannt, vor allem durch die Traumdeutung (1900). Ab 1886/87 hatte er Vorlesungen an der Universität gehalten, – wo Adler ihn gehört hatte – im März 1902 wurde Freud zum außerordentlichen Professor ernannt. 1895 waren die „Studien über Hysterie" erschienen, 1897 hat er die „Verführungstheorie" aufgegeben. Er hatte bis 1902 Beiträge zur Angstneurose und Thesen zur sexuellen Ätiologie der Neurose geschrieben. Auch die ersten Ansätze zur „talking cure" waren erarbeitet.

Die Psychoanalyse, die Adler dann bis zu seinem Ausscheiden vor sich hatte, stand also auch erst in ihren Anfängen und hat sich in dieser Zeit selbst sehr verändert, als Ergebnis auch der Diskussionen in diesem Kreis. Freud schrieb nach 1902 viel und legte weitere Grundlagen zur Hysterie und Phobie, zum psychischen (Trieb)determinismus, zur kindlichen Sexualität und den psychosexuellen Stufen, zum topischen Modell von bewusst, vorbewusst, unbewusst und zur Kulturtheorie. Der Kreis um ihn hatte sich seit der Gründung erweitert, war zwischen 1906/07 von 20 Mitgliedern bis 1910/11 auf 43 Mitglieder angewachsen. Das Spektrum der Themen, die diskutiert wurden, war sehr breit. Der Mittwochskreis übernahm im wesentlichen Freuds Ansichten und bemühte sich um Übereinstimmung mit ihm. Nur zu Fragen der Behandlungstechnik, zur Rolle von Übertragung und Widerstand herrschte noch größere Unsicherheit und wurden abweichende Meinungen kontrovers vorgetragen (vgl. Leitner 2001).

1910 wurde auf dem Nürnberger Kongress die „Internationale Psychoanalytische Vereinigung" gegründet und kam es zu Auseinandersetzungen zwischen der Wiener und der Züricher (Jung)Gruppe, in die Adler verwickelt war. Adler wurde dann mit Wilhelm Stekel Obmann der Wiener Vereinigung und Herausgeber des „Zentralblattes für Psychoanalyse".

Adler war Freud-Schüler geworden, er stand in Übereinstimmung mit der Denkweise der Psychoanalyse, mit der Triebpsychologie, dem psychischen Determinismus, dem Unbewussten, der Rolle der kindlichen Sexualität, der Traumanalyse, der analytischen Methode. Aus den frühen Schriften von Adler und aus den „Protokollen" geht diese Nähe zur Psychoanalyse besonders bis 1907/08 deutlich hervor. Aber er vertrat auch eigene Standpunkte und brachte neue Fragestellungen ein, die zunächst auch mit gewissem Interesse akzeptiert und als Beitrag zur Weiterentwicklung der Psychoanalyse verstanden wurden.

So brachte Adler bereits 1906 eine Neuerung ein, die für seine weitere Entwicklung entscheidend wurde: die der Medizin entlehnte Theorie der Organminderwertigkeit und ihrer Kompensation. 1907 erschien darüber sein erstes Buch (1907a). Er vertrat diese klinische Theorie als Theorie auch der Ätiologie der Neurose, setzte sie parallel neben den Freudschen Ansatz und verstand sie als Ergänzung zur Psychoanalyse. Er schien damit den biologischen Interessen Freuds entgegenzukommen und zeigte sich damit bereits als einer, der den Zusammenhang von Körper und Seele, die psychische

Begründung somatischer Symptome (Psychosomatik), den Ausdruck seelischer Prozesse in Körpersprache („Organdialekt" 1912c) im Blick hatte, wie er und dies auch in der Folge immer wieder mit verschiedenen Beiträgen tat.

Nach den ersten grundlegenderen Streitigkeiten mit Freud 1908 (um den „Aggressionstrieb") aber, begann er sich kritisch mit Freud auseinanderzusetzen und, auf der Grundlage einer erweiterten Kompensationstheorie, eine eigenständige Theorie zur Dynamik der Persönlichkeit und Neurosenentwicklung zu formulieren. Damit begann er, sich von Freud abzuwenden.

Die Abkehr von der Freudschen Analyse hieß damals im Kern die Abkehr vom Konflikt zwischen den Trieben und von der Bedeutung des Sexualtriebs als primum movens, ja sogar die Triebpsychologie zu relativieren und letztlich aufzugeben. Dies implizierte dann andere Begründungen des Entwicklungsverlaufs, die Relativierung des psychischen Determinismus, einen anderen Blick auf die Dynamismen und „Abwehrstrukturen" des Individuums. Adler dachte ganzheitlicher und charakterologischer und er bestand darauf, dass der Mensch ein primär soziale Wesen ist. Von Anfang an war er an der pädagogischen Umsetzung psychologischer/psychoanalytischer Erkenntnisse interessiert.

Diese Entwicklung, vor allem die Abkehr von der (Sexual)triebtheorie wurde oder konnte in diesem Kreis dann nicht mehr geduldet werden, so dass es zum Bruch kam.

Adler hat im weiteren einerseits grundlegende Gedanken der Psychoanalyse aufrechterhalten, vor allem aber blieben sein Ringen um Freud und seine Versuche sich von ihm abzustoßen, in seinem gesamten Werk deutlich sichtbar.

Auch Freud hatte sich mit ihm auseinandersetzen müssen und hat dies auch noch in seinen weiteren Jahren getan. So sind Freuds Ausarbeitung zu den „Triebschicksalen", seine Wendung zur Ichpsychologie, zum Aggressionstrieb und zur dualistischen Triebtheorie nicht ohne Adler denkbar (vgl. Gast 1992). Möglicherweise ist aber auch umgekehrt das konstante Ausblenden gesellschaftlicher Einflüsse und der Dimension von Machtprozessen wiederum einem Ausweichen vor Adler geschuldet.

In den Jahren 1905 bis 1908 zeigt Adler in seinen Vorträgen und seinen Diskussionsbeiträgen in der „Mittwochgesellschaft" die engste Beziehung zu Freuds Denkweise und die Übernahme von dessen Themen und Terminologie. Kindliche Sexualität (und ihre pädagogische Nutzung), Sexualtrieb, Triebpsychologie, psychischer Determinismus und Traum als Wunschtraum sind hier seine Themen und die Grundlage seiner Argumentation. Adler stand somit ganz auf dem Boden der Psychoanalyse und der Triebpsychologie.

Dazwischen und parallel zur Triebpsychologie hatte Adler ab 1906/07 bereits sein zweites Bein mit seiner Theorie der Organminderwertigkeit und Kompensation entwickelt. Das hat er bereits 1906 im Mittwochskreis vorgetragen und 1907 in einem Buch ausführlich dargestellt (1907a). Die (funktionelle oder morphologische) Minderwertigkeit eines Organs zwinge dazu, diese zu kompensieren, zu überwinden, auszugleichen oder höherwertige Leistung zu bringen. Diese klinisch-medizinische These, die er durch eine Vielzahl von Forschungsergebnissen untermauert, wendet er nun auf die Entstehung von Neurosen an: Da die Kompensation viel psychische Kraft erfordere und entgleisen könne, könne eine neurotische Entwicklung eingeleitet werden. Ganz biologisch denkend verallgemeinerte er zu dieser Zeit: jede Neurose basiere auf einer Organminderwertigkeit – eine Position, die er zwar nie wirklich revidierte, aber in dieser Einseitigkeit bald nicht mehr vertrat. Indem er seinen Ansatz mit der Ätiologie der Neurose und mit der Triebpsychologie verband, verstand er ihn als Ergänzung zu Freud. Das wurde auch so aufgenommen.

Beides, die Triebpsychologie und die Kompensationslehre, vertrat Adler vor 1908 damit nebeneinander, auch wenn bereits hier schon Widersprüche zur bisherigen Triebtheorie zu erkennen sind. Denn durch die Kompensationstheorie wurde das motivationale Zentrum verschoben und wurde dem Trieb ja eher eine genetisch und dynamisch untergeordnete Rolle zugewiesen. Trieb wird bei Adler zumindest sekundär, wird der Kompensation untergeordnet und von Zielen und Strebungen geformt. Diese Zweigleisigkeit Adlers wäre auf Dauer nicht aufrecht zu erhalten gewesen. Der grundlegenderen Bedeutung der Kompensation als „Abweichung“ waren sich vermutlich weder Adler noch Freud bewusst. Der weitere Weg Adlers hin zur psychologischen Kompensationstheorie war zu diesem Zeitpunkt noch nicht entschieden.

Mit dem „Aggressionstrieb“ (1908b) und auch dem „Zärtlichkeitsbedürfnis“(1908d) verstärkte er erstmal den triebpsychologischen Strang. Er legte eine Triebdefinition vor die der von Freud ähnlich war und machte wichtige Ausführungen zur Triebdynamik, zur „Triebverschränkung“, „Triebwandlung“ und „Triebhemmung“. Vor allem aber postulierte er einen eigenständigen „Aggressionstrieb“, der mit dem Sexualtrieb und anderen primären Trieben, „verschränkt“ auftritt. Der Aggressionstrieb ist „Trieb zur Erkämpfung einer Befriedigung“, wenn „einem der Primärtriebe die Befriedigung verwehrt ist.“ Die Erregung wird „durch das Verhältnis von Triebstärke und

Anforderungen der Außenwelt eingeleitet, das Ziel desselben durch die Befriedigung der Primärtriebe und durch Kultur und Anpassung gesteckt" (1908b, S. 58).

Dass Adler die Aggression in den Rang eines Triebes neben dem Sexualtrieb erhoben hat, hat in der Abweichung von Freud zwei Implikationen: Zum einen hat er damit den Eros als primum movens vom Thron gestoßen und damit die rein sexuelle Ätiologie in Frage gestellt (nicht das Sexuelle eliminiert, wie Freud meinte). Er ging stattdessen von Triebverschränkungen und Triebverwandlungen beider Triebe aus. Zum anderen ist hiermit eine dualistische Triebkonzeption angelegt: Sexualtrieb und Aggressionstrieb. Diese dualistische Sicht wird noch unterstrichen mit dem „Zärtlichkeitsbedürfnis"(als Variante der Libido) neben dem Aggressionstrieb. Fasst man den Aggressionstrieb im weiteren als Trieb zur Aufrechterhaltung des Gleichgewichts auf, dann können wir ihn auch als Selbsterhaltungstrieb sehen – in beidem Vorläufer von Freud.

Adler selbst war mit dem „Aggressionstrieb" der Überzeugung, Freud nur zu erweitern. In Wirklichkeit aber hat er damit das Herzstück der Psychoanalyse, den alleinigen Vorrang des Sexualtriebs, angegriffen. Freud fühlte sich daher 1908 von solchen Abänderungen noch bedroht, der Sexualtrieb, die Libidotheorie, standen für ihn in dieser Zeit noch an so zentraler Stelle, dass er nichts anderes, keinen Aggressionstrieb, duldete oder dulden konnte.

War die Libidotheorie noch einzuordnen in die „sexualisierte „Wiener Moderne" (vgl. Eder 1993) des ausgehenden Fin de siecle, griff umgekehrt Adler mit der Aggression als zentralem Faktor psychischen Lebens, im Rang eines Triebes, wiederum aggressive Stimmungen und Erscheinungen der Zeit auf, wie sie sich im politischen und kulturellen Leben zeigten (Zeit des bewaffneten Friedens, Straßenkämpfe, parlamentarische Debatten, Expressionismus, Futurismus) und sich auch in wissenschaftlichen Diskussionen niederschlugen.

Nicht zufällig hielt Adler 1909 in der Mittwochsgesellschaft einen Vortrag über das Marxsche kämpferische Klassenbewusstsein (1909d), in dem er den produktiven Einsatz von Aggression („kulturelle Aggression") als Aufstand gegen Demütigung sah.

Zudem konnte er sich auf Vordenker beziehen, die allgemein und auch für ihn persönlich von Bedeutung waren, auf Darwin, Marx und Nietzsche, die das Kämpferische und Aggressive in ihrem Denken betont hatten.

Mit der Postulierung eines Aggressionstriebs (neben dem Sexualtrieb) ist Adler Vorläufer von Freuds Aggressionstrieb, der wiederum in Varianten in verschiedenen Biologien und Psychologien übernommen wurde. Indem Adler aber den Aggressionstrieb zugleich reaktiv und kompensatorisch fasst – als Trieb zur Erkämpfung einer Befriedigung, sobald diese verwehrt ist – wird der biologische Begriff „Trieb" darin fragwürdig und ist Adler zugleich Vorläufer eines Aggressionsbegriffs, der diesen nicht mehr als Trieb, sondern als Reaktion auf Frustration sieht. Dies wird zumindest seit Dollard und Miller (1939) in der Psychologie, aber auch im allgemeinen Verständnis und selbst in breitem Maße in der Psychoanalyse weithin vertreten. Auch Adlers Unterscheidung zwischen „feindseliger" und „kultureller" (produktiver) Aggression (im „Zärtlichkeitsbedürfnis") entspricht einem weiten Verständnis in der Psychologie und Psychoanalyse, wo etwa zwischen normaler, konstruktiver, reifer und pathologischer, destruktiver feindseliger Aggression unterschieden wird (vgl. Mentzos 1993, S. 83; Bruder-Bezzel 2004, S. 27f).

Das „Zärtlichkeitsbedürfnis" aus dem gleichen Jahr – im Mittwochskreis nie vorgetragen – ist theoretisch deshalb bedeutsam, als es mit dem Bedürfnis nach Zärtlichkeit und Liebkosung die Libidotheorie variiert und die erogenen Zonen in die Suche nach dem Objekt einbindet. Das „Zärtlichkeitsbedürfnis" ist für Adler „Abglanz von mehrfachen Regungen", es ist ein „Triebkomplex" (ab 1922 auch: „Gefühlskomplex"), der sich als Wunsch nach Liebkosung, nach Lob, nach Nähe äußert. „Das Ziel liegt in der Befriedigung dieser nach einem Objekt ringenden Regungen" (ab 1922: „befriedigenden Stellungnahme des Kindes zu seiner Umwelt") (1908d, S. 63f).

Entgegen Freuds primärem Narzissmus ist dieses Bedürfnis also von vornherein ein sozial gerichtetes und mit dieser Abkehr vom primären Narzissmus entspricht Adler einer verbreiteten Auffassung innerhalb der modernen Psychoanalyse, die sich aus der Folge von Balint ableitet, und die mit der Bindungstheorie und der Säuglingsforschung verknüpft ist. Für Adler ist das Zärtlichkeitsbedürfnis die Grundlage eines späteren Bedürfnisses nach Gemeinschaft, der „Gemeinschaftsgefühle", wie er dies schon hier sagt.

Das kindliche Bedürfnis nach Zärtlichkeit ist für Adler pädagogisch gesehen die Grundlage dafür, dass „Liebe als Erziehungsmittel" wirken kann, es ist „Hebel der Erziehung" (1908d, S. 64). Adler warnte allerdings sowohl vor zu viel als auch vor zu wenig Zärtlichkeit. Die sofortige, volle Befriedigung oder die Nichtbefriedigung und Kälte schwäche die Entfaltungspotentiale und hindere die Entstehung der sozialen Gefühle. Kalte Erziehung steigere die „feindselige Aggression" und hemme die „kulturelle Aggression". Mit solchen pädagogischen Überlegungen knüpfte Adler an die Diskussionen in der Entwicklungs – und Kinderpsychologie über Bestrafung und Verwöhnung an, wie er es bereits in früheren Beiträgen (1904a, 1905a) getan hatte.

Die Reaktion Freuds und seines Kreises auf den „Aggressionstrieb" waren so harsch, dass sie für Adler wegweisend gewesen sein muss. Wir wissen nicht, wie die Geschichte mit Adler weitergegangen wäre, wenn die Reaktion Freuds anders ausgefallen wäre. Die Überlegung scheint berechtigt, dass diese starke Zurückweisung für Adler das Signal war, diesen Weg, die Triebpsychologie überhaupt, zu verlassen. Aggression wird zur antreibenden, später „schöpferischen" Kraft, Aggression wird Antrieb für Kompensation oder wird selbst Kompensation.

Diesen Weg ging Adler ab 1909. Er wandte sich wieder seiner Kompensationstheorie zu und baute sie zu einer psychologischen Theorie um, indem nicht mehr nur oder vorrangig organische Schwäche, sondern vor allem subjektive Gefühle von Schwäche mit psychologischen Mitteln überwunden werden sollten. Nicht mehr der Trieb, aber auch nicht mehr nur die „Organminderwertigkeit" bestimmten die Ätiologie der Neurose und die Entwicklung der Persönlichkeit. Dies war die eigentliche Geburtsstunde der Adlerschen Theorie 1909/10.

Erst ging er von der „psychischen Überempfindlichkeit" aus, – die wiederum an die zeitgemäße „neurasthenische Sensibilität" oder „Reizsamkeit" anknüpft – die die kompensatorische Dynamik in Gang setze und das Kind zwischen aktiv und passiv, zwischen Aggression und Hemmung, schwanken lasse. Das sei der Ausgangspunkt der neurotischen Entwicklung, die „neurotische Disposition" (1909a).

Ab 1910 sprach er vom „Gefühl" der Schwäche, des Kleinseins, des Untenseins. Kompensation war dann das Bemühen, diese Gefühle zu überwinden durch das Bestreben, die Verhältnisse „umzukehren", größer oder stärker sein zu wollen, durch Überlegenheitsstreben, Geltungsstreben, Trotz, männlichen Protest, Willen zur Macht, Größenphantasie, Sicherung des Persönlichkeitsideals.

Beide Seiten gehören in ihrer Stärke und Ausprägung zusammen und stellen eine Einheit im „Charakter" her. Worin nun konkret diese Gefühle von Untensein gründen und welche Art und mit welchen Mitteln die kompensatorische Überwindung angestrebt wird, ist nicht zuletzt sozial vermittelt: sie basieren auf sozialem Vergleich, folgen Vorbildern aus dem sozialen Umfeld und sind von kulturellen Mustern und Werten beeinflusst.

Adler bevorzugte in dieser Zeit für die Beschreibung von Minderwertigkeitsgefühlen und Kompensation die Metaphern der Geschlechtsrollen, als Leiden unter der Unterlegenheit als Frau und dem kompensatorischen Wunsch, Mann sein, männlich sein zu wollen: der kompensatorische „männliche Protest", der bei beiden Geschlechtern aufträte. Das Kind oder das Individuum schwanke, in unterschiedlichem Ausmaß, zwischen der unterlegenen weiblichen und der omnipotenten männlichen Rolle, was er 1910 „psychischer Hermaphroditismus" (1910c) nannte, und was z.B. auch als Schwanken zwischen Gehorsam und Trotz (1910d) erscheinen kann. Mit der Geschlechtermetaphorik, die im „männlichen Protest" steckt, ging Adler nicht von einer biologischen Festschreibung von männlich und weiblich aus, sondern von einer kulturellen Wertung und den Geschlechtsrollenklischees, den gesellschaftlichen Zuweisungen der Geschlechter, der Unterdrückung und Geringachtung der Frau. Diese veranlassten beide Geschlechter, nicht Frau – und damit unterlegen, – sondern Mann oder männlich sein zu wollen. Der „zu starke Vorrang der Männlichkeit" sei „der Krebsschaden unserer Kultur." (1910d, S.214) „Herabsetzende Bemerkungen oder Handlungsweisen, die den Wert der Frau im allgemeinen bezweifeln, vergiften das Gemüt des Kindes und nötigen Knaben wie Mädchen, sich frühzeitig den falschen Schein einer übertriebenen Männlichkeit beizulegen." (ebd. S. 217). Adler hatte immer wieder sehr dezidiert – und in dieser Schärfe als einziger – in der Mittwochgesellschaft Position für die Gleichstellung der Frauen bezogen und sich damit, vor allem mit Wittels, angelegt (vgl. Protokolle I, S. 331, II, S. 82).

Diese Geschlechtsmetapher und Betonung des Leidens unter der weiblichen Geschlechtszugehörigkeit ist natürlich kultur- und zeitabhängig. Sie ist vor allem dann verständlich, wenn man die damalige scharfe Polarisierung zwischen Mann und Frau und zugleich den damaligen emanzipatorischen Kampf der Frauen einbezieht, den Adler positiv aufgriff. Vielleicht hat diese Metapher bei uns heute etwas an Schärfe verloren und damit der „männliche Protest" an seiner Bedeutung.

Adler konnte mit seiner Kompensationstheorie auf medizinische und biologische Vorläufer zurückgreifen, aber er nannte für seine Gedanken als der Grundlage der Persönlichkeits- und Neurosenentwicklung im weiteren keinen eigentlichen Gewährsmann. Zu denken ist natürlich an Nietzsche, an dessen Parolen zur „Überwindung", des Über sich Hinauswachsens, seines Willens zur Macht und seine betonte Aggressivität, auch an Darwins Evolutionstheorie und Lamarck – auf die er sich 1907a bezogen hat – und an Marx. Auch verschiedne gesellschaftliche Erscheinungen und Einflüsse mögen diese Gedanken befördert haben –Aufstiegswünsche und Überwindungskämpfe klassenmäßiger, nationaler, geschlechtsspezifischer Unterlegenheiten und die Rufe nach Überwindung von „Nervosität" durch die Stärkung des Willens und der Tat, wie sie in Literatur und Kunst und in sozialpädagogischen Bewegungen erscheinen.

Durch die Aufforderung Freuds im Oktober 1910, seine Theorie im Ganzen darzustellen, wurde Adler herausgefordert, die bisherige indirekte oder implizite Abkehr von Freud und seiner Triebpsychologie offen zu legen. Und Adler ging nun im Januar und Februar 1911 (1911 a und b) zum Angriff und zur Verteidigung über. Adlers Angriff richtete sich gegen den Primat des Triebes und seiner Verdrängung und gegen die Vorstellung des Unbewussten als einem vom Bewussten abgeschlossenen System und der damit verbundenen Substantialisierung des Unbewussten. Auch verteidigte er sein Konzept des männlichen Protests: Dem Wirken des Triebs gingen Orientierungen nach außen und Objektbeziehungen voraus (1911, S. 103). Treibend sei in der Neurose daher nicht die Triebverdrängung, sondern die kompensierende, zielgerichtete Psyche, die unter anderem auch verdrängt (ebd., S. 109). Triebe seien nicht konstant und messbar, sie werden bearbeitet, variiert und gerichtet durch das psychische Leben, durch das Ziel. Und dieses Ziel ist nicht Lustgewinnung, sondern die Herstellung und Erhaltung der Sicherheit und Macht, durch die Dynamik der zielgerichteten Kompensation, besonders in Form des männlichen Protests. Indem der Trieb seinen Inhalt, seine Gestalt und seine Richtung erst durch diese andere Dynamik bekomme, verliere der Trieb seine determinierende Wirkung.

Mit dieser grundlegenden Kritik wurde Adler wird zum Vorläufer psychoanalytischer Triebkritik, wie wir sie durch Balint, Kohut, Fairbain und viele andere kennen.

Hier musste es nun zum Bruch kommen, wie er von Freud bereits beabsichtigt war. Die gereizte Stimmung auf dem Nürnberger Kongress im März 1910 hatte dies gewiss begünstigt.

Adler gründete sofort nach dem Bruch seinen eigenen Gesprächskreis, seine eigene Vereinigung – zunächst mit ehemaligen Mitgliedern der Mittwochgesellschaft – und nannte sie „Vereinigung für freie psychoanalytische Forschung", um sich damit gegen das „Denkdiktat" Freuds zu wehren. Ab 1913 nannte sich die Vereinigung, in weitergehender Abgrenzung von der Psychoanalyse, „Vereinigung für Individualpsychologie", womit sie auf das Individuum als Einheit, auf das Zusammenspiel aller seiner Teile abhob. Ab 1912 erschien eine eigene Schriftenreihe („Schriften des Vereins für freie psychoanalytische Forschung") verschiedener Autoren, 1914 erschien der erste Sammelband der Gruppe, „Heilen und Bilden, mit pädagogischer Ausrichtung, 1914 das erste Heft der eigenen Zeitschrift („Zeitschrift für Individualpsychologie"), deren weiteres Erscheinen durch den Krieg unterbrochen wurde und ab 1923 als „Internationale Zeitschrift für Individualpsychologie" wieder erschien.

1912 veröffentlichte Adler sein Hauptwerk „Über den Nervösen Charakter" (1912a). Unmittelbar nach der Trennung von Freud erschienen, dokumentiert es sowohl den Abschluss der Entwicklung mit Freud als auch den Beginn einer neuen Schule. Er legt seine bisherigen Ansätze nocheinmal dar, setzt sich mit seinen wissenschaftlichen Grundlagen auseinander und wendet diese Theorie in einer Fülle von plastischen Fallbeschreibungen an. Er zeigt überraschende Verbindungen von individuellen Unterlegenheitsgefühlen, Kompensationen, Sicherungen, Kompromissen, die über die Zerrissenheiten und Konflikte hinaus zusammen eine Einheit im „Charakter" bilden.

Neu oder neu in ihrer systematischen Verwendung, sind die Begriffe Fiktion und (Wille zur) Macht, betont wird die Zielgerichtetheit und Einheit der Persönlichkeit.

Den Fiktionsbegriff entlehnte Adler der „Philosophie des Als Ob" (1911) des Philosophen Hans Vaihinger, er speiste sich aber auch aus Nietzsches „Willen zum Schein". Adler drückte damit aus, dass sowohl die Gefühle von Minderwertigkeit als auch die Kompensationsformen nicht Abbilder objektiver Gegebenheiten oder Wahrheiten darstellen, sondern subjektive Meinungen, Konstruktionen, falsche, aber praktikable Annahmen, notwendige „Irrtümer", also „Fiktionen". Das gesamte Denken und Fühlen sei von Fiktionen – heute würde man sagen von Konstruktionen – geprägt. Fiktionen seien nicht per se neurotisch, neurotisch würden sie erst, wenn sie starr und überhöht sind: der Neurotiker „ist an das Kreuz seiner Fiktionen geschlagen" (1912a, S. 105). Aufgabe von Therapie wäre es, diese Fiktionen sichtbar werden zu lassen mit dem Ziel, dass diese weniger zwingend, weniger starr und weniger überhöht werden, also eine Befreiung von den „Fesseln der Fiktionen"(vgl. Bruder 1998).

Von Nietzsche explizit übernahm Adler den „Willen zur Macht", verstanden als eine Ausprägung der Kompensation, als „Urkraft" und als Machtstreben. Dieser Machtbegriff wird quasi das Merkmal Adlerscher Theorie, auch wenn er ihn im weiteren eher selten und nur noch negativ anklagend verwendet und er sich sich gegen die, häufig kritisch gemeinte, Zuordnung der Individualpsychologie als Machtpsychologie wehrte. Bald grenzte er sich auch sehr entschieden von Nietzsche ab (vgl. Bruder-Bezzel 2004). Mit dem Machtbegriff, als Streben nach Macht und als Leiden unter der Macht, hat Adler ein oder das wesentliche Moment des Zusammenlebens, damit eine zentrale gesellschaftliche Dimension, in die Psychologie eingebracht, – ein Beitrag, dem sich die klassische Psychoanalyse weigert einzubeziehen. Problematisch erscheint der Machtbegriff dann, wenn mit „Macht(streben)" die vielfältigen anderen Schattierungen kompensatorischer Bemühungen darauf reduziert werden und damit dahinter verschwinden. Kompensation tritt nicht immer als Streben nach Macht auf – dies drückte Adler ja mit seinen verschiedenen Kennzeichnungen der Kompensation aus. Er betonte dies vor allem später, als er das „Gemeinschaftsgefühl" einführte und vom „Streben nach Vollkommenheit" sprach.

Die bereits angelegten Sichtweisen der Einheit und der Zielgerichtetheit (Finalität) psychischer Dynamik, wurden im „Nervösen Charakter" zu tragenden Gedanken. In der kompensatorischen Dynamik bedingen sich die beiden Pole Minderwertigkeitsgefühl und ihre Kompensation, sie gehören zusammen. Ein vertieftes Minderwertigkeitsgefühl ruft eine erhöhte, übersteigerte Kompensationsbereitschaft hervor. Zusammen stellen sie die Einheit des Individuums her („Individualpsychologie"). Es gibt keine zwei Seelen in einer Brust.

Zugleich ist mit dem Einheitsbegriff auch der Zusammenhang von Vergangenheit, Gegenwart und Zukunft(sgerichtetheit) verbunden, was Adler hier „vergleichende Psychologie", also die Notwendigkeit, immer diese drei Zeiten im Auge zu haben, nannte.

Die kompensatorische Dynamik stellt also eine unbewusste, zielgerichtete psychische Eigenaktivität, eine „schöpferische Aktivität" dar und ist der Motor jeder psychischen Äußerung und jeder psychischen Entwicklung. Dieses finale Moment, die aktive, gestaltende Orientierung auf Überwindung, auf Zukunft, wird besonders deutlich und plastisch an Adlers Fallbeschreibungen. Damit wird Zukunft, das Umzu, mehr betont als die erlittene Vergangenheit. Kindheit wird Ausgangssituation einer unbewussten aktiven Bewegung, mit den Defiziten fertig zu werden.

Es ist für Adler eine Selbstverständlichkeit, dass alle diese Prozesse und Funktionen „zum größeren Teil unbewusst, nur zum kleinen Teil bewusst" wirken (1912a, S. 91). Das hat er weder damals noch später je in Frage gestellt.

Unterbrochen durch den 1.Weltkrieg, baute Adler 1918/19 seinen Verein, in veränderter Zusammensetzung, neu auf und engagierte sich für die Reformpolitik im Roten Wien. Er führte nun, in seiner Kritik am Krieg und seiner positiven Haltung zur Republik, das Konzept des „Gemeinschaftsgefühls" ein. Mit dem Gemeinschaftsgefühl gab er seiner Theorie eine ganz neue Stoßrichtung, indem er dieses als Fähigkeit zu und als Bedürfnis nach Gemeinschaft dem kompensatorischen Macht- und Geltungsstreben als Ziel entgegensetzte. Er griff damit Parolen dieses Krieges auf und wandte sie zugleich gegen sie. Die Kriegsrhetorik bedeute eben nicht wahres Gemeinschaftsgefühl, sondern dieses müsse sich in der Zusammenarbeit für den Aufbau eines besseren, menschlicheren Zusammenlebens zeigen. Von hier aus geißelte er den Krieg als Ausdruck des Machtstrebens der Herrschenden, dem die „Untertanen" unterworfen würden und dem sie sich, in Übernahme der Kriegsziele als ihrer eigenen, unterwarfen. Ähnlich kritisch wandte er sich auch gegen die bolschewistische Diktatur (1918e, 1919b) als Manifestation von Machtstreben. Diese Kritik an Krieg und Diktatur entsprach dem Tenor des sozialdemokratischen Wiens, in dessen Dienst sich Adler nun stellte.

Adler und sein stark angewachsener Kreis widmeten sich im Roten Wien der von der Sozialdemokratie betriebenen Reformpolitik, bevorzugt der Schulreform und Erziehungsberatung, wozu die Einrichtung von Erziehungsberatungsstellen, Umstrukturierung des Unterrichts und Lehrerfortbildung, aber auch heilpädagogische Heime und Ehe- und Sexualberatungsstellen gehörten. Die Individualpsychologie erreichte hier ihre Blütezeit, dominierte als Psychologie und Pädagogik alle anderen Richtungen, einschließlich der Psychoanalyse. Auch in Deutschland schossen die Ortsgruppen und Einrichtungen aus dem Boden und erwarb sich die Individualpsychologie vor allem in der Erziehungs- und Bildungsreform, aber auch in der Jugend- und Sozialarbeit, einen festen Platz (vgl. Bruder-Bezzel 1999).

Zu ihren Themenbereichen gehörte auch „Menschenkenntnis", was man „Psychohygiene" oder Erwachsenenpädagogik nennen könnte. „Menschenkenntnis" meint eine Art von Selbsterfahrung oder Selbsterziehung zur Verbesserung des Wohlbefindens und des Zusammenlebens und entsprach dem Anliegen des Volksbildungswesens an (Selbst)erziehung zum neuen Menschen und Erweiterung sozialer Kompetenz. „Menschenkenntnis" ist auch ein Buch von Adler (1927a), auf der Grundlage von entsprechenden Vorlesungen. Die „soziale Beschaffenheit des Seelenlebens" steht neben der Ganzheitsbetrachtung und Zielgerichtetheit, verbunden mit dem Pädagogischen, im Zentrum. Adler beschreibt die Einwirkungen der Umgebung auf das Individuum und die Angewiesenheit auf die Gesellschaft. Die „sozialen Positionen" der Geschlechtsrolle und der Stellung des Kindes in der Geschwisterreihe bekommen eigene Kapitel. Adler war wohl der erste, der die Stellung in der Geschwisterreihe als eine Ausgangslage für wichtig nahm und damit die Betrachtung von der Eltern-Kind-Beziehung auf Familie und Familiendynamik erweiterte. „Gemeinschaftsgefühl" erscheint in diesem Zusammenhang als Bewusstsein über gesellschaftliche Zusammenhänge, als internalisierte gesellschaftliche Spielregeln, als emotionale Verbundenheit oder als ethische Kategorie. Es steht dem Streben nach Macht gegenüber und kann durch dieses eingeschränkt werden.

Neben den vielen Tätigkeiten in Wien reiste Adler mit Vorträgen durch Europa, ab Mitte der 20er Jahre durch die USA und schrieb eine Reihe von Büchern. In diesen späten 20er und frühen 30er Jahren setzte er sich auch noch einmal mit dem Unbewussten auseinander und wurden Konzepte wie „Lebensstil" und „schöpferische Kraft" hervorgehoben. Ein Hang zum Missionarischen und zur metaphysischen Weltanschauung tritt hier verstärkt hervor, besonders in seinem Buch „Sinn des Lebens" (1933b).

Die psychischen Prozesse sind für Adler ganz oder in Teilen, vorübergehend oder langfristig unbewusst. In Erinnerungen und in Träumen ebenso wie in allen anderen psychischen Manifestationen sind immer bewusste und unbewusste Anteile enthalten. Der Bewusstheitsgrad wechselt je nach Verfasstheit und Zielsetzung und kann von einem in den anderen Zustand übergehen. Unbewusste Inhalte sind nicht notwendiger Weise dauerhaft unbewusst, sie sind nicht notwendiger Weise Gegensätze und sind keine getrennten Bereiche oder Systeme. Sie bilden eine Einheit in der Person. Adler unterscheidet auch zwischen verschiedenen Formen von bewusst und unbewusst (unbewusst, unverstanden, unreflektiert) und beschäftigt sich mit dem Verhältnis des Bewussten und Unbewussten zur Sprache (vgl. Bruder-Bezzel 2005).

Aus der Zielgerichtetheit und Einheit des Charakters ergab sich für Adler so etwas wie ein „Schema", in dem sich die Erfahrungen der Wahrnehmung, des Fühlens, der Kognition verdichten zu einer spezifischen individuellen Sichtweise auf sich selbst und auf die Umgebung. Das nannte er bisher

„Lebensplan" oder „Leitlinie", nun führt er dafür den Begriff „Lebensstil" ein. Lebensstil meint die charakteristische Art, sich mit den Fragen des Lebens auseinander zusetzen. Im Lebensstil sind alle früheren Erfahrungen und Entscheidungen des Individuums aufgehoben, er legt die gegenwärtigen und zukünftigen Wahrnehmungen, Erinnerungen und Gefühlserlebnisse nahe. Ist er – mit drei oder fünf Jahren – erst einmal entwickelt, wird er zur determinierenden Struktur. Diagnostische und damit therapeutische Zugänge zum Lebensstil sieht Adler vor allem in den ersten Kindheitserinnerungen, in der Position in der Geschwisterreihe, den Kinderfehlern, den Tag- und Nachtträumen und der Art der exogenen, krankmachenden Faktoren. Indem in der Therapie immer wieder ähnliche Haltungen, Wiederholungen, Muster, Übertragungen aufgesucht werden, kann dieser Lebensstil bewusst gemacht und damit verändert werden.

Adlers Konzeption der kompensatorischen Zielgerichtetheit impliziert einen Freiheitsgrad, der Verhalten nicht wirklich kausal ableiten und vorhersagen lässt. Dies wurde nun hervorgehoben als „schöpferisch" oder als Wirken einer unbewussten schöpferischen Kraft. In der Verarbeitung der Einflüsse „arbeitet das Kind im Reiche der Freiheit mit eigener schöpferischer Kraft" (1933b, S. 119). Dieses Schöpferische ist für ihn die basale Fähigkeit jedes Menschen, aktiv gestaltend zu sein, etwas zu machen, zu arrangieren, zu entscheiden – seine Gefühle, Erinnerungen, Perspektiven – womit wir auch hier beim konstruktivistischen Ansatz sind. „Schon die einfache Wahrnehmung ist nicht objektiver Eindruck oder nur Erlebnis, sondern eine schöpferische Leistung von Vor – und Hintergedanken, bei der die ganze Persönlichkeit in Schwingung ist" (1912e, S. 68). „Jeder Mensch formt sich gemäß seiner persönlichen Auffassung von den Dingen aus". Und emphatisch heißt es kurz zuvor: „Das Individuum ist mithin sowohl Bild wie Künstler. Es ist der Künstler seiner eigenen Persönlichkeit." (1930a, S.7). Eingeschränkt ist diese Schöpferkraft freilich durch „Einflüsse der angeborenen Fähigkeiten" wie auch durch „Einflüsse der Umgebung und Erziehung als Bausteine", „aus denen das Kind in spielerischer Kunst seinen Lebensstil aufbaut" (1933b. S. 22). Lebensstil ist somit Produkt der schöpferischen Kraft, der dann wiederum der schöpferischen Kraft seine Grenze setzt: Die „freie" schöpferische Kraft „in der ersten Kindheit" wird zur „gebundenen Kraft", „sobald das Kind sich ein festes Bewegungsgesetz für sein Leben gegeben hat" (ebd.).

Schließlich ist in diesen späten Werken viel vom Ganzen, vom Kosmos, von Evolution, von idealer Gemeinschaft, von Weltanschauung, „Metaphysik", die Rede. Die Frage nach dem „Sinn des Lebens" beschäftigt ihn und beantwortet er sowohl „metaphysisch“ als auch psychologisch: als Beitrag zur „Höherentwicklung der gesamten Menschheit“, zum „Wohl der Allgemeinheit“ (1933b, S. 162f) und als individuelle Antwort des Einzelnen, als „Richtschnur für sein Denken, Fühlen und Handeln“ (ebd., S. 32).

Mit der Nazizeit und dem Austrofaschismus beginnen sich die verschiedenen individualpsychologischen Gruppen allmählich aufzulösen. Die meisten Wiener Mitglieder emigrieren, eine ganze Reihe der Mitglieder kommt in KZs um. Adler und seine Familie emigriert bereits 1935 und er selbst stirbt auf einer Vortragreise 1937 in Aberdeen. Andere Mitglieder, vor allem solche aus Deutschland, arbeiten unter verändertem Vorzeichen weiter, teilweise zusammen mit den anderen psychoanalytischen Schulen in den entsprechenden Institutionen (in Erziehungsberatungsstellen, im „Deutschen Institut für psychologische Forschung und Psychotherapie“) (vgl. Bruder-Bezzel 1999, S. 222-247).

Nach 1945 kommt die Individualpsychologie im Wesentlichen als amerikanisch veränderte nach Deutschland zurück. Rudolf Dreikurs aus Chicago wurde prägend für demokratische Erziehung, aber auch für einen zugespitzt finalistischen und kognitiven Ansatz innerhalb der Individualpsychologie.

Seit den 60er Jahren hat sich daraus eine Richtung entwickelt, die allmählich wieder verstärkt therapeutisch orientiert ist, neben ihrem bis heute weiterhin bestehenden pädagogisch-beraterischem Zweig. Seit den 80er Jahren versteht sie sich zunehmend mehr als psychoanalytisch. Organisiert ist sie in der „Deutschen Gesellschaft für Individualpsychologie“ (DGIP)), die einer Internationalen Organisation angehört, in Landesverbänden und sechs Ausbildungsinstitute, die zu Kinder- und Erwachsenentherapie/psychoanalyse und zu Beratern ausbilden. Die DGIP veranstaltet Jahrestagungen, unterhält ihre „Zeitschrift für Individualpsychologie“ und unterstützt entsprechende Publikationen. Ab 2007 wird das Adlersche Werk als „Studienausgabe“ in 7 Bänden erscheinen.

Adler hatte sich also insgesamt deutlich von Freud wegbewegt und seine Freudianische Schulung in Teilen abgestreift. Natürlich hatte er sich nach dem Bruch bzw. ab 1913 nicht mehr „Analytiker“ genannt, – weil dies damals mit „Freudianisch“ gleichgesetzt wurde und beide eine tiefe Feindschaft getrennt hatte. Doch hat er andererseits Grundlegendes der Analyse beibehalten – je nachdem was man heute noch „analytisch“ nennt -: so das

Unbewusste, die Bedeutung der Kindheit, der Erinnerungen und der Träume. Auch in den Grundlagen der therapeutischen (und beraterischen) Praxis gab es diese Übereinstimmung: als „Redekur", die auf der Bewusstmachung unbewusster Zusammenhänge und auf einer empathischen, interaktiven therapeutischen Haltung basiert.

Seit etwa den 80er Jahren versteht sich die moderne Individualpsychologie als psychoanalytische Individualpsychologie. Durch ihre Spezifik hat sie vor allem Anschluss an die modernen Richtungen der Psychoanalyse finden können – wenn sie diese nicht gar (ungenannt) mitgeprägt hat – denn in dieser modernen Psychoanalyse findet sich sehr vieles von ihrem Denken wieder. So wird z.B. weithin Aggression als Reaktion akzeptiert, lässt sich „Minderwertigkeitsgefühl" mit geringem Selbstwertgefühl, „Kompensation" in Teilen mit Abwehrmechanismen gleichsetzen. Von hier aus ist der Bezug zur Narzissmusdiskussion, zum Schwanken des Narzissten zwischen erlebten Defiziten und Omnipotenzansprüchen in einer Person und der Suche nach einem ihn spiegelnden Objekt einfach herzustellen. Auch die Abkehr vom primären Narzissmus, die Distanz zur Triebpsychologie, der Einbezug der sozialen Beziehungen, sind weithin in der modernen Psychoanalyse zu finden. So sind ohne weiteres Beziehungen der frühen Individualpsychologie zu modernen Psychoanalysen herzustellen, zu denen, die sich aus der Neopsychoanalyse, aus Balints Objektbeziehungstheorie, aus Kohuts Selbstpsychologie heraus entwickelt haben.

In solchen und ähnlichen Verbindungen zur Psychoanalyse versteht sich im deutschen Sprachraum die Mehrheit der heutigen Individualpsychologen, die in sich heterogen sind. Es gibt Individualpsychologen mit unterschiedlichen Schwerpunkten, solche mit ichpsychologischen, kleinianischen, selbstpsychologischen, objektbeziehungstheoretischen oder körpertherapeutischen.

Trotzdem geht die Individualpsychologie nicht bruchlos in der Psychoanalyse auf und hat sie selbst zu ihr auch heute etwas beizutragen. Das ist ihre andere Sichtweise, ihr anderes Denken, wie es sich gerade in der Kompensationsthematik und der damit verbundenen finalen, einheitlichen, subjektzentrierten und konstruktivistischen (oder perspektivistischen) Denkstruktur niederschlägt. Auch die weitreichende und ins Zentrum gestellte Anerkennungsproblematik mit ihrer Analyse des Schwankens zwischen existentiell erlebter Hilflosigkeit und des Geltungs- und Machtstrebens, gehören ebenso dazu wie die – bei Adler zumindest angelegte – sozialpsychologische Dimension, – zu der der Machtbegriff, als Machtstreben und als Leiden unter der Macht, ebenso gehört wie der stete Einbezug des sozialen Umfeldes mit seinen Angeboten, Forderungen und Wertmaßstäben.

Literatur

Adler, Alfred (1904a): Der Arzt als Erzieher. In: Heilen und Bilden (201-209). Frankfurt: Fischer 1973c.

Adler, Alfred (1905a): Das sexuelle Problem in der Erziehung. Neue Gesellschaft. Sozialistische Wochenschrift, 8, 360-362.

Adler, Alfred (1907a): Studie über Minderwertigkeit von Organen. Frankfurt: Fischer 1977b.

Adler, Alfred (1908b):. Der Aggressionstrieb im Leben und in der Neurose. In: Heilen und Bilden (53-62). Frankfurt: Fischer 1973c.

Adler, Alfred (1908d). Das Zärtlichkeitsbedürfnis des Kindes. In: Heilen und Bilden (63-66). Frankfurt: Fischer 1973c.

Adler, Alfred (1909a): Über neurotische Disposition: zugleich ein Beitrag zur Ätiologie und zur Frage der Neurosenwahl. In: Heilen und Bilden (67-84). Frankfurt: Fischer 1973c.

Adler, Alfred (1909d). Zur Psychologie des Marxismus. In: Protokolle der Wiener Psychoanalytischen Vereinigung, Bd. 2 (155-156). Frankfurt: Fischer 1977.

Adler, Alfred (1910c): Der psychische Hermaphroditismus im Leben und in der Neurose. In: Heilen und Bilden. (85-93). Frankfurt: Fischer 1973c.

Adler, Alfred (1927a):. Menschenkenntnis. Frankfurt: Fischer 1966d.

Adler, Alfred (1910d): Trotz und Gehorsam. In: Heilen und Bilden (S. 210-218). Frankfurt: Fischer 1973c.

Adler, Alfred (1911a und b): Zur Kritik der Freudschen Sexualtheorie. In: Heilen und Bilden (94-113). Frankfurt: Fischer 1973 c.

Adler, Alfred (1912a): Über den nervösen Charakter: Grundzüge einer vergleichenden Individual-Psychologie und Psychotherapie. (Hg.) KH Witte, A.Bruder-Bezzel, R. Kühn, Göttingen: Vandenhoeck & Ruprecht 1997.

Adler, Alfred (1912c): Organdialekt.: In: Heilen und Bilden (114-122). Frankfurt: Fischer 1973c.

Adler, Alfred (1930a): Kindererziehung. Frankfurt: Fischer 1976a.

Adler, Alfred (1912e): Zur Theorie der Halluzination. In: Praxis und Theorie der Individualpsychologie (67-73). Frankfurt: Fischer 1974.

Adler, Alfred (1919b): Bolschewismus und Seelenkunde. In: A. Adler, Psychotherapie und Erziehung. Ausgewählte Aufsätze Bd. 1: 1919-1929 (23-32). Hg. v. H. L. Ansbacher u. R. F. Antoch. Frankfurt: Fischer 1982a.

Adler, Alfred (1933b): Der Sinn des Lebens. Frankfurt: Fischer 1973a.

Bruder, Klaus-Jürgen (1998): Die Auflösung der Fesseln der Fiktionen im analytischen Sprechen. Zeitschrift für Individualpsychologie, 23, 244-259.

Bruder-Bezzel, Almuth (1983): Alfred Adler. Die Entstehungsgeschichte einer Theorie im historischen Milieu Wiens. Göttingen: Vandenhoeck& Ruprecht.

Bruder-Bezzel, Almuth (1999): Geschichte der Individualpsychologie. 2.Aufl., Göttingen: Vandenhoeck& Ruprecht.

Bruder-Bezzel, Almuth (2005): Die Einheit von bewusst und unbewusst in der Theorie von Alfred Adler. In: Michael Buchholz u. Günter Gödde, G. (Hg.), Macht und Dynamik des Unbewussten, Bd. I.(361-382). Gießen: Psychosozial.

Bruder-Bezzel, Almuth.u. Klaus-Jürgen Bruder (2004): Kreativität und Determination. Studien zu Nietzsche, Freud und Adler. Göttingen: Vandenhoeck& Ruprecht.

Dollard, John, L. Doob, N. Miller, O. Mowrer u. R. Sears (1939): Frustration und Aggression. Weinheim: Beltz 1971.

Eder, Franz, X.. (1993): „Die Theorie ist sehr delikat…" Zur Sexualisierung der „Wiener Moderne". In: Nautz, Jürgen u. Richard. Vahrenkamp, (Hg.), Die Wiener Jahrhundertwende (159-178). Köln/Graz: Böhlau.

Gast, Lilli (1992): Libido und Narzissmus. Vom Verlust des Sexuellen im psychoanalytischen Diskurs. Eine Spurensicherung. Tübingen: edition diskord.

Handlbauer, Bernhard (1990): Die Adler-Freud-Kontroverse. Frankfurt: Fischer.

Leitner, Marina (2001): Ein gut gehütetes Geheimnis. Die Geschichte der psychoanalytischen Behandlungs-Technik von den Anfängen in Wien bis zur Gründung der Berliner Poliklinik im Jahr 1920. Gießen: Psychosozial.

Mentzos, Stavros (1993): Der Krieg und seine psychosozialen Funktionen. Frankfurt: Fischer.

Protokolle der Wiener Psychoanalytischen Vereinigung. Hg. Nunberg, Heinrich u. Ernst Federn: Bd. I: (1906-1908) 1976; Bd. II (1908-1910) 1977; Bd. III (1910-1911) 1979. Frankfurt: Fischer.

Vaihinger, Hans (1911): Die Philosophie des Als Ob. Leipzig.

Das Individuelle in der Individualpsychologie

Gisela Eife und Karl Heinz Witte

Als Ursprung des psychologischen und soziologischen Identitätsbegriffs ist die Problemstellung von William James (1909) anzusehen. Dieser hatte, zurückgreifend auf die Reflexivitätsthematik des transzendentalen Idealismus' Kants, zwischen dem reinen Ich („pure ego") und dem empirischen Ich („me", „self") unterschieden. Das Hauptinteresse der sozialwissenschaftlichen Identitätsforschung liegt auf diesem „Me", dem „Selbst", als welches ich mich betrachte und als das ich gesehen werde. Nach G. H. Mead (1969) ist die Entwicklung eines Selbst, im heute üblichen Sprachgebrauch einer „Ich-Identität", daran gebunden, dass ich mich mit den Augen der anderen sehen lerne. Wie oder als wen oder als was (Objekt) sehen mich die anderen – und entsprechend: wie und als wen sehe ich mich, identifiziere ich mich? Der neuzeitlichen Subjekt-Objekt-Spaltung entspricht also konstitutionell in meinem Inneren eine Ich-Spaltung: I/Ego – Me; Je – Moi (Witte 1991). Ich erfahre mich in dieser Sicht, genau genommen, als einen anderen meiner selbst (Hahn u. Kapp 1987); denn das Ich als der Ursprung der Akte ist der Selbstbeobachtung nicht adäquat zugänglich, insofern jeder je neue Akt der Reflexion selbst schon wieder von dem (noch) nicht reflektierten Ursprung ausgeht. Das Ich kann sich nicht wahrnehmen, so wenig wie sich das Auge sehen kann. Das ist der Grund dafür, dass es nachdenklichen Menschen oft schwer fällt, sich mit sich selbst zu identifizieren. So soll ich sein? Das soll ich gewesen sein? Diese Art Peinlichkeit kann – psychopathologisch – der Keim einer Depersonalisation sein. Doch dafür finden wir Belege leichter im literarischen Feld als in den Manualen der Psychodiagnostik.

Die reichhaltigen Forschungen Gerd Rudolfs (1996, 2004) geben ein differenziertes Bild der Selbststruktur, die als ein Satz von Funktionen beschrieben wird, die die Beziehung des Selbst mit sich als dem „Subjekt" und mit der Umgebung (den Objekten) regelt. Die Ergebnisse seiner Forschungen sind weitgehend in die „Operationalisierte Psychodynamische Diagnostik" (Arbeitskreis OPD 1996) eingegangen. Charakteristisch ist die Definition des Selbst: Es wird damit die „reflexive psychische Struktur" bezeichnet mit der „Fähigkeit zur Selbstwahrnehmung" und „Selbststeuerung" durch „die Fähigkeit zu einer flexiblen und 'reifen' Abwehr" (S. 67f.). Das sind natürlich für ein gesundes psychisches Leben unverzichtbare Funktionen und für eine „evidenzbasierte" Diagnostik wesentliche Kriterien. Unter den Kurzdefinitionen des OPD wird auch „das Ich" aufgereiht: „Der zentrale Organisator des Psychischen, welcher zugleich intentional auf die Objekte ausgerichtet ist" (S. 67). Dieses Ich würde das Interesse der spezifisch individualpsychologischen Untersuchung finden. Im OPD kommt es aber unter den diagnostischen Kategorien nicht mehr vor.

Die hier pointierte Divergenz zwischen der Ich- und der Mich-Perspektive in der psychoanalytischen Theorie des Selbst[1] wird ausdrücklich in der groß angelegten Studie „Affektregulierung, Mentalisierung und die Entwicklung des Selbst" von Fonagy, Gergely, Jurist u. Target (2004) betont. Sie konstatieren (S. 11), die Forschung habe sich traditionell auf die Entwicklung der Selbstrepräsentanzen konzentriert. Das Ich als mentaler Akteur oder das „psychische Selbst" sei seit jeher ein Stiefkind der Forschung gewesen. Das „Selbst als Akteur" sei nicht, wie man in der Folge eines cartesianischen Denkens annehmen könnte, in einem „unmittelbaren und unfehlbaren Zugang" dem Bewusstsein a priori mitgegeben, sondern vielmehr eine in der kindlichen Entwicklung „mühsam erworbene Entwicklungserrungenschaft". Sie berufen sich hierfür auf die Säuglings- und Entwicklungsforschung und auf die „Philosophie des Geistes". In der Tat ist in diesen Wissenschaften eine Annäherung an die Subjektivitätsforschung zu beobachten, die freilich den paradoxen Anspruch einer Objektivität des Subjektiven nicht aufgibt. Fonagy und Mitarbeiter setzen sich ausdrücklich zum Ziel, das Ich als Akteur oder, phänomenologisch formuliert, als Zentrum der intentionalen Akte zu untersuchen. Dass die Verhaltensgenetiker bis heute die Gen-Umwelt-Interaktion noch nicht überzeugend beschreiben könnten, führen die Autoren der Studie auf die Tendenz der Genetiker zurück, „die 'falsche' Umwelt zu untersuchen" (S. 14). Sie sind nämlich der Meinung, nicht die äußere, kategorisierbare Umwelt sei Auslöser der Genexpression, sondern „dass die Art und Weise, wie die Umwelt erlebt wird, als Filter für die Expression des Genotyps in den Phänotyp dient" (ebd.). Das genau ist eine Frage, die die Subjektivität in den Blick nimmt: wie das Subjekt erlebt, nicht allein welche Funktionen das Erleben ermöglichen. Es wäre lohnend zu untersuchen, wieweit die Studie von Fonagy et al. dieses Vorhaben einlöst. Sie stellt jedenfalls „ein psychoanalytisches Modell der Subjektivitäts-

---

[1] Eine eigenständige Position in der Psychoanalyse hat Christopher Bollas, dessen Analysen der „Genera" und des „Idioms" (Bollas 2000; Hoven-Buchholz 2005) im Interesse der Ich-Konzeptualisierung gewürdigt werden sollten. Das würde den Umfang dieser Arbeit sprengen.

entwicklung" vor (Kap. 6, S. 258–294). Für das angemessene Funktionieren des Subjekts erweist sich als Voraussetzung die „Mentalisierung". Diese gelingt, wenn das Erleben der psychischen Realität vom Modus der „psychischen Äquivalenz" in die Möglichkeit des „Als-ob" übergeführt wird. Das heißt: innere Zustände, zum Beispiel Wünsche, Überzeugungen, Befürchtungen, werden zunächst als in der Wirklichkeit gegeben angesehen: äquivalent, tatsächlich und meistens bedrohlich. Dann aber, im Modus des „Als-ob", lernt das Kind verstehen, dass die eigenen Meinungen, Affekte und Intentionen und diejenigen der Bezugspersonen nur mögliche Vorstellungen sind, die richtig, aber auch irrtümlich sein können und mit denen man auch spielerisch umgehen kann. Individualpsychologen werden hier natürlich daran erinnert, welche Bedeutung für die gesunde und gestörte Psyche Adler der Fiktion zumaß, dass zum Beispiel der Gesunde mit seinen Fiktionen kreativ und realitätsgerecht umgeht, während sie für den Psychotiker Dogmen sind (Adler 1912a/1997, S. 77, S. 96). Die theoretischen und therapiepraktischen Folgerungen, die Fonagy et al. aus dem Konzept der Mentalisierung ableiten, sind zweifellos ein großer Gewinn für die Individualisierung des Verständnisses der Patienten.

Aber in den Ausführungen ist eine deutliche Kluft zwischen den Konzeptualisierungen und den sie illustrierenden Fallbeispielen zu bemerken. Jene sind dezidiert auf den programmatischen theoretischen Rahmen der Studie hin konstruiert, auf die Funktionsweise der Mentalisierung; und diese liefern dafür zweifellos überzeugende Beispiele; aber darüber hinaus stellen sie sehr einfühlsame und reichhaltige „Deutungen" oder vielmehr treffende Mutmaßungen über den Inhalt der Mentalisierung, das heißt über den Inhalt der Beziehungsängste und Phantasien der Patienten, zur Verfügung (bes. Fonagy et al. 2004, S. 275–281: Rebecca, S. 412–427: Henrietta). Gegenüber diesen differenzierten Einfühlungen wirkt die theoretische Auslegung eher arm. Der Gewinn dieses Buches für die Psychologie der Subjektivität ist die präzise und nuancierte Konzeptualisierung der Mentalisierungsfähigkeit bei Kindern und in Persönlichkeitsstörungen Erwachsener. Dieser Erkenntnisgewinn erscheint uns für die Diagnostik und Therapie strukturell gestörter Patienten unhintergehbar. Aber wiederum handelt es sich hier um das Studium der psychischen Funktionen mit allgemeinem Aussagewert, um eine Darstellung von normalen Entwicklungsstufen der Persönlichkeitsorganisation, die bei der Betrachtung des Einzelfalls zum Kriterium und zum Richtmaß der Psychopathologie werden. Das ist wiederum der Versuch der Objektivierung des Subjektiven.

Diese Zielsetzung entspringt dem Grundverständnis der szientistischen Wissenschaft vom Menschen. Um die Frage nach dem Selbst zu beantworten, ist es im Sinne der traditionellen psychologischen und psychoanalytischen Forschung erfolgversprechend, Zustandsbilder zu entwerfen, das heißt Struktur, Zuordnung und Zusammenspiel der im Feld beteiligten Komponenten zu normieren. Die Komponenten (z. B. Objektbild, Selbstbild, Maß und Charakter der Affektivität und nun auch Reifegrad der Mentalisierung) sind die einander ergänzenden, untrennbaren Parameter zur Messung des Differenzierungs- und Reifegrades der Ich-Entwicklung. Die im Entwicklungsverlauf sich vom niederen zum vollendeten Strukturniveau wandelnden Zustandsbilder sind dann genormte Sollwerte (Messgrößen), an denen sich der Entwicklungsfortschritt und die mit dem jeweiligen Stand verbundene Charakterpathologie ablesen lassen.

Die Operationalisierte Psychodynamische Diagnostik und die Analyse und Therapie von strukturellen Störungen haben eminente Fortschritte in Richtung Objektivierung gemacht. Das Identische wird in der psychoanalytischen Forschung als Allgemeines gesucht. Die Einheit der Diagnostik ist nicht das Individuum, sondern die spezielle Neurose oder die entwicklungspsychologisch bestimmte Persönlichkeitsstruktur. Ebenso geht die allgemeine Psychologie vor, ebenso die Entwicklungspsychologie. Die gleiche Sichtweise des Einzelnen hat die Medizin. Diese alle wollen gerade, wie es das wissenschaftliche Ziel ist, das erfassen, worin sich die Menschen unter gleichen Bedingungen gleich sind, so dass man die Individuen unter Klassifizierungen, Gesetzmäßigkeiten und (Therapie)Techniken einordnen kann. Das ist zweifellos möglich und im wissenschaftlich-ökonomischen Komplex unumgänglich.

Objektiv ist das Verhalten eines Gegenstandes dann erfasst, wenn jeder andere Untersucher unter gleichen Bedingungen die gleichen Beobachtungen an dem Gegenstand machen könnte. Die Gegenstände der Forschung verhalten sich in der Tat unter gleichen Bedingungen gleich. Aber das Individuum ist (nach Adler) gerade dadurch ausgezeichnet, dass jedes unter gleichen Bedingungen prinzipiell verschieden Stellung nimmt, auch wenn das äußere Verhalten gleich erscheint (Adler 1933l/1983a, S. 33; 1935l/-1983a, S. 88). Die Individualität des Bewegungsgesetzes besagt für Adler, dass kein Symptom bei einem Menschen dasselbe bedeutet wie beim anderen (Adler 1931m/1982b, S. 174). Die Untersuchung des Einzelnen über lange Strecken, in differenzierter individueller Analyse würde immer seltener, wenn dieser Gesichtspunkt dem Objektivierungsanspruch geopfert würde. Die Forschung wäre dann keine Erkundung unbekannter Kontinente der Psyche, sondern sie würde sich immer mehr der Bestätigung, Differenzierung oder Widerlegung von Hypothesen zuwenden, die sich aus der allgemein für gültig gehaltenen Theorie ableiten.

Kurz: der Einzelne ist in der szientistischen Sichtweise der Fall einer Regel, in seiner Entwicklung hat er einen spezifischen, mehr oder weniger defizienten Stand auf der Mess-Skala der Normalität. Erkenntnis des Menschen kann sich eine objektivierende Wissenschaft nicht anders vorstellen, und wenn sie das Subjektive als Wirkfaktor erkennt, wird sie fragen, wie man mit dem subjektiven Faktor rechnen kann.

Individualpsychologie als Therapie der Subjektivität

Die Individualpsychologie Adlers zielt auf ein methodisches Konzept, das von den medizinischen und psychologischen wissenschaftlichen Therapieformen grundsätzlich verschieden ist. Diese Divergenz ist von Adlers Zeitgenossen nicht akzeptiert worden, und wo sie beobachtet wurde, wurde die Individualpsychologie als unwissenschaftlich oder als bloße Pädagogik abgewertet. Die Gründe für die Lücke in der Rezeption dieser Grundintention Adlers sind leicht verständlich: Adlers Standpunkt ist 1. unmodern, wenn wir Modernität als anti-irrationalen, objektivierenden Diskurs verstehen wollen. Er garantiert deshalb 2. keinen Wettbewerbsvorteil im Konkurrenzkampf um Lehrstühle und Forschungsmittel. Und er fokussiert 3. in allen Äußerungen radikal das Subjekt, und nicht Sachen oder Daten, und das heißt: Wenn einer von diesem Standpunkt aus spricht, gibt er sich selbst preis, auch wenn er sich hinter Konzepten und Argumenten versteckt.

Adler will in den Verhaltensweisen, Charakterzügen, Einstellungen, Eigenschaften, nicht die strukturelle Organisation eines „Probanden“ erfassen, sondern seine Individualität. Die Frage stellt sich: Was ist das Individuelle in der Individualpsychologie? Öffnet die Adlersche Perspektive einen Zugang zu einem Bereich, den die psychologische und therapeutische Wissenschaft per se nicht erfasst? – Was gesucht wird, ist nicht der subjektive Faktor, mit dem sich rechnen lässt, sondern das Subjektive des Erlebens.

Der individualpsychologische Therapeut soll „jede Regel ablehnen“, wenngleich er natürlich „von allgemeinen Ansichten beeinflusst“ ist (1931e/1982b, S. 121). Die Zugangsweise der Individualpsychologie sei ganzheitlich, nicht summativ oder synthetisierend (1933i/1983a, 21). Jedes mitmenschliche Verstehen vollziehe sich als Gestaltwahrnehmung; darauf pocht Alfred Adler (1914h/1974a, S. 20). Die Wahrnehmung selbst sei ein schöpferischer Akt (1912a/1974a, S. 68), ebenso das Gedächtnis (1914j/-1974a, S. 76f.).

Solche Äußerungen können natürlich die allgemeine psychologische Methodik nicht außer Kraft setzen. Sachgerechte Diagnostik, Einschätzung struktureller Defizite und eine der strukturellen Störung angepasste Therapieform sind die Voraussetzung einer gelingenden Therapie. Aber die Frage nach dem subjektiven Erleben fügt der Diagnostik eine neue Dimension hinzu, wie auch in den Fallberichten Fonagys zu erkennen ist: die Erweiterung der Blickrichtung von dem Entwicklungsstand der Funktionen auf das Wie des Erlebens.

Die Individualpsychologie „erfordert ein streng individualisierendes Vorgehen und ist deshalb Verallgemeinerungen nicht geneigt" (Adler 1914h/1974a, S. 23). Adlers Enttäuschung darüber, dass sein individualisierender Ansatz nicht verstanden wurde, klingt gelegentlich in polemischen Formulierungen durch: „Wer nur das Allgemeine der individualpsychologischen Wissenschaft kennt, aber, wie es mir die Regel bei meinen voreiligen Kritikern zu sein scheint, das Kunstwerk der Praxis, die Arbeit am Einmaligen nicht einmal ahnt, kommt niemals von dem Wahn los, als könnte er da mitreden" (1931h/1982b, S. 117). „Das Allgemeine der individualpsychologischen Wissenschaft" sind zum Beispiel die bekannten Erklärungsprinzipien Adlers: der Mangel als Ausgangslage, die überfordernde Situation als Auslöser, die Belastung in der Kindheit, die zögernde Attitüde, der Minderwertigkeitskomplex, das Streben nach Überwindung, das fiktive Ziel der Überlegenheit. Es mag auch für manchen Individualpsychologen überraschend sein, dass diese Adlerschen Leitbegriffe nur zu einer „allgemeinen Diagnose" (ebd. S. 118–120) führen. Wie aber sieht dann das „individualisierende Vorgehen" aus, „das Kunstwerk der Praxis, die Arbeit am Einmaligen" (ebd. S. 117)?

Es ist keineswegs bloß metaphorisch, dass Adler die Erforschung des Einmaligen, die Praxis der Individualpsychologie als „Kunstwerk" bezeichnet (vgl. z. B. 1914h/1974a, S. 20; 1914k/1974a, S. 119; 1918c/1974a, S. 281, 288, 290). Da der individuelle Mensch zum Teil auch Schöpfer seiner Persönlichkeit ist, betrachtet ihn Adler als „Künstler und Kunstwerk zugleich" (1926k/-1982a, S. 136; 1926x/1982a, S. 174 [Symptom als Kunstwerk]). Deshalb hat die Psychotherapie etwas von der Kunstbetrachtung, in der es darum geht, sowohl den Künstler als auch das Kunstwerk zu verstehen. Hierin kommt zum Ausdruck, dass Adler für die individualpsychologische Psychotherapie

Erkenntnisprinzipien geltend macht, die auch für die Ästhetik wesentlich sind, ja sogar der ästhetischen Urteilskraft entsprechen. „Auch Kunstwerke sind Einzelne“ (Henrich 1979, S. 182). Meine individuelle Identität zeitigt sich in der Lebensgestalt und kann darum besser durch meine Biographie, durch Kindheitserlebnisse, Träume und Alltagsszenen als durch meine unveränderlichen Kennzeichen oder meine soziale Rolle erfasst werden. Ich bin die Geschichte, die ich von mir erzähle (Hillman 1986; Lübbe 1979). Das Charakteristische dieser Sichtweise ist die Gestaltwahrnehmung. Darum kann die Individualpsychologie den einzelnen Menschen nur adäquat erfassen, wenn die Detailanalyse in die Ganzheitsbetrachtung mündet. Der einzelne Mensch ist Gestalt in Bewegung. Darum erwirbt man Verständnis und Einsicht in das Individuelle am besten durch „künstlerische Versenkung, durch intuitive Einfühlung in das Wesen des Patienten“ (Adler 1913a/1974a, S. 58). Motivations-Analyse ist Erfassen der Lebensbewegung, Motivationstherapie geht von der „Mit-Bewegung“ (Heisterkamp 1996) aus. Das ist der Sinn des Grundsatzes, den Adler immer wieder anführt: dass jedes einzelne psychische Phänomen ein Symbol des ganzen Lebensstils ist (1912a/1997, S. 27) und „dass wir in der Individualität eines Menschen seine Vergangenheit, Gegenwart, Zukunft und sein Ziel wie in einem Brennpunkt sehen“ (1914j/1974a, S. 74).

Ein großer Teil der begrifflichen Arbeit, besonders in den Schriften zwischen 1912 („Über den nervösen Charakter“) und 1920 („Praxis und Theorie der Individualpsychologie“), ist dem Problem des Ichs gewidmet. Der Angelpunkt dieser Persönlichkeitstheorie ist die Behauptung, dass die Eigentümlichkeit jedes Menschen nur verstanden werden kann, wenn wir seine Lebensbewegung als von einem unbewussten Ziel gesteuert betrachten, und dass wir den Einzelnen nur verstehen, wenn wir sein individuelles Ziel-Mittel-Gefüge, in Adlers Begriff, seine „Finalität“ verstehen. In späteren Aufsätzen bemerkt Adler explizit, dass er erst „nach langen Überlegungen und Forschungen“ (1934i/1983a, S. 61), „mit der größten Skepsis“ bewaffnet, „nur zögernd den entscheidenden Schritt“ tat (1933l/1983a, S. 33), die zielgerichtete Einheit der Persönlichkeit als Grundlage der Psychologie des einzelnen Menschen anzuerkennen.

Die Selbstschöpfung des Ich

Das Ich formt sich selbst, „selbstschöpferisch“ (Adler 1932h/1982b, S. 249). Die dabei mitwirkenden Bedingungen und Ursachen, organische Konstitution, somatische Prävalenzen, Behinderungen und Traumatisierungen, aber auch die prägenden sozialen und psychischen Einflüsse, die Beziehungsmodi der Eltern, die Familienatmosphäre, Bindungs- und Trennungserfahrungen, gehen in die Ich-Bildung ein, werden der Persönlichkeit als Baumaterial eingeformt. Dieser Gedanke Adlers erscheint mir als besonders wichtig für den Vergleich der Individualpsychologie mit den übrigen psychoanalytischen Ich- bzw. Selbstpsychologien.

Die Ausbildung des Ichs setzt die Reifung und Entwicklung von organischen, psychischen und sozialen Funktionen voraus:

„Gegen Ende der Säuglingszeit, wo das Kind selbständige, zielsichere Handlungen vollbringt, die nicht bloß auf Triebbefriedigung gerichtet sind, wo es seinen Platz in der Familie einnimmt und sich in seiner Umgebung einrichtet, besitzt es bereits Fertigkeiten, psychische Gesten und Bereitschaften. Zudem ist sein Handeln ein einheitliches geworden, und man sieht es auf dem Wege, sich einen Platz in der Welt zu erobern. Ein derartig einheitliches Handeln kann nur verstanden werden, wenn man annimmt, dass das Kind einen einheitlichen fixen Punkt außerhalb seiner selbst gefunden hat, dem es mit seinen seelischen Wachstumsenergien nachstrebt. Aus diesem Leitbild tritt anfangs insbesondere das Zärtlichkeitsbedürfnis als Teil des angeborenen Gemeinschaftsstrebens hervor, das ursprünglich die 'Bildsamkeit' (Paulsen) des Kindes fördert. Bald gesellen sich zu dieser Einstellung Bestrebungen, das Wohlgefallen, die Hilfe und die Liebe der Eltern zu finden, der Selbständigkeit, des Trotzes und der Auflehnung“ (Adler 1912a/1997, S. 94f.).

Es wäre interessant, diese intuitive programmatische Skizze der kindlichen Entwicklung mit den Ergebnissen der psychoanalytischen Entwicklungspsychologie zu vergleichen. Es ist zu vermuten, dass die hier alltagssprachlich benannten „zielsichere[n] Handlungen“, der „Platz in der Familie“, „Fertigkeiten, psychische Gesten und Bereitschaften“ in der Entwicklungspsychologie differenzierter beschrieben werden, dass aber selten gefragt wird, worin der „springende Punkt“ besteht, der aus dem Konglomerat der Funktionen eine Konfiguration, aus der Ansammlung eine individuelle Gestalt macht. Für Adler ist dies ein perspektivischer Fluchtpunkt, der Sicherheit und Lebenserfolg bietet, den jeder Einzelne in einer konkreten Fiktion ausgestaltet, auf die hin er alle seine Strebungen unbewusst ausrichtet, und zwar parallel oder auch konträr zu seinen bewussten Lebenszielen.

Entscheidend für die Position Adlers ist, dass die Ich-Bildung, das heißt die Errichtung des Persönlichkeitsziels stets durch die Formung und Verarbeitung des vorgegebenen psychischen Materials geschieht. Sichtbar und objektivierbar für den Entwicklungspsychologen bleibt dieses psychische Material. Bedenkenswert für den Individualpsychologen ist, woraufhin die psychische Organisation geformt und wofür sie eingesetzt wird. Dem Ich vorgeordnet sind zum Beispiel mit Adlers Worten: Merkfähigkeit, Kraft, Aufmerksamkeit, Wollen, Affekte, Fühlen, Handeln, Traumata (Adler 1914h/1974a, S. 23f.); Charakter, Temperament, Liebe, Hass (Adler 1914j/1974a, S. 74 f.). Diese Aufzählungen sind bei Adler immer pauschal. Nie lässt er sich auf eine differenzierte Definition oder gar Entwicklungsdiagnose der Funktionen ein. Heute müssten natürlich die Entwicklungsstufen des Selbst ergänzt werden. Auch die strukturellen Merkmale der Persönlichkeit und deren Störungen müssten einbezogen werden, wenn man Adlers Sichtweise akzeptieren oder falsifizieren wollte. Er sagt: Seelische und körperliche Heredität wie Umwelteinflüsse können „gleich einer Summe von Bausteinen erfasst werden, aus der bei aller Verschiedenheit derselben jede[r] in der Kindheit seinen Lebensstil aufbaut. Ähnlichkeiten, statistische Wahrscheinlichkeiten sind häufig festzustellen, Gleichheit nie" (Adler 1935l/1983a, S. 88).

Adlers Konzept der Ich-Entwicklung setzt das Ich von vornherein in eine höhere Integrationsstufe, als es die vergleichbaren Entwicklungstheorien tun. (Dieselbe Stufung ist schon im Aufsatz über den Aggressionstrieb (Adler 1908b/1973c) postuliert, wo der „Aggressionstrieb" selbst kein physiologischer Trieb ist, sondern ein die „Organtriebe" regelndes, modifizierendes und einigendes psychisches Metasystem.) Die in der psychoanalytischen Entwicklungstheorie beschriebenen Stadien der Ich-Organisation (Kernberg 1981, 1988; Stern 1993; Dornes 1993, 1997; Fonagy et al. 2004) sind Vorstufen, Baumaterial für das fiktive Persönlichkeitsideal, das nach Adler das Ich formt und das dem Individuum, seiner Selbsterfahrung sowie seiner Beziehung zur Um- und Mitwelt den einmaligen, einheitlichen Stil aufprägt.

Die Funktionen des Selbst, die frühen Objektbeziehungsmodi, die Affektregulierung und die Mentalisierungsfunktion, die in der genetischen Strukturdiagnose (Arbeitskreis OPD 1996, Rudolf 2004) ermittelten Organisationsgrade des Selbst sind nicht der Prozess der von Adler in den Blick genommenen Ich-Bildung selbst, sondern das Material der Ich-Bildung, die „sekundären Leitlinien", die im „Persönlichkeitsideal" als dem Einheit stiftenden „geistigen Band" konvergieren (Adler 1912a/1997, S. 109).

Adler: „Ein derartig einheitliches Handeln kann nur verstanden werden, wenn man annimmt, dass das Kind einen einheitlichen fixen Punkt außerhalb seiner selbst gefunden hat, dem es mit seinen seelischen Wachstumsenergien nachstrebt“ (Adler 1912a/1997, S. 94). Das heißt: Der außerhalb des Systems liegende Konvergenzpunkt des Ichs ist ein Postulat („kann nur verstanden werden, wenn“), mit anderen Worten: eine Annahme zwar, aber doch eine Denknotwendigkeit, die als Voraussetzung des Verstehens unverzichtbar ist. Dieses Postulat, der „fixe Punkt außerhalb“, erklärt die Möglichkeit des einheitlichen Handelns. Damit ist ein Wesensmerkmal des Individuums als Subjekt angesprochen: seine immanente Transzendenz, das heißt die Intentionalität, die sich auf ein Außen richtet, ohne den Bereich der Subjektivität zu überschreiten.

Philosophische Bezüge der Individualitätskonzeption Adlers

Wir befinden uns an einem Übergangspunkt, an dem sich die konventionelle Psychologie auf eine philosophische Fundierung hin öffnet. An diesem Punkt befinden sich natürlich in je verschiedener Weise auch Freud, Jung, Bion, die Verhaltenstherapie und alle anderen, auch wenn diese Gründungsurkunde des jeweiligen Wissenschaftsgebäudes nicht eigens bedacht wird. Am bemerkenswertesten in dieser Hinsicht scheint uns aktuell die Öffnung Daniel Sterns (2005; Eife 2004; Witte 2006) für die Phänomenologie zu sein.

Was ist nun das theoretische Umfeld für Adlers Bestimmung der Einheit der Persönlichkeit? Wiederholt beruft sich Adler direkt auf Kant: Das einheitliche, zielgerichtete Ich sei die Bedingung der Möglichkeit eines einheitlichen Seelenlebens, also der Selbsterfahrung des Ichs überhaupt. Er bezieht sich hier auf Kants Lehre von den apriorischen Formen der Anschauung (Raum und Zeit) und Verstandesbegriffe (z. B. Substanz, Kausalität, Wechselwirkung), vor allem auf Kants Begriff der transzendentalen Apperzeption als dem „Ich-denke“, das allem empirischen Denken, Wollen und Fühlen vorausliegen und es begleiten muß (1781/1975, B132/136).

Adler meint, dass in diesem transzendentalen Subjekt „die sichere Festsetzung der Einheitlichkeit der Persönlichkeit zu finden ist, ohne die eine psychologische Untersuchung überhaupt nicht denkbar wäre“ (1926k/-1982a, S. 136). Aber er fährt fort: „Wir sind nun einen Schritt weitergegangen und haben in die Entstehung dieser Einheit der Persönlichkeit Licht hineingebracht“ (ebd.; vgl. 1912a/1997, S. 96; 1933l/1983a, S. 33; Witte 1985). Damit wird also die Einheit der Persönlichkeit selbst als zeitliches Phänomen betrachtet. Das wäre für Kant ein Unding; denn als Entstehendes ist es ja gerade nicht mehr die dem entstehenden Vorstellungsvermögen vorausliegende Bedingung der Möglichkeit jeder Vorstellung. Kant geht es gerade nicht um das empirische Ich, es geht ihm nicht um Dich und mich, sondern um die allgemeine transzendentalphilosophische Frage, wie die Einheit des menschlichen Bewusstseins überhaupt möglich ist. Adler beschreibt hingegen in Annäherung an eine phänomenologische Betrachtungsweise den Prozess der „Entstehung“ des Ichs als Artikulierung des Weltbezugs des einzelnen Menschen. Also nicht ein fragendes wissenschaftliches oder philosophisches Subjekt, das durch objektive Erkenntnis Realität (Welt) zu gewinnen sucht, sondern die Entstehung des Ichs aus dem vorgängigen Weltbezug, in dem jeweils Du Dich situativ findest und einrichtest – und ich mich.

Adler geht davon aus, dass die Einheit der Persönlichkeit im unbewussten Streben nach einem fiktiven Ziel der Überwindung und des Lebenserfolgs begründet sei. In verschiedenen Formulierungen wird von diesem außerhalb des Systems liegenden Bezugspunkt des Strebens in allen theoretischen Entfaltungen der Individualpsychologie gesprochen. Er heißt einmal Du-Punkt (Adler 1926k/1982a, S. 137). Er ist der absolute Richtpunkt im Bezugssystem Erde – Mensch (1924n/1982a, S. 82). Er ist die unendliche Aufgabe, welche der Menschheit gestellt ist, wenn sie überleben will (1931n/1982b, S. 192). Er ist das letzte Ziel der Überwindung (ebd. S. 205). Er ist das ferne Ziel der Entwicklung einer idealen Gemeinschaft sub specie aeternitatis (1933b/1973a, S. 166f.). In diesen Formulierungen kommt zutage, dass das Ich ebenso wie die Menschheit durch einen postulierten Fluchtpunkt gehalten ist, eine immanente Transzendenz (vgl. Adler 1933i/1983a, S. 26), in der beide Ziellinien, die individuelle und die humane, konvergieren. Im neurotischen Alltag jedoch wird das Strebensziel durch die gesellschaftlich anerkannten Zielbilder geformt:

„Die bildliche, analogische Art unseres Denkens bringt es mit sich, dass dieses zukünftige veränderte Bild der eigenen Person in der Gestalt des Vaters, der Mutter, eines älteren Geschwisters, des Lehrers, einer Berufsperson, eines Helden, einer Tiergestalt, eines Gottes gedacht wird. Allen diesen leitenden Gestalten ist der Zug der Größe, der Macht, des Wissens und Könnens gemeinsam, und so stellen sie samt und sonders Symbole dar für fiktive Abstraktionen. Und so wie der aus Lehm geschaffene Götze erhalten sie durch menschliche Phantasie Kraft und Leben und wirken zurück auf die Psyche, aus der sie geboren wurden" (Adler 1912a/1997, S. 95).

Es hängt hier alles daran, wie wir es verstehen, dass der „fixe Punkt" oder „einheitliche Lebensplan" unbewusst ist. „Das Unbewusste, das ist der Lebensstil" (Adler 1930j/1982b, S. 51). Diesen Satz kann man auch umkehren: Der Lebensstil, das ist das Unbewusste.

Es ist eine Täuschung, zu meinen, die Individualpsychologie vernachlässige die Arbeit am Unbewussten (Bruder-Bezzel 2004, 2005). Adler hat sich einschränkend gegen das Missverständnis des Unbewussten als eigener psychischer Entität gewandt. Aber damit ist doch nicht im Geringsten die Wirkkraft des Unbewussten eingeschränkt. Entscheidend und brisant ist der Grundsatz Adlers, ob ein psychisches Phänomen bewusst sei oder unbewusst, hänge immer davon ab, ob es so oder so im Dienste des unbewussten Persönlichkeitsideals (Adler 1913h/1974a, S. 235ff.), man könnte auch sagen: im Dienste des Narzissmus, besser eingesetzt werden kann. Adler setzt die Individualisierung des Bewegungsgesetzes sehr früh an, „oft schon im zweiten Lebensjahr, sicher im fünften" (Adler 1933b/1973a, S. 24), also in einer Zeit, in der das Kind „weder eine zureichende Sprache noch zureichende Begriffe hat. Wächst es in seinem Sinne weiter, dann wächst es in einer Bewegung, die niemals in Worte gefasst wurde, daher unangreifbar für Kritik, auch der Kritik der Erfahrung entzogen ist" (ebd. S. 25). Adlers Konzept läuft darauf hinaus, dass sich auch das gesunde oder normale Ich aus sich selbst heraus nie und nimmer reflektieren, kontrollieren, wertschätzen oder verbessern kann. Das ist natürlich eine heftige Kränkung für das moderne „aufgeklärte" Bewusstsein. Das Ich, das Adler untersucht, ist immer nur gemeinschaftsbezogener Akt, kein ontisches (falsches oder wahres oder verschüttetes) Selbst.

Das Ziel des Persönlichkeitsideals ist nicht begrifflich zu fassen, es ist vielmehr, wie Adlers Hinweis auf die Körperhaltung nahe legt, vorsprachlich im „Bewegungsgesetz" des Individuums inkorporiert (siehe auch Adler 1933b/-1973a, S. 24f.). Wir versuchen, was sich uns zeigt, in Sprache zu fassen, in ein Bild, eine Bewegung, ein Symbol. Auch das abstrakte Persönlichkeitsideal sucht Symbole, in denen es sich gestaltet. Das nächste Symbol des Ichs, wie es Adler versteht, ist „Schöpfung". Schaffen, erschaffen, gestalten sind das Wirken der „schöpferische[n] Kraft, die identisch ist mit dem Ich" (Adler 1932g/1982b, S. 238). Zu sagen, das Kind habe schöpferische Kraft, wäre in der Tat eine vermögenspsychologische Missdeutung Adlers (Heisterkamp 1990). Der Schaffensakt ist die Bewegung, die das Ich, als den Bewegungsstil, der es selbst ist, zur Anschauung bringt. Darum öffnen nur spontane Hervorbringungen die Zugangswege, seien es die verbale oder die nonverbale Sprache, die künstlerische Gestaltung, Mimik und Gestik oder der Traum, vor allem aber der freie Einfall im Hier und Jetzt in der spezifischen Regression der Analyse. Alle diese Produktionen sind es, welche das individuelle Bewegungsgesetz verkörpern.

Das „Persönlichkeitsideal" Adlers ist also nicht zu verwechseln mit dem Vorbild oder Ideal, nach dem einer strebt, das in einer Rolle, einer Person, einem Bild konkretisiert wird, mit dem man sich identifizieren kann. Das Persönlichkeitsideal ist abstrakt, es ist nur der Richtpunkt, nicht die vorgestellte Konkretisierung. Die Anlehnung an Kant schimmert auch bei diesen Ausführungen durch (Adler 1912a/1997, S. 96 f.; 1933i/1983a, S. 26). Darum darf man sagen, das Persönlichkeitsideal wirke wie ein regulatives, nicht konstitutives Prinzip. So muss das abstrakte Persönlichkeitsideal sich konkretisieren und sucht Personen, Berufsrollen, Wesenseigenschaften, Ideale, in denen es sich wiederfinden kann. Es errichtet ein Selbstkonzept oder eine psychosoziale Identität. Diese ist aber (als Vorstellungsinhalt) verschieden vom spontanen Ich. Das wiederum ist nur fassbar in seinem Lebensstil oder Bewegungsgesetz. „Was häufig als das 'Ich' (Ego) bezeichnet wird, ist weiter nichts als der Stil des Individuums" (Adler 1935e/1983a, S. 72). Das Ich, welches die Selbstkonzepte und Beziehungen stilisiert, ist nicht das angestrebte Ideal noch der vorgestellte Akteur, mit dem ich mich zu identifizieren versuche, sondern es ist die (unbewusste, vorgängige) Stilisierung selbst, die auch noch mein konkretes Ziel, Ideal oder Selbstbild stilisiert, die aber auch jede konkrete, bewusste Zielsetzung zum Scheitern bringen und die Lebensgestalt fragmentieren und traumatisieren kann. Wenn das Ich sich denkt und fühlt, wenn es seine Eigenschaften, Ideale, Überzeugungen deklariert, entwirft das Persönlichkeitsideal eine Persona, eine Rolle, die denkt, fühlt, will usw. Diese Persona ist nicht das „Ich", sondern dessen „Konkretisierung". „Die Person trägt dann die durch ihr fiktives Ziel geforderten Charakterzüge, so wie die Charaktermaske – persona – des antiken Schauspielers zum Finale der Tragödie passen musste" (Adler 1912a/1997, S. 113). Die Erfahrung ist das Erfahren des Erfahrenden, sie hat weder Subjekt noch Objekt, ist aber doch je meine eigentümlich gestimmte und gerichtete Erfahrung. In dieser Fundierung aller Bewusstseinszustände des Ichs im und als „Stil", das heißt als frühkindliche Inkorporationen, liegt eine Konzeption des Unbewussten, die außerordentlich dynamisch ist, aber die Konzeption des Freudschen „dynamischen Unbewussten" als Wiederandrängen des Verdrängten tief unterschreitet. Die Implikationen dieser Wegweisung sind noch keineswegs ausgeschöpft.

Individualpsychologische Analyse einer Patientin mit Borderline-Persönlichkeitsstörung

Die folgende Fallbetrachtung soll zeigen, wie die individualpsychologische Zusammenhangsbetrachtung die Diagnose einer strukturellen Störung vertiefen und die Patientin mit ihren widersprüchlichen Symptomen einfühlbar und verstehbar machen kann. Trotz der divergierenden Erscheinungen zeigt sich die Patientin so der Therapeutin als konsistente Gestalt.

Vorgeschichte

Als Frau Z. rasend vor Wut ihrer achtjährigen Tochter nachlief, sie packte und dabei mörderische Impulse bei sich entdeckte, suchte sie Hilfe bei Ärzten. Hier beginnt ihre zehnjährige Vorgeschichte. Man versucht, sie mit Worten und Medikamenten zu beruhigen, vergeblich. Bald kommt sie sich so unausstehlich vor, dass sie meint, ihr Mann werde sie verlassen. Wegen Angstzuständen und drängender Suizidgedanken geht sie zum Nervenarzt. Ihr Blutzuckerspiegel entgleist und wird behandelt. Sie hat Fressanfälle, trinkt Alkohol. Durch Medikamente und Essen ist sie zwar äußerlich ruhiggestellt, aber ihre innere Unruhe bleibt. Ihre extremen Panik- und Angstzustände führen zu einer stationären psychiatrischer Behandlung. Die Symptome zeigen sich durch die Einnahme von Antidepressiva in abgeschwächter Form. Abgeschwächt sind die Symptome auch dadurch, dass Frau Z. sich nicht mehr traut, ihre Angst und Wut laut hinauszuschreien. Sie formuliert es einmal so: „Früher konnte ich böse sein, rücksichtslos über Leichen gehen, jetzt habe ich mehr Gefühle, bin verunsichert. Früher war ich Ablehnung gewöhnt, jetzt möchte ich gemocht werden. Früher konnte ich wütend sein und war sicher, dass ich im Recht war."

Im folgenden soll zunächst ausführlich die Symptomatik der Patientin nach den Kriterien der Operationalisierten Psychodynamischen Diagnostik und danach gemäß dem entwicklungspsychologischen Konzept Fonagys beurteilt werden. Anschließend soll der Versuch gemacht werden, das uneinheitliche und dysfunktionale Sozialverhalten der Patientin als Konsequenz einer Fiktion zu verstehen, die der Patientin helfen soll, aus den traumatischen widersprüchlichen Botschaften ihrer Eltern einen machtvollen einheitlichen Lebensstil auf der sicheren Seite des Lebens zu gestalten – womit sie natürlich scheitert.

Operationalisierte Psychodynamische Diagnostik

Frau Z. kommt zur Therapie mit der Diagnose einer Depression. Eine ausführliche Diagnostik ergibt, dass es sich um eine strukturelle Störung mit dem klinischen Bild einer Borderline-Persönlichkeitsstörung (Rudolf 2004, S. 78) mit überwiegend gering integriertem Strukturniveau (Arbeitskreis OPD 1996,S. 154) handelt.

Es besteht wenig entwickelter psychischer Binnenraum und geringe Differenzierung der Substrukturen; Konflikte werden interpersonell statt intrapsychisch erfahren. Im einzelnen:

1. Selbstwahrnehmung: Selbstreflexion ist Frau Z. lange Zeit nicht möglich. In jeder Therapiestunde schildert sie ihre Wut und ihre Angstzustände, ohne über deren Herkunft nachzudenken, als wenn bis dahin therapeutisch nichts geschehen, nichts verstanden wäre. Ihr Selbstbild ist situationsabhängig, widersprüchlich und nicht kohärent. Frau Z. erlebt sich zeitweise als extrem machtvoll, voll berechtigter Wut auf die Mitmenschen; aber sie erlebt auch Zustände von extremer Gefügigkeit und Hilflosigkeit, in denen sie sich ausgeliefert fühlt, und sie erlebt sich in panischer Angst vor gnadenlos verurteilenden Instanzen, in Verrücktheits- und Untergangsangst.

Das Körperselbstbild ist in Krisen unklar bis fragmentiert. Ihre innere Unruhe beschreibt die Patientin so, als ob der Körper kurz vor dem Platzen, vor der Auflösung stünde. Wenn die Angst sie überflutet, bekommt sie körperliche Symptome, die Begleiterscheinungen und Äquivalente der Angst wie Unruhe, Zittern, Durchfall, Herzjagen, Atemstörungen, Schwitzen, Schwindelgefühle. Ihre Untergangsängste führen zu Depersonalisationsphänomenen: sie verliere den Halt, der Boden wanke unter ihr, sie schwebe über ihrem Bett, ihre Gliedmaßen gehörten nicht zu ihrem Körper; sie sehe sie abgetrennt liegen. Außerdem kommt es zu kurzfristigen Arm- und Beinlähmungen.

Affektdifferenzierung: Eigene Affekte können nicht differenziert wahrgenommen werden. Vorherrschend sind lange Zeit Wutausbrüche, global gegen die bedrohliche Umwelt, außerdem eine chronische, frei flottierende Angst und multiple Phobien, Angst bei S-Bahnfahrten und in Kaufhäusern.

2. Selbststeuerung: Affekttoleranz: In der Beziehung zur Therapeutin wird lange Zeit jedes Aufkommen aggressiver Gefühle systematisch blockiert. Frau Z. befürchtet, dass ihre Wut auf die Therapeutin vernichtend wäre.

Selbstwertregulation: Die Zustände mächtiger und ohnmächtiger Wut, Zustände von extremer Gefügigkeit und Hilflosigkeit, Verrücktheits- und Untergangsängste, sie alle beherrschen und verwirren die Patientin und lassen ihr Selbst als unwert erscheinen. Sie kommt sich krank, verrückt oder böse vor. Ihr Selbstwertgefühl ist sehr brüchig; vor allem versteht sie sich selbst nicht, und auch die Umgebung versteht sie nicht.

Impulssteuerung: Verlust der Impulskontrolle bei Fressattacken und bei Wutanfällen. Frau Z. kann ihre Wut nicht steuern. Ihre Wutanfälle werden überwältigend erlebt und von der Umwelt als inadäquat zurückgewiesen. Auch ihren Ängsten ist Frau Z. ausgeliefert.

3. Abwehr: Die Abwehrbemühungen funktionieren weniger intrapsychisch als interpersonell. Selbst- und Objektrepräsentanzen sind durch die Abspaltung beeinträchtigt. Das Denken ist eingeengt. Impulsive Handlungen treten häufig auf. Abwehrmechanismen: Spaltung, Projektive Identifizierung, Idealisierung, Entwertung.

4. Objektwahrnehmung: Die Wahrnehmung der Anderen wird von der eigenen Perspektive diktiert. Die Anderen werden in Extremen erlebt, als besonders gut oder schlecht. Auch die begleitenden Affekte können extrem sein. Die Fähigkeit zur Sorge, Anteilnahme, Freude, Scham, Trauer, Dankbarkeit ist nicht vorhanden, statt dessen Wut, Verachtung und Rache.

5. Kommunikation: Kontakt und Beziehungsaufnahme werden eher vermieden oder durch übergriffige entwertende Kritik und überschießende negative Affekte belastet. Fremde Affekte werden nicht verstanden.

6. Bindung: Beziehungen erscheinen funktionalisiert unter dem Gesichtspunkt der Kontrolle, Versorgung, Selbstwertstabilisierung. Die Angst besteht vorwiegend darin, dass das Selbst, angesichts des Ausgeliefertseins an Menschen, durch den Verlust des guten Objekts oder durch das böse Objekt vernichtet werden könnte.

Eine entwicklungspsychologische Perspektive

Während die Diagnose einer strukturellen Störung die Funktionen der Persönlichkeitsorganisation beschreibt, versuchen Fonagy et al. (2004), ein Verständnis für die Symptomatik aus einer entwicklungspsychologischen Perspektive zu gewinnen.

Nach den Konzepten von Fonagy und Mitarbeitern (ebd. S. 404) kann man diagnostizieren, dass Frau Z. ebenso wie andere Borderline-Patienten nur partielle Bilder ihrer eigenen mentalen Existenz, das heißt ihrer repräsentationalen Welt, konstruiert. Eine wesentliche Quelle der psychischen Organisation – die Reflexionsfähigkeit – fehlt ihr. Frau Z. ist von der physischen Präsenz der Therapeutin abhängig, nicht in erster Linie zu ihrem Schutz, sondern weil sie ohne einen äußeren Spiegel nicht in der Lage ist, sich ihrer selbst nicht nur körperlich, sondern auch als denkendes Wesen mit Gefühlen und Wünschen bewusst zu werden. Infolge ihrer unzulänglichen Mentalisierungsfähigkeit ist sie ohne die Therapeutin ihrer inneren Welt, die sie als extrem bedrohlich empfindet, vollkommen ausgeliefert. Ihr Bedürfnis gilt also nicht primär einer haltenden Umwelt, sondern einer interpersonalen Situation, in der sie ihre eigenen Reflexionsmöglichkeiten ausprobieren kann. Die Erzeugung eines kohärenten Selbstgefühls misslang in ihrer Kindheit, weil sie das Bild introjizierte, das die Mutter von ihr hatte, das Bild der Bösen, das heißt, sie introjizierte einen „fremden Selbstanteil". Im Zustand der psychischen Äquivalenz (Fonagy et al. 2004, S. 406f.) versucht Frau Z., dieses Problem dadurch zu lösen, dass sie jene fremden Aspekte der Selbstrepräsentanz auf reale Objekte ihrer Umgebung externalisiert. Die Externalisierung des Bösen auf die Mutter als die Böse wurde vom Vater von Frau Z. unterstützt, und so blieb sie bis zur Adoleszenz einigermaßen stabil. Dadurch brach die Krankheit erst aus, als Frau Z. mit ihrem Mann das Elternhaus verließ, wegzog. Die Projektion des Bösen auf ihren Mann gelang nur unzureichend, da dieser für sich und seine Umgebung als der Gute galt. Die Theorie der Selbstentwicklung nach Fonagy und Mitarbeitern kann manche psychische Mechanismen wie das ständige Bedürfnis nach projektiver Identifizierung oder Externalisierung des inneren fremden Selbst „erklären" oder benennen. Die Einfühlung in das subjektive Erleben, eine Antwort auf die Frage, worum es Frau Z. eigentlich geht, bleibt aber aus. Diese Frage kann nur durch Einfühlung in die Lebensbewegung von Frau Z., mit anderen Worten: durch die innere Mit-Bewegung der Therapeutin, beantwortet werden. Fonagy et al. formulieren eine Theorie der Selbstentwicklung und sehen das Individuum unter dem Aspekt dieser Theorie, nicht als einmaliges Individuum in seiner Subjektivität.

Die individualpsychologische Perspektive

Mit Adler versuchen wir Frau Z. in ihrer individuellen Lebensbewegung, aus ihrer unbewussten Zielsetzung heraus zu verstehen. Die Frage ist ja: Wieso ist Frau Z. so wütend? Und wieso gibt sie ihre Wutausbrüche nicht auf, wenn sie deswegen so abgelehnt wird? Frau Z. scheint darauf zu beharren, böse zu sein, anzuecken, andere Leute vor den Kopf zu stoßen. Immer wieder kehrt sie zu ihrer Wut zurück, so als könne und wolle sie die Wut nicht aufgeben. Ihre Wutausbrüche erscheinen als verzweifeltes Signal. Worum mag es Frau Z. dabei gehen? Es fällt auf, dass sie in ihrer Umgebung oft eine herausragende Rolle einnimmt. Ob bewundert und abgelehnt wegen ihrer Durchsetzungskraft oder gefürchtet oder hilfsbedürftig: immer erscheint sie ausgestoßen aus der Gemeinschaft. Dies kann bedeuten, dass Frau Z. das Ausgestoßensein als mögliche Existenzform kennt, oder es kann bedeuten, dass ihr ein Anliegen so wichtig ist, dass sie ein mögliches Ausgestoßensein in Kauf nimmt und hofft, dass sie, wohl durch ihr Anliegen, doch ihren Platz in der Welt findet. Was aber ist ihr Anliegen, worum geht es ihr in der Wut? Denn es sieht so aus, als sei die Wut der Schlüssel zum Verständnis von Frau Z., und es sieht so aus, als könne man, hätte man diesen Schlüssel, von der Wut her alles andere aufschließen und begreifen, als würden sich die Widersprüche dann auflösen. Diesen Schlüssel bzw. dieses Codewort, welches den verwirrenden Text aufschließt, nennt Alfred Adler das fiktive Persönlichkeitsideal.

Um diese Schlüsselfragen zu beantworten und das Persönlichkeitsideal der Patientin zu erfassen, ist es hilfreich, zu erfahren und sich einzufühlen, wie Frau Z. ihre Kindheit erlebt hat, den Zeitraum, in dem das Persönlichkeitsideal unbewusst geschaffen wird.

Die Lebensgeschichte von Frau Z.

Erwartungen von Mutter und Vater: Von der Mutter her erlebt sich Frau Z. von Geburt an als schwierig, kränklich, empfindlich. Ihre früheste Erinnerung, von der Mutter kommentiert: „Wenn du als Baby nicht so viel geschrieen hättest, hätte ich dich lieben können.“ Das heißt, die Mutter konnte das Kind nicht lieben, fühlte sich schuldig und suchte Schuld-Entlastung, indem sie die Schuld der Tochter auflud: sie sei „von Geburt an“ böse gewesen. Vom mütterlichen Introjekt her ist Frau Z. als böse verurteilt. Diese Zuschreibung findet später zusätzliche Bestätigung durch die Wutanfälle der Patientin, und da diese Wutanfälle als unangemessen heftig, als maßlos übertrieben deklariert werden, erlebt sich Frau Z. in ihrem Wesen als nicht normal – als verrückt. Sie wehrt sich gegen die Schuldzuweisung durch die Mutter und verbündet sich mit dem Vater. Doch in ihrer trotzigen Abwehr: „Dann bin ich eben böse“, folgt sie unbewusst der Botschaft der Mutter: Als die Böse kann ich dich anerkennen.

Der Vater nimmt das Kind am Tag nach der Entbindung der Mutter weg, um es zur Taufe zu bringen; das heißt: er opfert, weiht sein Kind Gott, um zu sühnen, dass er nicht ins Kloster gegangen ist, wie seine Mutter es wollte. Frau Z. erlebt sich vom Vater her als ausgestoßen aus der Gemeinschaft der gewöhnlichen Menschen, als Sühnopfer. Vom väterlichen Introjekt her ist Frau Z. dazu ausersehen, das Gute zu verkörpern. Sie befolgt alle Regeln, prangert das Nichtbefolgen der Regeln bei den anderen an und wird vielleicht darin eine Hüterin der Tugend in den Augen des Vaters. Frau Z. hätte ein Sohn und Arzt werden sollen, um heilend zu wirken, als Sühnopfer, Erlöserin in Bezug auf die religiöse Zwangsneurose des Vaters.

Zur Mutter ist Frau Z. böse ihrem Auftrag gemäß und kann diese negative Identität deshalb ertragen, weil sie sich „im Recht fühlt“. Und wenn der Vater abends fragt: „Was hat die böse Mutti dir heute getan?“ erzählt sie ihm alles: dass die Mutter sie zwingt, rechtshändig zu schreiben, dass die Mutter sie in den Keller sperrt usw. Der blinde Glaube des Vaters an Frau Z. als die Gute stellt ein Gegengewicht dar. Aber nicht nur der Vater als neurotisch Verbündeter und Liebender hilft Frau Z., diese negative Identität zu leben und als Sündenbock (Perera 1987) ausgestoßen zu sein. Auch die Mutter bietet ihr mögliche Schuldentlastungen an: Sie sei von ihrer körperlichen Konstitution her empfindlich, kränklich. Diese „Entlastung“ mag eine psychosomatische Konfliktlösung vorgegeben oder erleichtert haben. Zum Glück gelangt Frau Z. nicht in die Hände eines Arztes, der ihrem Verlangen nach einer echten somatischen Erkrankung folgt und schwerwiegende Eingriffe vornimmt. Manchmal ersehnt Frau Z. eine Krebserkrankung, dann sei sie endlich entschuldigt. Eine weitere Entlastung, durch die Mutter vorgegeben, ist: Sie sei psychisch labil, sei überempfindlich, rege sich zu leicht auf. Diese „Entlastung" mag den Weg geebnet haben für ihre Ängste bzw. ihren Verdacht, verrückt zu sein, und sie mag eine hysterische Konfliktlösung (Mentzos 1986) nahe gelegt haben. Mit dieser Zuschreibung wird jede Klage und Beschwerde der Patientin überhört. Wenn dann die Klage zu einem lauten Wutanfall wird, nicht mehr überhört werden kann, heißt es, sie reagiere übertrieben, unangemessen, nicht normal; aber man dürfe sie nicht aufregen, sie müsse eher beruhigt, geschont werden. Dies wird dann später die Geschichte ihrer Beruhigungsmittel und Antidepressiva.

Errichtung des Persönlichkeitsideals als Not-Lösung, als Einheit stiftendes Band

Was macht nun Frau Z. aus den Gegebenheiten, die sie vorfindet, aus den widersprüchlichen Zuschreibungen: a) von Natur aus böse zu sein b) das Gute verkörpern zu müssen. Wie gestaltet sie ihren Lebensstil? Wie mag Frau Z. ihren Eintritt ins Leben erlebt haben? Da ist ein Mangel an Bejahung des Lebens, aus einer Angst heraus. Frau Z. spürt schmerzhaft diesen Mangel: dass ihre Existenz nicht bejaht wird, weil Vater und Mutter das Leben nicht bejahen können, wie es ist. Sie entwickelt, wie jeder Mensch, in der mangelhaften Ausgangslage unseres Lebens, in unserer jeweiligen individuellen Notlage, ein besonderes Gespür für diesen Mangel. Es handelt sich um ein nicht-neurotisches Wahrnehmen unserer ersten Umwelt. Frau Z. spürt den Mangel, sie spürt, wie Vater und Mutter eine Hoffnung in sie setzen, die Tochter möge sie von Schuld entlasten, möglicherweise erlösen. Frau Z. zieht daraus die Folgerung, es liege alles nur an ihr. Sie nimmt die Allmacht an, welche die Eltern ihr geben, und deutet ihre Kindheitserfahrungen um: Es gibt kein hilflos-ohnmächtiges Ausgeliefertsein, es liegt nur an ihr, ob sie alles mit sich machen lässt, was mit ihr geschieht. Auch Krankheit, Unglück, Naturkatastrophen gehören dazu. Sie kann sie vorhersehen und verhüten, zumindest kann sie sich bemühen, all dies zu tun. Ein Missgeschick, aber auch körperliche Schmerzen erlebt sie wie eine Quittung, eine Strafe für ihr mangelndes Bemühen. Mit dieser Schlussfolgerung sucht Frau Z. etwas, woran sie sich im Leben halten kann, eine Fiktion, die den Mangel kompensiert, so dass ihr Leben bejaht werden kann und sie ihren Platz in der menschlichen Gemeinschaft findet, dass sie nicht abgeschnitten ist vom Leben, von der Liebe.

Wie sieht ihre Fiktion aus? Gemäß ihrer Erfahrung der Polarisierung Gut/Böse, Recht/Unrecht setzt sie sich für das Gute ein, sorgt für Recht und Ordnung. Es erinnert an das Prinzip: Das „Gute" muss durchgesetzt werden, auch wenn die Welt zugrunde geht, als ob der Zorn des Rachegottes aus ihr spräche, wenn sie Unrecht sieht. Sie entlarvt Heuchelei, sagt den Menschen die „Wahrheit", „nennt die Dinge beim Namen". Sie wütet dann wie eine Furie, ahndet und rächt die Nichtbeachtung der Gesetze. Als Racheengel kämpft sie für das Gute, indem sie das Böse „mit der Wurzel" ausrotten, auch Leid und Krankheit abschaffen und dadurch das Heil verwirklichen will. Sie verfolgt „das Gute" mit „bösen Mitteln". Ihre Fiktion ist also, es wäre möglich, dem Schicksal nicht mehr ausgeliefert zu sein, sondern „Herr des Schicksals" (gottähnlich) zu sein. Als Racheengel ist sie ganz identifiziert mit dem Gottähnlichkeitsideal (Adler 1974a, S. 25, 46, 54, 114, 214).

Der Kreislauf der Affektzustände unter dem Aspekt der Fiktion

Adler geht von der Annahme aus, dass das Persönlichkeitsideal dem Leben eine Richtung gibt. Betrachten wir nun nochmals die Symptomatik als Ausdrucksformen des zielgerichteten Lebensstils von Frau Z., wie sie sich im Lauf der Therapie zeigte, so sehen wir sie in einem Teufelskreis von Affektzuständen gefangen: Angst vor der Angst – Wut und Macht – Anpassung, Hilflosigkeit, Gefügigkeit – Untergangsängste – Angst vor der Angst. Jedes Symptom hat immer schon eine Bedeutung, sowohl für Frau Z. wie für ihre Umgebung. Es gibt nicht die Wut, die Angst. Die unterschiedlichen Auslegungen führen jeweils zu anderen Bildern, die wir uns von der Patientin machen. Und diese verschiedenen Bilder können sehr verwirrend sein, als unvereinbar erscheinen, so als habe die Patientin keine einheitliche Identität. Gelegentlich erscheint uns dann die Patientin als psychosegefährdet, als sei das Ich der Patientin in Teile zerfallen. Diese Auslegungen aber verbergen nur, worum es der Patientin eigentlich geht: Sie kämpft für das Gute, indem sie versucht, das Böse auszurotten.

Angst vor der Angst

Die Angst vor der Angst führt zu einer inneren Unruhe und gelegentlich heftigem Zittern ihres Körpers, das sich nicht beherrschen lässt. Ihre innere Unruhe beschreibt sie so, als ob der Körper kurz vor dem Platzen, vor der Auflösung stünde. Frau Z. wirkt beunruhigt und gelähmt. Nur das Hinausrauschen am Ende einer Sitzung lässt ahnen, dass Frau Z. auch in anderer Weise erscheinen kann.

Wut und Macht

Frau Z. wütet, wenn der Ehemann die Wand entlang schleicht, ihr ausweicht und sich ihr nicht stellt; aber sie wütet auch, wenn ihr Mann sie kritisiert. Dann möchte sie ihm an die Gurgel gehen. Ihre Wut ist so groß, dass sie aus dem Fenster springen will, weil sie meint, ihr Ehemann halte sie nicht länger aus. Frau Z. regt sich auf über einen Wasserschaden in ihrem Keller; sie regt sich auf, weil die Versicherung nichts hören lässt, und sie explodiert, weil ihr Mann bei der Versicherung nicht anruft. Frau Z. regt sich auf, dass sie ihre Töchter wie Marionetten erzogen habe, die sofort springen und tun, was man ihnen sagt. Sie regt sich aber auch auf, wenn die Töchter nicht getan haben, was sie sagt. Nach jedem Wutanfall bekommt Frau Z. Durchfall; es ist ihr entsetzlich, wie sie sich benommen hat. Dies vermehrt zugleich ihre Wut, die sie dann an den Kindern auslässt. Da bricht also eine Wut explosiv aus ihr hervor, welche aus dem konkreten Anlass in ihrem Ausmaß nicht verstanden werden kann. Die Auslegung, welche Frau Z. und ihre Umgebung den Wutanfällen geben, nämlich, es seien triebhafte Impulse, welche zu Verletzung und Zerstörung führen, und es müsse beruhigt oder gegengesteuert werden, führt zu keiner Lösung, sondern zu einem Teufelskreis, in dem die Wutanfälle zunehmen oder unterdrückt werden. In einer anderen Auslegung wird die Wut der Patientin als Machtwille gedeutet. Frau Z. wüte, wenn nichts so funktioniert, wie es soll, sei es die Verspätung der S-Bahn oder schlechte Schulnoten der Töchter. Sie ist wütend, dass ihr dies passiert, dass man ihr dies antut; alles gerät außer Kontrolle. Die Reaktion der Umwelt: „Du willst ja nur deinen Willen durchsetzen." Das Bedrohliche an den Wutanfällen ist für Frau Z. ihr Ausgeliefertsein, sie kann sie nicht steuern, außerdem das Erschrecken der anderen über die Heftigkeit. Vom Persönlichkeitsideal des Racheengels her wissen wir, dass Frau Z. alles Böse, Unzulängliche, Unfähige wütend verfolgt, weil sie für das Gute kämpft und dies mit Macht durchsetzen will.

Anpassung, Hilflosigkeit, Gefügigkeit

Wegen ihrer Macht wird Frau Z. von ihrer Umgebung abgelehnt und gefürchtet. Ihr wird vorgeworfen, dass sie immer nur kritisch über andere herziehe. Sie solle auch das Gute im Menschen sehen wie ihr Mann. Ihre Krankheit sei deshalb auch die Quittung dafür, dass sie ihre Familie nicht gut behandelt habe. Frau Z. glaubt dies auch und versucht, sich anzupassen und es ganz gut zu machen. Sie fühlt sich dann für alles verantwortlich. Wenn ihre älteste Tochter Probleme mit der Zahnspange hat, fühlt sich Frau Z. verantwortlich dafür, dass alles wieder heil wird. Es liegt nur an ihr, ob sie den richtigen Kieferchirurgen ausgewählt hat. Dabei fühlt sie sich völlig alleingelassen, überfordert, ist verzweifelt, dass keiner ihr hilft, und voller Angst, ihre Tochter werde die schiefen Zähne behalten, wenn sie nicht das Richtige unternehme. Eine extreme Gefügigkeit zeigt sich in der Therapie erst nach 100 Stunden. Es kann vorkommen, dass eine Bekannte sich für den Sommerurlaub Kleider von ihr ausleihen will, und sie kann nicht nein sagen. Wenn Frau Z. davon erzählt, wird sie ungläubig zurückgewiesen: „Du doch nicht, du setzt dich doch überall durch." Wenn man Frau Z. nur in dieser Weise kennt, vermutet man eine extreme Ich-Schwäche. Das Gefügigsein mag darauf hinweisen, dass Frau Z. endlich von allen Menschen bejaht werden möchte. Sie möchte es allen recht machen; dabei fühlt sie sich oft ausgenützt, und da sie sich aufgrund ihrer Zielsetzung nicht wehren kann, lässt sie sich ziemlich lange ausnützen, bis sie einen Wutanfall bekommt und wieder abgelehnt wird.

Dann kommt es vor, dass Frau Z. alle Gefühle unterdrückt (siehe Angst vor der Angst) oder dass sie aufgibt: Ihr Kampf um das Gute, ihr Streben nach dem Persönlichkeitsideal ist gescheitert und damit alles, wofür sie lebt, wie sie sich selbst versteht. Dies führt zu einer narzisstischen Krise mit Selbstfragmentierung und entsetzlichen Ängsten.

Untergangs- und Verrücktheitsängste

Sie äußert Angst, von Ängsten und Gefühlen überschwemmt zu werden, dass dann ihr Weinen und Schreien nicht mehr aufhören und sie in die Psychiatrie eingeliefert würde. Auf dem Höhepunkt einer Krise fühlt Frau Z. sich ganz schlaff, sie nimmt stark an Gewicht ab, hat das Gefühl, sie müsse ihrem eigenen Untergang zusehen. Ihre Untergangsängste äußern sich körperlich als Schwindel, als Haltverlieren, der Boden wanke unter ihr, sie schwebe über ihrem Bett, ihre Gliedmaßen gehörten nicht zu ihrem Körper, sie sieht sie abgetrennt liegen. Oder sie erlebt die drohende Auflösung ihres Körpers. Wenn Frau Z. an solch extremen Untergangsängsten leidet, fast schon an Depersonalisationsphänomenen, dann wird sie von Ehemann und Schwester zur Therapie begleitet, auf jeder Seite gestützt. Es sieht dann so aus, als würde Frau Z. ein Versorgungsfall werden. In ihren Untergangsängsten wird Frau Z. zwar nicht verstanden, aber auch nicht abgelehnt, sondern angenommen und versorgt als jemand, der allein nicht lebensfähig ist. Frau Z. sieht sich aufgrund der Reaktion der Umgebung als krank, als verrückt an. Sie passt anscheinend nicht in diese Welt, in diese Gesellschaft.

Wenn Frau Z. diesen Teufelskreis von ihrem Persönlichkeitsideal des Racheengels her verstehen kann, löst er sich auf. Das Wort „Racheengel" ist schillernd und soll schillernd sein: Frau Z. ist böse, voller Rache, aber es geht ihr um das Gute.

Geht es ihr wirklich um das Gute in dieser Polarisierung Gut/Böse? Oder geht es ihr um etwas anderes, was sie selbst nicht weiß, vielleicht aber ahnt? Denn etwas treibt sie an, treibt sie zur Verzweiflung, aber sie gibt nicht auf. Könnte sich also im Bild des Racheengels etwas anderes verbergen? Die Heilung von Frau Z. bestand darin, dass sie weniger gefangen ist in ihrem (starren) Persönlichkeitsideal. In ihr ist eine Ahnung entstanden, dass sie nicht alles selbst machen muss, dass es Liebe und Wahrheit auf der Welt gibt auch ohne ihr Bemühen, dass die Liebe ihr Bemühen nicht braucht, auch nicht das Bemühen der Therapeutin. Die Liebe braucht Achtsamkeit und Bereitsein. Das eigentliche Anliegen und die lebenslange Suche von Frau Z. galten wohl unbewusst dieser Erfahrung.

Literatur

Adler, Alfred (1908b/1973c): Der Aggressionstrieb im Leben und in der Neurose. In: Alfred Adler u. C. Furtmüller (Hg.) (1973c), 53 – 62.
Adler, Alfred (1912a/1974a): Zur Theorie der Halluzinationen. In: Alfred Adler (Hg.) (1974a), 67–73.
Adler, Alfred (1912a/1997): Über den nervösen Charakter: Grundzüge einer vergleichenden Individualpsychologie und Psychotherapie: Kommentierte textkritische Ausgabe, hg. v. Karl Heinz Witte, Almuth Bruder-Bezzel u. Rolf Kühn. Göttingen: Vandenhoeck & Ruprecht.
Adler, Alfred (1913a/1974a): Individualpsychologische Behandlung der Neurosen. In: Alfred Adler (Hg.) (1974a), 48–66.
Adler, Alfred (1913h/1974a): Zur Rolle des Unbewussten in der Neurose. In: Alfred Adler (Hg.) (1974a), 234–241.

Adler, Alfred (1912d/1974a): Psychischer Hermaphroditismus und männlicher Protest – ein Kernproblem der nervösen Erkrankungen. In: Alfred Adler (Hg.) (1974a), 33–39.
Adler, Alfred (1914h/1974a): Die Individualpsychologie, ihre Voraussetzungen und Ergebnisse. In: Alfred Adler (Hg.) (1974a), 19–32.
Adler, Alfred (1918c/1974a): Dostojewski. In: Alfred Adler (Hg.) (1974a), 281–290.
Adler, Alfred (1914j/1974a): Kinderpsychologie und Neurosenforschung. In: Alfred Adler (Hg.) (1974a), 74–90.
Adler, Alfred (1914k/1974a): Das Problem der „Distanz“. Über einen Grundcharakter der Neurose und Psychose. In: Alfred Adler (Hg.) (1974a), 112–119.
Adler, Alfred (1924n/1982a): Kritische Erwägungen über den Sinn des Lebens. In: Alfred Adler (Hg.) (1982a), 79–83.
Adler, Alfred (1926k/1982a): Die Individualpsychologie als Weg zur Menschenkenntnis und Selbsterkenntnis. In: Alfred Adler (Hg.) (1982a), 135–157.
Adler, Alfred (1930j/1982b): Nochmals – Die Einheit der Neurosen. In: Alfred Adler (Hg.) (1982b), 35–55.
Adler, Alfred (1931e/1982b): Der Fall von Frau A. In: Alfred Adler (Hg.) (1982b), 118–148.
Adler, Alfred (1931h/1982b): Die kriminelle Persönlichkeit und ihre Heilung. In: Alfred Adler (Hg.) (1982b), 106–117.
Adler, Alfred (1931m/1982b): Symptomwahl beim Kinde. In: Alfred Adler (Hg.) (1982b), 173–191.
Adler, Alfred (1931n/1982b): Individualpsychologie und Psychoanalyse. In: Alfred Adler (Hg.) (1982b), 192–209.
Adler, Alfred (1932g/1982b): Persönlichkeit als geschlossene Einheit. In: Alfred Adler (Hg.) (1982b), 236–247.
Adler, Alfred (1932h/1982b): Die Systematik der Individualpsychologie. In: Alfred Adler (Hg.) (1982b), 248–253.
Adler, Alfred (1933b/1973a): Der Sinn des Lebens. Mit einer Einführung von W. Metzger. Frankfurt: Fischer.
Adler, Alfred (1933i–1/1983a): Über den Ursprung des Strebens nach Überlegenheit und des Gemeinschaftsgefühls. In: Alfred Adler (Hg.) (1983a), 21–32.
Adler, Alfred (1933l/1983a): Vor- und Nachteile des Minderwertigkeitsgefühls. In: Alfred Adler (Hg.) (1983a), 33–39.

Adler, Alfred (1926x/1982a): Die Individualpsychologie. Ihre Bedeutung für die Behandlung der Nervosität, für die Erziehung und für die Weltanschauung. In: Alfred Adler (Hg.) (1982a), 169–177.
Adler, Alfred (1934i/1983a): Zur Massenpsychologie. In: Alfred Adler (Hg.) (1983a), 57–69.
Adler, Alfred (1935e/1983a): Typologie der Stellungnahmen zu den Lebensproblemen. In: Alfred Adler (Hg.) (1983a), 70–74.
Adler, Alfred (1935l/1983a): Vorbeugung der Neurose. In: Alfred Adler (Hg.) (1983a), 84–97.
Adler, Alfred (Hg.) (1974a): Praxis und Theorie der Individualpsychologie: Vorträge zur Einführung in die Psychotherapie für Ärzte, Psychologen und Lehrer. Neu hg. v. W. Metzger [Neudr. d. 4. Aufl. v. 1930]. Frankfurt: Fischer.
Adler, Alfred (Hg.) (1982a), Psychotherapie und Erziehung. Ausgewählte Aufsätze Band I: 1919 -1929. Ausgewählt und herausgegeben von H. L. Ansbacher und R. F. Antoch, mit einer Einführung von R. F. Antoch. Frankfurt: Fischer.
Adler, Alfred u. Carl Furtmüller (Hg.) (1973c): Heilen und Bilden: Ein Buch der Erziehungskunst für Ärzte und Pädagogen. Neu hg. v. W. Metzger, [Neudr. der 3. Aufl. v. 1928]. Frankfurt: Fischer.
Adler, Alfred (Hg.) (1982b), Psychotherapie und Erziehung. Ausgewählte Aufsätze Band II: 1930 – 1932. Ausgewählt und herausgegeben von H. L. Ansbacher und R. F. Antoch. Mit einer Einführung von R. F. Antoch. Frankfurt: Fischer.
Adler, Alfred (Hg.) (1983a), Psychotherapie und Erziehung. Ausgewählte Aufsätze Band III: 1933 – 1937. Ausgewählt und herausgegeben von H. L. Ansbacher und R. F. Antoch. Mit einer Einführung von R. F. Antoch. Frankfurt: Fischer.
Arbeitskreis OPD (Hg.) (1996): Operationalisierte Psychodynamische Diagnostik. Grundlagen und Manual. Bern: Huber.
Bollas, Christopher (2000): Genese der Persönlichkeit. Psychoanalyse und Selbsterfahrung. Stuttgart: Klett-Cotta.
Bruder-Bezzel, Almuth (2004): Das schöpferische Unbewusste In: Almuth Bruder-Bezzel u. Klaus-Jürgen Bruder (Hg.), Kreativität und Determination. Studien zu Nietzsche, Freud und Adler. Göttingen: Vandenhoeck & Ruprecht.
Bruder-Bezzel, Almuth (2005): Die Einheit von bewusst und unbewusst in der Theorie von Alfred Adler. In: Michael B. Buchholz u. Günter Gödde (Hg.), Macht und Dynamik des Unbewussten. Auseinandersetzungen in Philosophie, Medizin und Psychoanalyse (Das Unbewusste, Bd. 1) (361–382). Gießen: Psychosozial.

Dornes, Martin (1993): Der kompetente Säugling: Die präverbale Entwicklung des Menschen. Frankfurt: Fischer.
Dornes, Martin (1997): Die frühe Kindheit: Entwicklungspsychologie der ersten Lebensjahre. Frankfurt: Fischer.
Eife, Gisela (2004): Augenblicke der Begegnung. Die Eröffnung einer transsubjektiven Dimension. In: Alf Gerlach, Anne-Marie Schlösser u. Anne Springer (Hg.), Psychoanalyse des Glaubens (231–244). Gießen: Psychosozial.
Fonagy, Peter, György Gergely, Elliot L. Jurist u. Mary Target (2004): Affektregulierung, Mentalisierung und die Entwicklung des Selbst. Stuttgart: Klett-Cotta.
Hahn, Alois u. Volker Kapp (1987): Selbstthematisierung und Selbstzeugnis: Bekenntnis und Geständnis. Frankfurt: Suhrkamp.
Heisterkamp, Günter (1990): Konturen einer tiefenpsychologischen Analyse originärer Lebensbewegungen. Zeitschrift für Individualpsychologie 15, 83–95.
Heisterkamp, Günter (1996): Psychotherapie aus der Mit-Bewegung. Formen „der" Empathie. In: Ulrike Lehmkuhl (Hg.), Heilen und Bilden – Behandeln und Beraten. Individualpsychologische Leitlinien heute (101–119). München/Basel: Reinhardt (Beiträge zur Individualpsychologie, Bd. 22).
Henrich, Dieter (1979): Identität – Begriffe, Probleme, Grenzen. In: Odo Marquard u. Karlheinz Stierle (Hg.), Identität (134–186). München: Fink (Poetik und Hermeneutik Bd.7).
Hillman, James: Die Heilung erfinden. Zürich: Spiegel 1986.
Hoven-Buchholz, Karla (2005): Id, Idiom, Selbst und Form. Das Unbewusste bei Christopher Bollas. In: Michael B. Buchholz u. Günter Gödde (Hg.), Macht und Dynamik des Unbewussten. Auseinandersetzungen in Philosophie, Medizin und Psychoanalyse (Das Unbewusste, Bd. 1) (596–626). Gießen: Psychosozial.
James, William (1909): Psychologie. Leipzig: Quelle & Meyer.
Kant, Immanuel (1781/1975): Kritik der reinen Vernunft. Werke in 10 Bänden, hg. v. Wilhelm Weischedel, Bd. 3 (= Studienausgabe Bd. 2). Darmstadt: Wissenschaftliche Buchgesellschaft.
Kernberg, Otto F. (1988): Innere Welt und äußere Realität. Anwendungen der Objektbeziehungstheorie. München/Wien: Internationale Psychoanalyse.
Lübbe, Hermann, (1979): Zur Identitätspräsentationsfunktion der Historie. In: Marquard, Odo u. Karlheinz Stierle (Hg.): Identität (227–292). München: Fink (Poetik und Hermeneutik Bd.7).

Mead, George H. (1969): Geist, Identität und Gesellschaft. Frankfurt: Suhrkamp.
Mentzos, Stavros (1986): Hysterie. Zur Psychodynamik unbewusster Inszenierungen. Frankfurt: Fischer.
Perera, Sylvia B. (1987): Der Sündenbock Komplex. Interlaken: Ansata.
Rudolf, Gerd (1996): Psychotherapeutische Medizin: Ein einführendes Lehrbuch auf psychodynamischer Grundlage. 3. Aufl. Stuttgart: Enke.
Rudolf, Gerd (2004): Strukturbezogene Psychotherapie. Leitfaden zur psychodynamischen Therapie struktureller Störungen. Stuttgart: Schattauer.
Stern, Daniel (1993): Die Lebenserfahrung des Säuglings. 3. Aufl. Stuttgart: Klett-Cotta.
Stern, Daniel (2005): Der Gegenwartsmoment. Veränderungsprozesse in Psychoanalyse, Psychotherapie und Alltag. Frankfurt: Brandes & Apsel.
Witte, Karl Heinz (1985): Die Einheit der Persönlichkeit als Einheit der Zeit. Zeitschrift für Individualpsychologie 10, 89–105.
Witte, Karl Heinz (1991): Ich-Identität in der Psychoanalyse und Persönlichkeitsideal bei Alfred Adler. Zeitschrift für Individualpsychologie, 16, 11 – 28.
Witte, Karl Heinz (2006): Augenblick und Zeitlichkeit. In: Rolf Kühn u. Karl Heinz Witte (Hg.), psycho–logik. Jahrbuch für Psychotherapie, Philosophie und Kultur. Bd. 1. Praxis und Methode. Positionen (161–175). Freiburg/München: Alber.

Das Adlersche Konstrukt „Gemeinschaftsgefühl"

Karl Bald

Einleitung

Ich sehe die Adlersche Individualpsychologie vorwiegend als eine Trias aus: Minderwertigkeitsgefühl und Kompensation, holistischem bzw. ganzheitlichem Verständnis, und Gemeinschaftsgefühl. Alle drei Themenbereiche hängen eng miteinander zusammen bzw. gehen ineinander über. Wenn man von der Individualpsychologie Alfred Adlers spricht, sind alle drei Themenbereiche für ein Gesamtverständnis unverzichtbar, gewissermaßen Theorie konstituierend. Aus dem Minderwertigkeitsgefühl und Kompensation wird die Zielorientierung bzw. der finale Ansatz, abgeleitet, die Bewegung vom Minus zum Plus. Das holistische bzw. ganzheitliche Verständnis von Alfred Adler ergibt sich aus der Zielorientierung: der unbewusste Lebensplan bzw. Lebensstil ist ganzheitlich wirksam: im Denken, in der Wahrnehmung, auf emotionaler, kognitiver und körperlicher Ebene. Alles hat dieselbe unbewusste Melodie. Darin besteht m.E. der ganzheitliche Ansatz. Der dritte Begriff ist das Gemeinschaftsgefühl, also die Art und Weise, wie ein Mensch sich mit der Welt und seinen Mitmenschen verbunden fühlt.

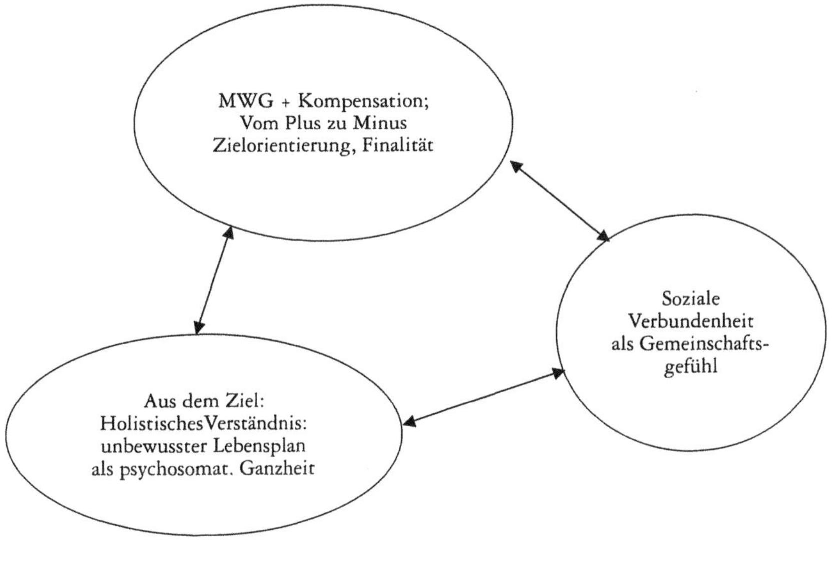

In dem folgenden Beitrag geht es in erster Linie um das dritte Begriffs-Standbein, um das Gemeinschaftsgefühl. Dennoch wird sicherlich an vielen Stellen deutlich werden, wie alle drei Grundbegriffe – Kompensation, Ganzheitlichkeit und Gemeinschaftsgefühl – immer wieder zusammenspielen. Zunächst soll in einem ersten Teil Alfred Adler hinsichtlich des Begriffs Gemeinschaftsgefühl mit seinen eigenen Worten anhand von Originalzitaten lebendig werden. Dabei geht es vor allen Dingen um den ‚inhaltlichen Klang' und die mitschwingenden Konnotationen seiner Worte – selbstverständlich stellt diese spezielle Textauswahl meine individuelle Komposition zu diesem Begriff dar. Die Texte stammen aus verschiedenen Werken Alfred Adlers – von „Bolschewismus und Seelenkunde" aus dem Jahr 1918/19 über „Menschenkenntnis" von 1927 bis zu „Über den Ursprung des Strebens nach Überlegenheit und des Gemeinschaftsgefühls" von 1933. Im zweiten Teil möchte ich die aktuelle Diskussionen um den Begriff bzw. um das Adlersche Konstrukt Gemeinschaftsgefühl innerhalb der heutigen Individualpsychologie wiedergeben. Dabei sollen die unterschiedlichen und oft auch kontroversen Standpunkte verschiedener individualpsychologische Autoren im Überblick vorgestellt werden. Gerade die Breite der unterschiedlichen Positionen zu diesem Begriff wird deutlich machen, dass „Gemeinschaftsgefühl" in der aktuellen Diskussion eine bedeutsame „Theoriebaustelle" ist.

I. „Der historische Adler" und sein Begriff Gemeinschaftsgefühl

Der Begriff Gemeinschaftsgefühl ist von Alfred Adler faktisch erst 1918 in seiner Schrift „Bolschewismus und Seelenkunde" eingeführt worden. Früher taucht der nicht näher definierte Begriff des Gemeinsinns auf. Wenn man in Werken vor 1918 auf den Begriff Gemeinschaftsgefühl stößt, so handelt es sich um nachträgliche, nicht extra vermerkte Einarbeitungen durch Alfred Adler.

Sein Werk „Bolschewismus und Seelenkunde" ist gewissermaßen eine ‚Abrechnung' und Hilfeschrei zugleich. Er verreißt den Stalinismus und den Kapitalismus und sieht in dem Machtstreben bzw. der „Machtkultur" den hauptsächlichen Grund für den ersten Weltkrieg. Das „Gemeinschaftsgefühl" wird für ihn zur Rettung aus dieser verzweifelten Lage.

Die folgenden Adler-Zitate aus dem Werk „Bolschewismus und Seelenkunde" aus dem Sammelband „Psychotherapie und Erziehung", Band I (1982a) machen deutlich, wie sehr der Begriff des Gemeinschaftsgefühls von diesem

„Erlösungskontext" bzw. einem Heilsdenken geprägt war, und dass die damalige Einführung des „Gemeinschaftsgefühls" vorwiegend mit Alfred Adlers weltanschaulichen Beweggründen zusammenhing: So schreibt Alfred Adler zum Gemeinschaftsgefühl im Sinn einer Heilslehre:

„Vor allen anderen Völkern empfangen wir die neue Lehre des Heils, um sie den Menschen zu verkünden: dass die Menschheitsgeschichte mit ihrem Grauen und Jammer bisher nichts anderes war als eine fortlaufende Kette gescheiterten Strebens nach Macht. Ein tiefes Unglück wie das unseres Volkes muss hellsehend machen, sonst verfehlt es den einzigen sinnvollen Zweck. Aus seinem qualvollen Erleben gebiert uns das erneuerte Deutschland die tiefste Idee aller Kultur in der endgültigen Verwerfung des Strebens nach Macht und in der endgültigen Erhebung des Gemeinsinns zur leitenden Idee. Der grausame Spuk des Turmbaus zu Babel hat noch einmal die Menschheit genarrt, nun mahnt das Elend zur Einkehr" (Adler 1919b, S.24).

Oder Adler klagt an, wie das Gemeinschaftsgefühl zum reinen Machtmittel umfunktionalisiert wurde:

„Die Jahre des Kapitalismus mit seiner entfesselten Gier nach Überwältigung des anderen haben die Raublust in der menschlichen Seele maßlos angefacht. Kein Wunder, dass unser seelischer Apparat ganz im Banne des Strebens nach Macht steht. Die Wissenschaft ...erklärte Egoismus als angeborene und unabänderliche Eigenschaften der menschlichen Seele, protegierte sie dadurch und verhinderte ihren Abbau durch das Gemeinschaftsgefühl. Letzteres wurde vielmehr aus einem Zweck in ein Mittel verwandelt und kam in den Dienst des Nationalismus und des Imperialismus, die sich mit List und Tücke bei ihrer Herrschsucht und Machtgier der Wahrheit des Gemeinsinns bedienten" (ebd. S.24f).

Dann führt Adler zur psychologischen Seite des Machtkampfes bzw. des Machtstrebens aus:

„Unser seelisches Organ antwortet auf äußeren Zwang mit einem Gegenzwang, sucht seine Befriedigung nicht in den Belohnungen des Gehorsams und der Fügsamkeit, sondern trachtet seine Machtmittel als die stärkeren zu erweisen. Der Kampf um Macht hat also eine psychologische Seite, deren Darstellung uns heute als dringende Pflicht erscheint." (ebd. S.26)

Und Adler stellt das Verlangen nach Macht antithetisch gegen die Gemeinschaftsstrebungen:

„Gegen sein Verlangen nach Macht, aus der Unerträglichkeit eines kindlichen Schwächegefühls entsprungen, das als schützender Überbau die Unsicherheit des Kindes aufheben sollte, streitet die Erfahrung von der überragenden Notwendigkeit der Gemeinschaftsstrebungen" (ebd.).

So geht Alfred Adler weiter und zeigt auf, wie für ihn das Machtstreben in jede Pore des gesellschaftlichen Lebens eindringt:

„In die Elternliebe schleicht sich das Gift der Herrschsucht und sucht im Namen der Autorität und der Kindespflicht den Schein der Überlegenheit und Unfehlbarkeit festzuhalten. Da wird es zur Aufgabe der Kinder, über ihre Erzieher hinauszuwachsen, mit ihnen fertig zu werden. Nicht anders beim Lehrer. Auch die Liebe ist voll von diesen Tücken und fordert vom Partner zuweitgehende Ergebung. Das Machtbegehren des Mannes verlangt mit Berufung auf 'die natürliche Bestimmung' die Unterwerfung der Frau; als Ergebnis zeigt sich, wenig erfreulich, die Zerstörung aller unbefangenen Beziehungen und Lahmlegung wertvoller Kräfte" (ebd. S.27).

Doch sieht Adler eine Rettung aus dieser 'vergifteten' Machtherrschaft:

„Eins kann uns retten: das Misstrauen gegen jede Vormacht. Unsere Stärke liegt in der Überzeugung, in der organisierenden Kraft, in der Weltanschauung, nicht in der Gewalt der Waffen ..." (ebd. S.27).

Und die „reinste Form" des Gemeinschaftsgefühls findet Alfred Adler im damaligen Sozialismus – gleichzeitig in deutlicher Verurteilung des Bolschewismus:

„Sozialismus wurzelt zutiefst im Gemeinschaftsgefühl, er ist Urlaut der Menschheit, der Weltanschauung geworden ist, derzeit der reinste und praktikabelste Ausdruck des Gemeinsinns. Der Bolschewismus, das ist der Selbstmord des Gemeinsinns. ... Wir wollen nicht die starre Form, wir wollen den Geist und das neue Wort des Sozialismus. Hier ist es: Ausbildung und Wirkung des Gemeinschaftsgefühls (ebd.).

Alfred Adler setzt in erster Linie auf die das Bewusstsein verändernde Kraft:

„Wir brauchen die bewusste Vorbereitung und Förderung eines gewaltigen Gemeinschaftsgefühls und den völligen Abbruch der Gier und Macht beim einzelnen und bei den Völkern" (ebd. S.31).

Diese wenigen Zitate sollen ausreichen, um die damalige Erlösungsfunktion des Begriffs Gemeinschaftsgefühl – eben nach dem ersten Weltkrieg von Alfred Adler quasi als Kampfbegriff gegen das zerstörerische Machtstreben eingeführt – nachvollziehbar werden zu lassen.

In seinem Werk „Menschenkenntnis" von 1927 begründete Adler in einem Kapitel über die „Soziale Beschaffenheit des Seelenlebens" die Sozialität des Menschen nach seinem Verständnis. Er führt aus, in welchem Maße das Individuum von der Gemeinschaft abhängig ist, gewissermaßen ohne die Gemeinschaft nicht gedacht werden kann. Er verankert damit ‚sein' Gemeinschaftsgefühl in einem anthropologischen Modell. Daher ist dieses Werk als anthropologische Begründung des individualpsychologischen Sozialitäts-Konzeptes ein wichtiger Schritt in Adlers Theorieentwicklung.

Da der Einzelmensch von seinen natürlichen Bedingungen her zu schwach zum Überleben ist, formuliert Alfred Adler den „Zwang zur Gemeinschaft":

„... und so kam es, dass das seelische Organ des Menschen ganz durchdrungen war von den Bedingungen eines Lebens in der Gemeinschaft. Schon Darwin weist darauf hin, dass man nie schwächliche Tiere findet, die allein leben. Und hierher muss man ganz besonders auch den Menschen rechnen, denn er ist nicht stark genug, um alleine leben zu können." „Die Forderungen der Gemeinschaft haben die Beziehungen der Menschen geregelt, die schon ursprünglich als selbstverständlich, als ‘absolute Wahrheit' bestanden haben. Denn vor dem Einzelleben der Menschen war die Gemeinschaft. Es gibt in der Geschichte der menschlichen Kultur keine Lebensform, die nicht als gesellschaftlich geführt worden wäre. Nirgends sind Menschen anders als in Gesellschaft aufgetreten" (1927a, S. 38).

Doch diese ‚Schwäche' des Einzelmenschen sieht Alfred Adler gleichzeitig auch als ‚Entwicklungsreiz', als Motor menschlicher Entwicklung:

„Vom Standpunkt der Natur aus gesehen ist der Mensch ein minderwertiges Wesen. Aber diese Minderwertigkeit, die ihm anhaftet, die ihm als ein Gefühl des Verkürztseins und der Unsicherheit zum Bewusstsein kommt, wirkt als fortwährender Reiz, einen Weg ausfindig zu machen, um die Anpassung an dieses Leben zu bewerkstelligen, vorzusorgen, sich Situationen zu schaffen, wo die Nachteile der menschlichen Stellung in der Natur ausgeglichen erscheinen" (ebd. S. 39).

Der vorsorgende Einzelmensch existiert für ihn jedoch nur in gesellschaftlicher Bezogenheit:

„Und gerade der Reiz, der von dem ununterbrochenen Gefühl der Unzulänglichkeit ausging, machte es aus, dass der Mensch eine Voraussicht entwickelte und seine Seele zu einer Entwicklung brachte, wie wir sie heute als Organ des Denkens, Fühlens und Handelns vorfinden. Und da bei diesen Hilfen, bei diesen Anpassungsbestrebungen auch die Gesellschaft eine wesentliche Rolle spielte, musste das seelische Organ von Anfang an mit den Bedingungen der Gemeinschaft rechnen. Alle seine Fähigkeiten sind auf dieser Grundlage entwickelt, die den Einschlag eines gesellschaftlichen Lebens in sich tragen" (ebd. S. 40)[1].

Und so kommt Alfred Adler zum Ergebnis, dass der Mensch in erster Linie ein Gemeinschaftswesen ist:

„Das Gefühl der Zusammengehörigkeit, das Gemeinschaftsgefühl wird in der Seele des Kindes bodenständig und verlässt den Menschen nur unter den schwersten Ausartungen seines Seelenlebens. Es bleibt durch das ganze Leben, nuanciert, beschränkt oder erweitert sich und erstreckt sich in günstigen Fällen nicht nur auf die Familienmitglieder, sondern auf den Stamm, das Volk, auf die ganze Menschheit. Es kann sogar über diese Grenze hinausgehen und sich dann auch auf Tiere, Pflanzen und andere leblose Gegenstände, schließlich sogar auf den Kosmos überhaupt ausbreiten.

Wir haben somit in unserem Bestreben, zum Verständnis des Menschen zu gelangen, einen wichtigen Hilfspunkt gewonnen. Es ist das Verständnis für die Notwendigkeit, den Menschen als Gemeinschaftswesen zu betrachten" (ebd. S. 50f..

Es wird deutlich, wie sehr Alfred Adler daran gelegen war, die Gemeinschaftsbezogenheit jedes Einzelmenschen herauszuarbeiten und den Menschen umfassend in seiner Sozialität zu begründen.

Ein Jahr später, 1928, nahm Alfred Adler weitere Definitionsversuche des Begriffs Gemeinschaftsgefühl vor und zwar in einem Artikel mit dem Titel „Kurze Bemerkungen über Vernunft, Intelligenz und Schwachsinn" (1928f) Hier finden sich Formulierungen, die von vielen heutigen Vertretern der Individualpsychologie ebenfalls zur Charakterisierung des Gemeinschaftsgefühls verwendet werden. Das hängt sicherlich damit zusammen, dass Alfred Adler in dieser Phase den Begriff psychologisch weiter ausdifferenzierte.

[1] Diese These vertritt heute z.B. Gerald Hüther, Neurobiologe; z.B. in der „Bedienungsanleitung für ein menschliches Gehirn" von 2002; oder in „Evolution der Liebe" von 1999 (20033)

So bringt er die beiden Begriffe ‚Identifikation' und ‚Einfühlung' mit dem Gemeinschaftsgefühl in Verbindung:

„Wenn wir sagen, es ist ein Gefühl, so sind wir sicherlich dazu berechtigt. Aber es ist mehr als das, es ist eine Lebensform, es ist eine ganz andere Lebensform als bei einem Menschen, den wir als antisozial bezeichnen. Diese Lebensform ist nicht nur äußerlich zu fassen, es ist nicht so zu verstehen, als ob sich hier nur eine angelernte Art des Lebens kundtun würde. Es ist viel mehr. Ich bin nicht in der Lage, es ganz eindeutig zu definieren, aber ich habe bei einem englischen Autor eine Wendung gefunden, die klar zum Ausdruck bringt, was wir zu unserer Erklärung beitragen könnten: ‘mit den Augen eines anderen zu sehen, mit den Ohren eines anderen zu hören, mit dem Herzen eines anderen zu fühlen'. Das scheint mir eine vorläufig zulässige Definition von dem zu sein, war wir Gemeinschaftsgefühl nennen, und wir sehen auf den ersten Blick, dass diese Gabe teilweise zusammenfällt mit einer anderen, die wir Identifikation, Einfühlung (Lipps) nennen. Diese Identifikation geschieht immer je nach dem Grade unseres Gemeinschaftsgefühls" (1928f, S.224).

Und er führt weiter aus, in dem er schreibt:

„Identifizierung ist unumgänglich notwendig, um zu einem Gemeinschaftsleben zu kommen. Mitleid ist ein teilweiser Ausdruck der Identifizierung, letztere eine Seite des Gemeinschaftsgefühls. Wir können nur verstehen, wenn wir identifizieren, so dass Vernunft als soziale Fähigkeit erscheint. Wir identifizieren uns mit einem Bilde, in dem wir es betrachten, mit allen anderen leblosen Gegenständen, z.B. beim Billardspiel, beim Kegelschieben, wo der Spieler der Kugel nachschaut und jene Bewegung macht, von der er hofft, dass die Kugel sie auch machen wird. Im Theater fühlt und spielt jeder Zuschauer mit. Das ist Identifizierung in unserem Sinne" (ebd. S.228).[2]

Identifizierung hängt für Alfred Adler auch noch mit einem anderen Gefühl zusammen: dem ‚Sich-heimisch-fühlen' in der Welt.

---

[2] Die italienischen Neurobiologen Vittorio Gallese und Giacomo Rizzolatti von der Universität Parma entdeckten 2001 sogenannte Spiegelneuronen. Diese Nervenzellen „feuern" vor allen Dingen, wenn wir etwas bei anderen Menschen beobachten; sie können m.E. als organische Basis bzw. organisches Korrelat für Empathie betrachtet werden.

„Die Fähigkeit der Identifizierung muss trainiert sein und kann nur trainiert werden, wenn einer im Zusammenhang mit den anderen aufwächst und sich als Teil des Ganzen fühlt, wenn er nicht nur die Annehmlichkeiten dieses Lebens als ihm zugehörig empfindet, sondern auch die Unannehmlichkeiten, wenn er sich auf dieser Erde mit allen ihren Vorzügen und Nachteilen heimisch fühlt. Dieses Sichheimischfühlen gehört unmittelbar zum Gemeinschaftsgefühl" (ebd. S. 225).

Und er fasst seine Definition des Gemeinschaftsgefühls noch einmal zusammen und fügt noch einen weiteren Aspekt hinzu:

„Die Individualpsychologie darf als ihren Befund in Anspruch nehmen, Einfühlung und Verstehen als Tatsachen des Gemeinschaftsgefühls, des Einigseins mit dem All hervorgehoben zu haben. Wir nennen tugendhaft, klug, vernünftig, wertvoll nur, was sich auf der Seite der allgemeinen Nützlichkeit abspielt" (ebd. S.229).

In diesem Rahmen nur kurz zu Adlers Aussagen über die Neurotiker, die aus seiner damaligen Sicht, gemessen an dem Ideal des Gemeinschaftsgefühls, schlecht abschneiden. 1932 beschreibt Alfred Adler in „Der Aufbau der Neurose", dass Neurotiker „Nebenmenschen, wenn nicht Gegenmenschen" (1932i, S. 268) sind. Auch an anderen Stellen seines Werkes kommt diese massiv negative normative Setzung zum Ausdruck, sie begründet sich aus seiner „Wertpsychologie" – aber so eindeutig er die Neurotiker auf die „unnützliche Seite" des Lebens stellt, so ist Adler dennoch andererseits bemüht, sich in die Not der Neurotiker hinein zu versetzen. Adlers normativ-moralische Bewertungen der Menschen mit neurotischen Fehlentwicklungen sind aus heutiger Sicht völlig überholt und unhaltbar und sind vermutlich am ehesten im Zusammenhang mit den damaligen historisch-gesellschaftlichen Sichtweisen zu sehen. Drei Zitate dazu sollen an dieser Stelle genügen, da die folgenden Beiträge sich ausführlich mit der neurotischen Verarbeitung beschäftigen.

Neurose hat für Alfred Adler mit mangelnder Vorbereitung für bestimmte Lebensaufgaben zu tun:

„Die Aufgaben sind immer sozialer Natur. Es gibt keine anderen (Gesellschaft, Beruf, Liebe). Die Lösung dieser Aufgaben hängt davon ab, wie weit einer sozial vorbereitet ist. Das Gegenteil gilt für alle Fehlschläge, schwererziehbare Kinder, Verbrecher, Selbstmörder, Neurotiker, Psychotiker, Trinker, sexuell Perverse usw., sie alle sind keine Mitarbeiter, keine Mitmenschen, eher

Nebenmenschen, wenn nicht Gegenmenschen. Was bedeutet dieser Gesichtspunkt, der nun anfängt aus der Individualpsychologie eine Wertpsychologie zu machen? Nur der kann die Aufgaben lösen, wie sie unser gesellschaftliches Leben bietet, der sozial zum Mitgehen vorbereitet ist. D.h. es muss in der Lebensform, im Bewegungsgesetz eines Menschen ein bestimmter Grad von Kontaktgefühl, von Streben nach Kooperation zu finden sein" (ebd. S.268).

Also auch die Dimensionen ‚Kontakt- und Kooperationsfähigkeit' gehören für ihn zum Gemeinschaftsgefühl. Neurose hat für Alfred Adler in erster Linie mit mangelndem Gemeinschaftsgefühl zu tun:

„Alle Neurosen erwachsen aus der seelischen Spannung eines sozial schlecht vorbereiteten Menschen anlässlich einer Aufgabe, die mehr Gemeinschaftsgefühl zur Lösung erfordert, als der Betreffende in sich trägt" (ebd. S.269).

Doch der Therapeut muss sich einfühlen, um die Nöte des Betreffenden aus seiner Sicht zu verstehen:

„Der Untersucher muss sich in die Meinung des Patienten hineinfühlen, um zu verstehen, dass für diesen Menschen eine bestimmte Situation als zu schwierig erscheint" (ebd. S. 270).

In seiner Arbeit „Über den Ursprung des Strebens nach Überlegenheit und des Gemeinschaftsgefühls" aus dem Jahre 1933 (1933i) stellte Alfred Adler zusätzliche Bausteine zu seiner Theorie der Sozialität des Menschen her. So formuliert er, dass jeder Einzelmensch dem Zwang unterliegt, „eine günstige Beziehung herzustellen zwischen Individuum und Außenwelt. Dieser Zwang, die bessere Anpassung durchzuführen, kann niemals enden"(1933i, S. 23). Adler sieht diese Beziehung zwischen Individuum und Gesellschaft als Grundlage für das menschliche Streben nach Überlegenheit, das sich aus seiner Sicht nach den konstruktiven Normen des Gemeinschaftsgefühls ausrichten sollte.

Alfred Adler wendet sich in diesem Artikel u.a. auch vehement gegen das Missverständnis, dass seine Vorstellung von Gemeinschaftsgefühl lediglich in kleinen „Privatzirkeln" zu realisieren wäre und formuliert:

„Gemeinschaftsgefühl besagt viel mehr, vor allem besagt es Fühlen mit der Gemeinschaft sub specie aeternitatis, ein Streben nach einer Gemeinschaftsform, die für ewig gedacht werden muss, wie sie etwa gedacht werden könnte, wenn die Menschheit das Ziel der Vollkommenheit erreicht hat. Es handelt sich niemals um eine gegenwärtige Gemeinschaft, auch nicht um politische oder religiöse Formen, sondern das Ziel, das zur Vollkommenheit am besten geeignet ist, müsste ein Ziel sein, das die ideale Gemeinschaft der ganzen Menschheit bedeutet, die letzte Erfüllung der Evolution" (1933i, S. 26).

Er führt dann noch weiter zu dieser Utopie bzw. zur idealen Gemeinschaft aus:

„Unsere Idee des Gemeinschaftsgefühls als der letzten Form der Menschheit, ein Zustand, in dem wir uns alle Fragen des Lebens, alle Beziehungen zur Außenwelt gelöst vorstellen, ein richtendes Ideal, ein richtungsgebendes Ziel, dieses Ziel der Vollendung muss in sich tragen das Ziel einer idealen Gemeinschaft, weil alles, was wir wertvoll finden im Leben, was besteht und bestehen bleibt, für ewig ein Produkt dieses Gemeinschaftsgefühls ist" (ebd. S. 26f).

Das Verhältnis von ‚idealer Gemeinschaft' als Richtungsmaßstab und ‚real existierenden Gemeinschaften' bestimmt Adler dann folgendermaßen:

„Nie kann der Einzelmensch, sondern nur die Menschheit als kooperierende Gemeinschaft Träger des Vollkommenheitsideals sein. Es genügt auch nicht eine Teilgemeinschaft irgendeiner Art – etwa Gruppen, die durch bestimmte politische, religiöse oder sonstige Ideale verbunden sind – und es ist auch nicht die bestehende Gemeinschaft gemeint, sondern eine erst zu entwickelnde ideale Gesellschaft, die sämtliche Menschen umfasst, die alle von dem gemeinsamen Streben nach Vollkommenheit erfüllt sind. So ist der individualpsychologische Begriff des ‚Gemeinschaftsgefühls' zu verstehen" (ebd. S. 31).

Einerseits ist für Adler das Gemeinschaftsgefühl ein Idealmaßstab, andererseits aber auch ein „hartes Gesetz", das jede Wirklichkeit bestimmt:

„In der ganzen Menschheitsgeschichte finden Sie keine isolierten Menschen, die Entwicklung der Menschen war nur möglich, weil die Menschheit eine Gemeinschaft war und im Streben nach Vollkommenheit nach einer idealen Gemeinschaft gestrebt hat. Das drückt sich in allen Bewegungen, allen Funktionen eines Menschen aus, ob er diese Richtung gefunden hat oder nicht, im Strom der Evolution, der durch das Gemeinschaftsideal charakterisiert ist, weil der Mensch unverbrüchlich durch das Gemeinschaftsideal gelenkt, gehindert, gestraft, gelobt, gefördert wird, so daß jeder Einzelne jede Abweichung nicht nur zu verantworten, sondern auch zu büßen hat. Das ist ein hartes Gesetz, grausam geradezu" (ebd. S. 28).

Zum Schluss noch ein Zitat zum Verhältnis von genetischer Disposition und Sozialisation beim Gemeinschaftsgefühl:

„Wenn Sie meinen Erörterungen zustimmen, dann werden Sie die Frage aufwerfen müssen: wie steht es mit dem Gemeinschaftsgefühl, ist das auch angeboren oder muss man es in den Menschen hineintragen? Selbstverständlich ist es auch angeboren, nur kann es erst entwickelt werden, wenn das Kind bereits im Leben steht, es kann erst wie die von ihm abhängigen Charakterzüge lebendig gemacht werden im sozialen Zusammenhang, freilich nur in der Weise, wie das Kind den sozialen Zusammenhang dunkel versteht" (ebd. S. 28f).

Diese Zitate von Alfred Adler zum Begriff des Gemeinschaftsgefühls sollten hier genügen, um den Facettenreichtum dieses individualpsychologischen Grundbegriffs sichtbar werden zu lassen. Viele unterschiedliche Bedeutungsebenen spielen bei dem Adlerschen Gemeinschaftsgefühl zusammen (Gefühlsebene wie z.B. Verbundenheit, sich heimisch fühlen, sich einfühlen; Handlungsebene wie z.B. Kontaktfähigkeit, Kooperation; Haltungsebene wie z.B. soziale Einstellung; normative Ebene wie z.B. allgemeine Nützlichkeit usw.).

Da der Begriff Gemeinschaftsgefühl sich in seiner Bedeutung erst durch die Definitionen dieser unterschiedlichen beteiligten Ebenen herausarbeiten lässt, wäre eigentlich eher der Ausdruck ‚Konstrukt' statt ‚Begriff' bei dem Gemeinschaftsgefühl anzuwenden, aber ‚Begriff' erscheint mir ‚griffiger'.

An dem Terminus Gemeinschaftsgefühl nimmt Alfred Adler im Laufe seines Schaffens zahlreiche veränderte Schwerpunktsetzungen vor, außerdem modifizierte sich in seiner Schaffenszeit das darin enthaltene Menschenbild.

Die folgende kleine Zeittafel soll das im Überblick grob darstellen: (angelehnt an Ansbacher (1981) und Seidenfuß (1995))

Ohne fomuliertes Menschenbild	**„Feindliches" Menschenbild**	**Antithet. Charakter v. Gemeinschaftsgefühl**	**Gemeinschaftsgefühl umfassend. Merkmal - Einheit der Person -**
· Kein explizites Menschenbild · Medizinische Sicht · Pädagogische Sicht: „unter Liebe u. Zuneigung…" 1904	· Aggressionstrieb (1908) (Hemmung durch Kultur) · Zärtlichkeitsbedürfnis1908 (Gegenstück zu Aggr.-Trieb: auf höh. Ebene umgeleitet: Gemeinschaftsgefühle) · Männlicher Protest /Wille zur Macht (1910) · Fiktion (Persönlk.-Ideal) Gegenfiktion (soziale Anforderungen; 1912)	· Vorläufer: Gemeinsinn(1914) Zärtlichkeitsgefühle (1908) · Gemeinschaftsgefühl (1918) als Gegenkraft z. Egoismus: Hemmung des Aggr.-Triebs durch Gemeinschaftsgefühl · Liebe, Arbeit, Mitmenschlichkeit (1920) · Konzept des inneren Konflikts erst Macht, dann GG: Ego vs. Sozialem Keiner will Objekt sein	Wendepunkt: · GG: Teil des Ganzen 1927 · GG bezieht sich auf alle Dinge und Wesen (kosm.) · GG: Einfühlung; Identifikat. „Augen eines And." 1928 · muss erworben werden · GG Ausdr.v. Gesundheit 29 · GG: Ausdruck allg. Nutzen · Mangel GG > un-nützl.1930 · GG als Kooperation 1931 Fühlen mit Gemeinschaft · sub specie aeternitatis 1933 · GG ist trainierbar 1935 Wachstumskonzept: Mensch = „gut"
1998 - 1907	1908 – 1917	1918 – 1927	1928 - 1937

In den ersten zwanzig Schaffensjahren, also bis 1917, verwendete Adler ein „feindliches Menschenbild", das von dem „Machthunger" der Menschen ausgeht, der nur durch äußeren Druck gehemmt werden kann (vgl. Seidenfuß 1981). In den zehn folgenden Jahren, also 1918 bis 1927, veränderte Alfred Adler sein Menschenbild in dem Sinne, dass das Gemeinschaftsgefühl quasi als Antithese zum menschlichen Aggressionsstreben eingeführt wird: Gemeinschaftsgefühl als Gegenkraft zum Egoismus. Es handelt sich in dieser Phase also um ein Konfliktmodell. In den letzten zehn Jahren seines Schaffens modifizierte Alfred Adler die Bedeutung des Gemeinschaftsgefühls jedoch wesentlich: er gab das Konfliktmodell auf und Gemeinschaftsgefühl wird für ihn zum hauptsächlichen, umfassenden menschlichen Merkmal: Gemeinschaftsgefühl steht dann nicht mehr konflikthaft in Spannung zum Egoismus, sondern Egoismus ist dementsprechend nur eine Form von ungenügend entwickeltem Gemeinschaftsgefühl.

Wenn der Adler'sche Begriff des Gemeinschaftsgefühls ohne Zeitangabe verwendet wird, kann Unklarheit und Begriffsverwirrung entstehen. Dann werden die einen vielleicht sagen „Adler ist ein Machttheoretiker" und die anderen vielleicht „Adlers Gemeinschaftsgefühl ist Erlösungsdenken". Beides stimmt und trifft auch wieder nicht zu.

Als umfassendste und zugleich prägnanteste Definition des Adlerschen Gemeinschaftsgefühls, in der die vielfältigen Bedeutungsebenen zusammengeführt werden, erscheint mir immer noch die Arbeitsdefinition nach Josef Seidenfuß aus dem Jahr 1981:

> Gemeinschaftsgefühl ist die entfaltete soziale Anlage, die auf das 'Streben nach oben' folgendermaßen Einfluss nimmt:
>
> Aus der Anerkennung der Tatsache, Teil eines größeren Ganzen zu sein (aus dem Zusammengehörigkeitsgefühl), entsteht die Lebensform der Einfühlung und der Kooperation zum Zwecke des Nutzens für das Ganze.
>
> Keiner der Aspekte sollte isoliert betrachtet werden.

Zu einer inhaltlich vollständigen Definition von Gemeinschaftsgefühl gehören m.E. auf jeden Fall noch zwei weitere Dimensionen, die ich hier nur kurz anfügen möchte: die erste beinhaltet ein fast selbstverständliches individualpsychologisches Essential, nämlich ‚Gleichwertigkeit' (nach Robert Antoch 1995 a, S. 13) und die zweite Dimension greift einen bisher eher vernachlässigten Aspekt auf: Ohne Konfliktfähigkeit (Wiegand 1996) gibt es keine wirklich tragfähige Verbundenheit.

Sobald wir den Terminus „Gemeinschaftsgefühl" verwenden, sollten wir versuchen, die verschiedenen Aspekte von Zusammengehörigkeitsgefühl, Einfühlung und Kooperation zum allgemeinen Nutzen, Gleichwertigkeit und Konfliktfähigkeit als Einheit zu sehen.

Aber auch mit dieser Definition bleibt immer noch eine große Unschärfe bzw. Offenheit des Begriffs Gemeinschaftsgefühl bestehen. Die Auslegung ist damit weiterhin nicht exakt durchzuführen, doch gerade diese Begriffsunschärfe bzw. -offenheit bewirkte andererseits in den letzten 25 Jahren auch eine recht breit angelegte Diskussion dieses Begriffs in der Individualpsychologie.

II. Der Begriff Gemeinschaftsgefühl in der heutigen Debatte der Individualpsychologie

Es ist hier nicht der Ort und Rahmen, die einzelnen individualpsychologischen Autoren in ihren Stellungnahmen zu dieser Diskussion dezidiert wiederzugeben, aber es sollen wenigstens die groben Konfliktgräben skizziert werden. Die Diskussion in der heutigen Individualpsychologie lässt sich in den folgenden sechs Punkten zusammenfassen:

1. Gemeinschaftsgefühl als Werteorientierung versus Abschaffung des Begriffs
2. Abbau von Macht: „romantische Vorstellung“ oder Handlungsanleitung
3. Gemeinschaftsgefühl als normatives Anpassungsinstrument
4. Adlers Sozialitätsannahmen in der heutigen allgemeinen wissenschaftlichen Diskussion
5. Gemeinschaftsgefühl als wissenschaftlicher Baustein in der Individualpsychologie
6. Gemeinschaftsgefühl und die Bedeutung für den psychotherapeutischen Prozess

1. Bei dem Begriff Gemeinschaftsgefühl handelt es sich um ein schillerndes Begriffskonglomerat, bei dem soziologische, psychologische, ethische, religiöse und wissenschaftliche Aspekte ineinander fließen.

Einige Vertreter der Individualpsychologie (Brunner 1995, Seidenfuß 1981, Koch 1995) sehen darin einen Vorteil, da es sich um eine umfassende Werteorientierung handelt. Andere Vertreter (Antoch 1995 a/b, Bruder-Bezzel 1991, Wiegand 1986, Witte 1988) sehen darin Missbrauchsgefahren (Jeder kann sich gewissermaßen bedienen) und fordern die Abschaffung des Begriffs bzw. eine genaue Eingrenzung.

2. Alfred Adler wendet sich mit dem Terminus Gemeinschaftsgefühl eindeutig gegen Machtstrukturen.

Einige Vertreter sehen darin eine Möglichkeit zu gleichwertigem zwischenmenschlichem Umgang (z.B. Antoch 1995a; Brunner 1995, Koch 1995), eine andere Position kritisiert die Absage an Macht als „romantisch“, als ein „Ausweichen vor parteiischen Konflikten“ und möchten den Begriff nur auf Gruppen verwendet wissen. Soziologisch betrachtet würde gesellschaftliche Macht die Freiheit des Individuums sichern (Wiegand 1986).

3. Der Begriff des Gemeinschaftsgefühls orientiert sich an einer idealen Gesellschaft (sub specie aeternitatis), nicht an einer konkret vorzufindenden Form. Darauf hat Adler immer wieder mit Nachdruck hingewiesen. Dennoch beinhaltet dieser Begriff eine starke Normsetzung, was sich an der teilweise starken Abwertung der Neurotiker („auf der unnützlichen Seite") wieder findet.

Diese Anpassung an die Norm findet viele Kritiker (Witte 1988, Antoch 1995b) aber auch Befürworter (Seidenfuß 1981). Bei der Anpassung an die Norm der Gesellschaft geht der Veränderungsauftrag eindeutig an das Individuum (z.B. Aufgeben von ich-bezogenen Haltungen), die Gesellschaft wird dabei nicht in Frage gestellt.

4. Die schillernde Wirkung des Begriffs Gemeinschaftsgefühl („Chamäleonbegriff" nach Witte 1988) soll beseitigt werden durch das Herausschälen der wissenschaftlichen Aussagen, die Adler damals formuliert hat (z.B. Antoch 1995a, Witte 1988).

In einigen wissenschaftlichen Bereichen wurden in den letzten Jahren Erkenntnisse gesammelt, die nicht explizit auf Alfred Adler bzw. die Individualpsychologie Bezug nehmen, die sich dennoch als eine Bestätigung des Adler'schen Sozialitätskonzepts des Menschen interpretieren lassen: so z.B. die Säuglingsforschung (Stern 1993, Dornes 1997) oder die Bindungstheorie (Bowlby 1986 und Ainsworth 1978), die Selbstpsychologie (Kohut 1989, Wolf 1989, etc.). Die wichtige Funktion von sozialer Unterstützung bzw. Sicherheit gebenden Beziehungen finden sich auch bei Konzepten wie dem Empowerment-Modell (Theunissen 2002, Herriger 2002..), social support und Netzwerkansatz (z.B. Stark 1996); aber auch auf organischer bzw. psychoneuronaler Ebene findet man in den letzten Jahren immer mehr Bestätigungen der sozialen Bedingtheit menschlichen Seins, wie z.B. in den jüngsten Ansätzen der Neurobiologie (Hüther 2002, Roth 2001, Gräwe 2004), oder den Forschungsergebnissen bei den sogenannten Spiegelneuronen (Rizzolatti/Gallese 2003). Auch Dörners Kritik am Autonomiekonzept des Menschen (Dörner 2003), geht in die gleiche Richtung: der Mensch braucht seinen Platz in der Gesellschaft.

5. Nach Antoch (1995a) sind bei dem Konstrukt Gemeinschaftsgefühl folgende Aussagen Adlers als Bausteine für ein mögliches wissenschaftliches Konzept verwendbar:

- Menschsein heißt von Anfang an „bezogen sein".

- Dem Subjekt-Objekt-Sein steht grundsätzlich die Subjekt-Subjekt-Möglichkeit gegenüber. – Bezogen sein ist der Kern aller Lebensaufgaben und erfordert eine lebensstiltypische Gestaltung (i.S. von Selbstbehauptung/Verbundenheit bzw. von Autonomie/Abhängigkeit).
- Im Konflikt hat die Gemeinschaft nicht automatisch höhere Bedeutung.- Ausübung von Macht ohne Einspruchsmöglichkeit ist Gewalt, die Gegengewalt herausfordert. - „Mit den Augen des anderen sehen…“ ist nur möglich, wenn der eigene Blick vertraut ist (auch Witte). - Konfliktbewältigung gelingt besser, wenn Urvertrauen und Fähigkeit zum Verzeihen vorhanden ist.
- Spannung zwischen Subjekt-Subjekt ist nicht nur Verpflichtung, sondern auch Quelle der Lust.
- Spannung ist dann nicht bedrohlich, wenn Einflussmöglichkeiten gewiss sind.
- Positiver Fall: Bezogenheit wurde sinnlich-stärkend erfahren;
- negativer Fall: Bezogenheit wird als Bedrohung wahrgenommen.
- Erlebnis- und Erfahrungshintergrund der Bezogenheit gestaltet „Sinn“.
- Bezogenheit ist neutral; die Wirkung auf das Wohlbefinden entsteht durch das jeweilige „Sinnerleben“.
- Nicht vermischen: die Logik des Zusammenlebens (Regeln bewusst machen) und Ethik („Du sollst nicht.!“.. als pädagogisch-moralisierende Heilslehre).

Diese Aussagen von Antoch über das soziale Bezogensein des Menschen sind mit Sicherheit tragende Basisaussagen des komplexen Gemeinschaftsgefühls – und bieten sich als gute Ausgangsgrundlage für weitere konstruktive Diskussionen innerhalb der heutigen Individualpsychologie an.

6. Der Begriff Gemeinschaftsgefühl kann mit seinen unterschiedlichen Facetten bzw. verschiedenen Aspekten der Einfühlung, Kooperation, Konfliktfähigkeit und Gleichwertigkeit zu einem besseren Verständnis des psychotherapeutischen Prozesses beitragen.

Brunner z.B. sieht im Gemeinschaftsgefühl die notwendige Voraussetzung für therapeutische Empathie, um unbewusste Lebensstile herausarbeiten zu können und damit Minderwertigkeitsgefühle und deren Kompensationen nachvollziehen zu können (Brunner 1995).

Antoch sieht Psychotherapie als Gelegenheit zur Gegenerfahrung von erlebten Erniedrigungen : „Seelisches Leid hat fast immer Ursache in Erniedrigungen, die die Menschen von klein auf erfahren: Gleichgültigkeit, Missachtung der Existenz und des eigenen Willens, erpresserische und uneinfühlsame „Erziehungs-Maßnahmen", Übergriffe, Grenzverletzungen, rücksichtslose Besitzansprüche, Gebrauchtwerden als Objekte – das sind die Gewalterfahrungen derer, die sich mit ihrem seelischen Leid als „Patienten" an Psychotherapeuten wenden." (Antoch 1995b,S.4). Menschen erfahren ihr Bezogensein dann vorwiegend als Ausgeliefertsein.

Ziel der Therapie könnte dann sein: ein Erleben der Gleichwertigkeit zwischen Individuum und seiner Welt möglich zu machen, das sichtbar in Wiederherstellung und Erweiterung der Kontaktmöglichkeiten wird und in der Erweiterung der Problemlösungs- und Kooperationskompetenzen des betreffenden Individuums. (Antoch 1994). Diese Veränderung geschieht u.a. durch die Konfrontation mit der ursprünglichen Mangelsituation durch „rückkehrendes Erinnern" (R. Schmidt 1984) bzw. durch dialektische Beziehungsgestaltung im Sinne von Akzeptieren und gleichzeitigem Verweigern der Wünsche des Betreffenden (Heisterkamp 1990) vor dem Hintergrund von Empathie und Kooperation (Antoch 1995b).

Der Begriff des Gemeinschaftsgefühls nach Alfred Adler leistet aus meiner Sicht einen wesentlichen Beitrag zum Verständnis der sozialen Bedingtheit des therapeutischen Prozesses.

Schlussbemerkung

Insgesamt halte ich das Adlersche Gemeinschaftsgefühl für einen wertvollen Begriff, da Adler mit diesem Terminus das Faktum der Sozialität des Menschen umfassend einführt und begründet – so wie kein anderer Tiefenpsychologe seiner Zeit.

Ich halte es für zweitrangig, ob dieser Begriff nun abgeschafft werden soll (da zu normativ, zu beliebig und zu ungenau) oder ein neuer Terminus seine Stelle einnimmt (mehr Wissenschaftlichkeit, größere Genauigkeit, weniger ideologische Implikationen) oder der alte Begriff weiterhin aus individualpsychologischer Tradition Verwendung findet. Aber aus meiner Sicht sollte bei dem Gebrauch des Begriffs klar und deutlich unterschieden werden, ob er in einem psychotherapeutischen oder in einem privat weltanschaulichen Kontext verwendet wird: im therapeutischen Zusammenhang müssen wissenschaftliche, also auch wertneutrale Dimensionen und Definitionen gefunden und entwickelt werden, die der allgemeinen wissenschaftlichen Diskussion standhalten. Wird Gemeinschaftsgefühl' jedoch in privat weltanschaulichen Kontexten verwendet, dann sollte auch Raum sein für individuelle ,Visionen' und gesellschaftliche Utopien.

Problematisch bei der Verwendung des Begriffs ,Gemeinschaftsgefühls' ist jedoch auch im weltanschaulichen Kontext der Aspekt der „Kooperation zum allgemeinen Nutzen" – denn wer beurteilt diesen allgemeinen Nutzen?

Die Frage nach dem „allgemeinen Nutzen" gleitet leider allzu leicht ins Moralische ab. Darin sehe ich die große Gefahr, wenn man den Adlerschen Begriff des Gemeinschaftsgefühls in heutiger Zeit verwendet. Und ,Gruppenmoral' lässt schnell Konformitätsdruck auf den Einzelnen entstehen, was kein individualpsychologisches Ziel sein kann. Vielmehr ist die ,Subjekt – Subjekt-Beziehung' ist das Ziel, also ein dialektisches soziales Verhältnis zwischen zwei Menschen, in dem die grundlegenden Bedürfnisse eines jeden Menschen nach Selbstbehauptung und sozialer Verbundenheit[3] ihren angemessenen Raum finden.

Literatur

Adler, Alfred (1919b): Bolschewismus und Seelenkunde. In: Psychotherapie und Erziehung, Bd.I. (23 -32). Frankfurt: Fischer 1982a.

Adler, Alfred (1927a): Menschenkenntnis. Frankfurt: Fischer 1987.

Adler, Alfred (1928f): Kurze Bemerkungen über Vernunft, Intelligenz und Schwachsinn. In: Psychotherapie und Erziehung, Bd.II. (224 -231). Frankfurt: Fischer 1982b.

Adler, Alfred (1932i): Der Aufbau der Neurose. In: Psychotherapie und Erziehung, Bd.II. (263 272). Frankfurt: Fischer 1982b.

Adler, Alfred (1933i): Über den Ursprung des Strebens nach Überlegenheit und des Gemeinschaftsgefühls. In: Psychotherapie und Erziehung, Bd. III (21 -32) Frankfurt: Fischer 1983a.

Ainsworth, Mary (1965): Child care and the growth of love. London.

Ansbacher, Heinz (1981): Die Entwicklung des Begriffs „Gemeinschaftsgefühls" bei Adler. Zeitschrift für Individualpsychologie, 6, 177 – 194.

[3] Oder wie Jendritza und Woltmann (1997) es formulieren: „Polarität zwischen Gemeinsamkeit und Eigenständigkeit…." S. 68

Antoch, Robert F. (1981): Anmerkungen zum Gemeinschaftsgefühl. Zeitschrift für Individualpsychologie, 6, 40 – 42
Antoch, Robert F. (1995a): Über den Sinn fürs soziale Bezogensein. Ein Abschied von Alfred Adlers Gemeinschaftsgefühl. (unveröff. Manuskript).
Antoch, Robert F. (1995b): Gestaltungsformen des Bezogenseins (unveröff. Manuskript).
Bolwby, John (1986): Bindung. Eine Analyse der Mutter-Kind-Beziehung. Frankfurt: Fischer.
Bruder-Bezzel, Almuth (1991): Die Geschichte der Individualpsychologie. Frankfurt: Fischer.
Brunner, Reinhard (1995): Über die Bedeutung des Gemeinschaftsgefühls in einer Zeit zunehmender Professionalisierung. In: Beträge zur Individualpsychologie 22, 48 – 60. München: Ernst Reinhardt.
Dornes, Martin (1997): Die frühe Kindheit. Frankfurt: Fischer.
Dörner, Klaus (2003): In Würde alt werden. Vortrag auf dem Kirchentag 2003, Berlin.
Grawe, Klaus (2004): Neuropsychotherapie. Göttingen: Hogrefe.
Norbert Herriger (2002): Empowerment in der sozialen Arbeit. Stuttgart: Kohlhammer.
Heisterkamp, Günther (1990): Konturen einer tiefenpsychologischen Analyse originärer Lebensbewegungen. Teil I und II. Zeitschrift für Individualpsychologie, 15, 83-95 und 163-176.
Hüther, Gerald (2002): Biologie der Angst. Göttingen: Vandenhoeck & Ruprecht.
Hüther, Gerald (2004): Die Macht der inneren Bilder. Göttingen: Vandenhoeck & Ruprecht.
Jendritza, Edeltrud; Woltmann, Rainer (1997): Ent-Wicklungen. Die Dialektik der Lebensbewegungen. München: Profil-Verlag.
Koch, Sigrun (1995): Benötigen wir ein neue Definition des Gemeinschaftsgefühls? In: Beiträge zur Individualpsychologie 22, 91 – 100. München: Ernst Reinhardt.
Kohut, Heinz (1989): Wie heilt die Psychoanalyse? Frankfurt: Suhrkamp.
Rizzolatti G., Fogassi L., Gallese V. (2001): Neurophysiological mechanisms underlying the understanding and imitation of action. In: Nature Reviews Neuroscience 2, 661-670.
Roth, Gerhard (2001): Fühlen, Denken, Handeln. Frankfurt: Suhrkamp.
Schmidt, Rainer (1984): Befreiendes Erinnern. Zeitschrift für Individualpsychologie, 9, 105 – 115.

Seidenfuß, Josef (1981): Die Entwicklung von Gemeinschaftsgefühl als Selbstverwirklichung, Anpassung und Evolution. Zeitschrift für Individualpsychologie, 6, 57-70.

Seidenfuß, Josef (1995): „Gemeinschaftsgefühl". In: Reinhard Brunner u. Michael Titze: (Hg.) Wörterbuch der Individualpsychologie. (185-191). München: Reinhardt.

Stern, Daniel. N. (1993): Tagebuch eines Babys. München: Piper.

Stark, Wolfgang (1996): Empowerment. Neue Handlungsansätze für die psychosoziale Arbeit. Freiburg: Lambertus.

Theunissen, Georg & Plaute, Wolfgang (2002): Handbuch Empowerment und Heilpädagogik. Freiburg.

Wiegand, Ronald (1986): Gemeinschaft gegen Gesellschaft. Frankfurt: Fischer.

Wiegand, Ronald (1996): Gesellschaftsverstand – zum Verhältnis von Konflikt und Gemeinsein. In: Beiträge zur Individualpsychologie, 22, (61 – 78). München: Ernst Reinhardt.

Witte, Karl-Heinz (1988): Das schielende Adler-Auge – oder wie Alfred Adler die Schätze seiner ursprünglichen Theorie übersah. Zeitschrift für Individualpsychologie, 13, 16-25.

Witte, Karl-Heinz (1994): Alfred Adler als Redaktor seiner Falldarstellungen. Zeitschrift für Individualpsychologie, 19, 20-37.

Wolf, Ernest S. (1989): Das Selbst in der Psychoanalyse. In: Wolf, E. et al.: Selbstpsychologie. (1-25). München: Verlag Internationale Psychoanalyse.

Überlegungen zu Wert und Wahrheit in der Psychotherapie anhand der Interpretation früher Kindheitserinnerungen

Klaus Ohm

„Ich sah mich fordernd und heulend vor einem Kasten stehen, dessen Tür mein um 20 Jahre älterer Halbbruder geöffnet hielt und dann trat plötzlich meine Mutter, schön und schlank, wie von der Straße zurückkehrend, ins Zimmer“ (Sigmund Freud, 3. Lebensjahr)

„Da hatte ich nun jedes Mal Furcht und sah mit großem Missbehagen, wie die anderen Kinder harmlos den Friedhofsweg gingen, während ich ängstlich und mit Grauen Schritt vor Schritt setzte. Abgesehen von der Unerträglichkeit der Angst, quälte mich der Gedanke, an Mut den anderen nachzustehen. Eines Tages fasste ich den Entschluss, dieser Todesangst ein Ende zu machen. Als Mittel wählte ich wieder die Abhärtung. Ich blieb eine Strecke hinter den anderen Kindern zurück, legte meine Schultasche an der Friedhofsmauer auf die Erde und lief wohl ein Dutzend mal über den Friedhof hin und zurück, bis ich dachte, der Furcht Herr geworden zu sein. Später glaube ich, den Weg ohne Angst gegangen zu sein“ (Alfred Adler, 6. Lebensjahr)

Natur oder Geist – Empirie oder Hermeneutik

Die Frage, ob die tiefenpsychologische Theorie, der Natur- oder der Geisteswissenschaft zuzurechnen sei, gehört zu den Klassikern des psychoanalytischen Diskurses. Diese Kontroverse wird gern für den Bruch zwischen Freud und Adler verantwortlich gemacht, was wahrscheinlich wie alles, nur auch stimmt. Trotzdem ist der Streit lehrreich. Deshalb rolle ich ihn in einigen Facetten hier noch einmal auf.

Sind Psychoanalytiker Naturwissenschaftler, heißt es in dieser Debatte, suchen sie nach Ursachen psychischer Leiden, sie betreiben Empirie. Sind sie Geisteswissenschaftler, arbeiten sie hermeneutisch. Sie betreiben Exegese. Diese Unterscheidung geht von der nicht zu leugnenden Tatsache aus, dass wir Menschen Natur und Geist sind. Das Dilemma: So wie es eine durchgeistigte Sexualität gibt, gibt es auch sexualisierte Gedanken. Die Trennung dieser Sphären unseres Daseins ist ein Kunstgriff. Wahrscheinlich verfehlt man den Sinn der Psychoanalyse, wenn man versucht, sie in das Prokrustesbett der einen oder anderen Wissenschaft zu pressen. Die Formel für den Menschen sei noch nicht gefunden, hat Nietzsche einmal gesagt. Daran hat sich in den verflossenen 150 Jahren nichts geändert. Und weil das so ist, versuchen Psychoanalytiker sich dem Unfassbaren, das der Mensch ist, über verschiedene Zugänge, mit verschiedenen Methoden zu nähern. Psychoanalytiker sind mal Künstler und mal Dichter, mal „eine Art Priester, … der sich der Mythen bedient; … ein Heiler oder Medizinmann, der das Irrationale rational anwendet, der das Ursächliche und Naturhafte deutend herbeizieht, der sich des Wissenschaftlichen und Geschichtlichen in künstlerischer Weise bedient, der das Schöpferische und Einmalige zum Theoretischen und Allgemeingültigen verwandelt …“ (Wurmser 1989, S. 316). Natürlich verpflichtet sich diese Arbeit auf einen Fokus. Das sind im Fall der Psychoanalyse, wie sie Freud geschaffen hat, die inneren Konflikte des Menschen, die zu bewältigen oder zu ertragen er durch die Vielschichtigkeit seines Wesens verdammt ist. Freuds Psychoanalyse ist eine Wissenschaft der menschlichen Konflikte. Im Falle Adler ist der Fokus das Wertgefühl des Menschen. Die Individualpsychologie ist eine Wissenschaft vom Aufbau des menschlichen Wertgefühls.

Alfred Adler nahm für sich in Anspruch, aus der „Erforschung der ältesten Kindheitserinnerungen“ eine „wertvolle Wissenschaft gemacht“ zu haben. (Adler 1912a, S. 258). Das war nicht nur programmatisch, das war auch polemisch. Ein Frontalangriff auf Freuds naturwissenschaftliches Selbstverständnis. Seit 1895 hatte Freud versucht, eine Art Naturwissenschaft des Psychischen zu entwickeln. Dem Geist der Zeit folgend, wollte er das psychische Leben seiner Patientinnen und Patienten bis auf seine elementarsten Bestandteile herunteranalysieren, um – dort angekommen – im Krankheitsfall chemisch eingreifen zu können. Sein Forscherdrang trieb ihn bis an jene Tür, hinter der sich das Geheimnis der Metamorphose der Natur ins Seelische ereignet. In seinem „Entwurf einer Psychologie“ von 1895 macht er wohlweislich vor dieser Tür halt: „Eine Erklärung, wieso Erregungsvorgänge in den Wahrnehmungsneuronen … Bewusstsein mit sich bringen, ist natürlich nicht zu versuchen. Es handelt sich nur darum, die uns bekannten Eigenschaften des Bewusstseins durch parallel veränderliche Vorgänge in den Wahrnehmungsneuronen … zu decken“ (Freud 1895, S. 319). 1915 erklärte Freud den Versuch, auch nur die Lokalisation der seelischen Vorgänge zu erraten, als „gründlich gescheitert“ (Freud 1915, S. 273). Zumindest in Bezug darauf, brachte es die moderne Hirnforschung weiter. Sie gerät jedoch ebenfalls in Erklärungsnot vor der Tatsachen, dass es im Gehirn „zwar elektrische Ströme und chemische Stoffe und Prozesse gibt, aber nicht englische Vokabeln oder Regeln, wie man sich ihrer bedienen könnte" (Schmitz 2002, S. 109).

Werttheoretisch formuliert hing Freud jenem neuzeitlich Objektivitätsideal an, welches sich am Diktum David Humes orientierte, „dass sich aus einem Sein niemals ein Sollen, aus einer Tatsache kein Wert ableiten lasse" (Hauskeller 1999, S. 94). Außerhalb des erkennenden Subjekts sollte es eine Welt von Tatsachen geben, „in sich bedeutungslos und gleichgültig, auf der anderen Seite den Menschen, der diese Welt – aus unerfindlichen Gründen – mit Werten ausstaffiert. Die Welt ist alles, was der Fall ist, und was der Fall ist, sagt uns die Naturwissenschaft und die analytische Philosophie. Für alles übrige ist die Literatur zuständig, die nicht zufällig im Englischen mit dem Wort fiction (als Gegenbegriff zu fact) bezeichnet wird" (Hauskeller 1999, S. 95). Dieses Denken legte es Freud nahe, der inneren, psychischen eine äußere, materielle Welt gegenüberzustellen, die mit Objekten bevölkert war. Projektionsflächen für Triebwünsche und deren Befriedigungsmodalitäten. Aber allein die Tatsache, dass diese Objekte der Triebbefriedigung des projizierenden Subjektes dienen sollten, machte die Ablösung von ihrem Wert mehr als schwer.

Adler war theoretisch vom positivistischen Idealismus des Neu-Kantianers Hans Vaihinger inspiriert (Ansbacher 1972, S. 100). Und der Idealismus gründet seinen Stolz nicht darauf, dass er Wahrheit, sondern dass er Werte erkennt und bildet und dadurch Wirklichkeit umbildet. Empirie (auch die freudscher Prägung) sucht Wahrheit, in den Werten aber artikuliert sich Geist. Jenes Unfassbare, das aus den Erregungsvorgängen in den Wahrnehmungsneuronen Bewusstsein entstehen lässt. Mit Goethe: Die Welt im Innersten zusammenhält. Jene schöpferische Potenz, die sich in allem und jedem artikuliert, und die, wie Teilhard, wie Whitehead meinte, nach Idealem strebt. Adler wollte über die frühen Kindheitserinnerungen Einblick in die Werkstatt des Geistes nehmen, der über alle Versuche triumphiert, ihn – auf welche Weise auch immer – zu reduzieren. Geist wird nicht erklärt. Man kann ihn allenfalls auslegen oder interpretieren. Um das zu verdeutlichen, scheint es mir sinnvoll, kurz Einblick in die Wertphilosophie zu nehmen.

Exkurs: Wertphilosophie

In den Entstehungsjahren der Psychoanalyse feierte nicht nur die Naturwissenschaft einen Sieg nach dem anderen. Zwischen 1890 und 1930 hatte auch die Wertphilosophie Hochkonjunktur. Kein Wunder. Der erste Weltkrieg fegte ein Kaiserreich hinweg; trotzdem hatte die Erosion des Bürgertums ein bedenkliches Ausmaß angenommen; Kommunismus und Anarchie waren starke politische Schubkräfte; das Gespenst des Faschismus begann durch Europa zu geistern. Massenarbeitslosigkeit, Inflation, die Weltwirtschaftskrise fallen in diesen Zeitraum. Die Welt war aus den Fugen. Und wenn der Boden wankt, braucht man etwas, woran man sich festhalten kann. Zum Beispiel: Werte. In Freuds und Adlers produktivsten Jahren waren es vor allem die Phänomenologen und Neukantianer, die das Phänomen des Wertes philosophisch untersuchten. Aber auch die Sozialphilosophen meldeten sich zu Wort. Max Weber löste in dieser Zeit einen nicht enden wollenden Streit aus, indem er zumindest der Wissenschaft Wertfreiheit anempfahl. Georg Simmel deklinierte das Phänomen Wert am Gelde durch und sah in dessen Fähigkeit, einen gemeinsamen Wertausdruck für die unterschiedlichsten Dinge zu schaffen, eine Verbindung zum „Gottesbegriff des Nikolaus von Kues, für den Gott die 'coincidentia oppositorum', den Einheitspunkt aller Gegensätze bedeutete" (Safranski 1994, S. 56).

Abgesehen von dieser historischen Situation ist die Wertphilosophie jedoch seit der Antike eine Grunddisziplin philosophischen Denkens. Von Platon über Max Scheler und Nicolai Hartmann bis Jürgen Habermas prägt die Diskussion über den Status von Werten und deren Charakter, ihrer Objektivität oder Subjektivität sowie ihrer absoluten oder relativen Geltung die gesamte abendländische Geistesgeschichte.

Bei Platon haben die Werte noch mehr den Charakter von Ideen. Er dachte dem Guten, dem Wahren, dem Schönen, den menschlichen Tugenden ein eigenes, jenseitiges Reich zu. Es waren vollkommene, zeitlose Wesenheiten, die allerdings in unsere Welt hineinwirkten. Was wir Menschen an Gutem, Wahrem und Schönem, an Tugenden in dieser Welt zustande bringen, verhält sich zu den ursprünglichen Ideen jedoch nur wie ein glanzloses Abbild. Das ändert sich, wenn wir lieben. Indem wir lieben, erkennen und schaffen wir Wert. Schon Aristoteles holte dann die Werte auf die Erde zurück. Gut, wertvoll ist, was unserer Bedürfnisbefriedigung dient. Der höchste Wert ist jedoch das Erkennen. In unserer Sprache: Das Verstehen. Für die Kirchenväter des Mittelalters war Sein und Wert nicht zu trennen: Alles ist wertvoll, da von Gott geschaffen. Für Kant schließlich, den Aufklärer, der alles auf das Subjekt zurückdachte, brauchte der Wert, um zu erscheinen, das wertsetzende Subjekt. Diesen Gedanken griff Vaihinger in seiner „Philosophie des Als-ob" (Vaihinger 1911) auf und von dem hat ihn Adler.

Aus der Perspektive der Wertphilosophie geht es uns Menschen ein wenig so, wie dem König Midas: Alles, was wir berühren wird zwar nicht zu Gold, aber – es erhält Wert. Das ist eine alltägliche Erfahrung, an die wir uns so gewöhnt haben, dass wir nur noch die intensivsten registrieren. Wir machen eine Werterfahrung, wenn wir unseren Durst mit einem Glas Wasser löschen, und wir machen sie, wenn wir uns körperlich lieben. Wenn uns die Schönheit einer Landschaft oder eines Gemäldes den Atem raubt, uns die Bewunderung eines Freundes rührt, wenn wir zufrieden auf einen gelungenen Tag zurückblicken, scheint Wert in unserem Leben auf. Wir erfahren Wert, wenn wir verstehen. Das Werterleben in einer religiösen Erfahrung muss ich kaum erwähnen. Sogar Langeweile, Schmerz und Tod sind Werterfahrungen, nur eben negativer Art.

Die höchste Werterfahrung, so heißt es bei Max Scheler, so hieß es schon bei Kant und Goethe, ist für uns Menschen jedoch die Erfahrung des Person-Seins. Und hier berühren sich Philosophie und (Individual-) Psychologie aufs Intimste. Wobei das Person-Sein hier wie dort nicht als Zustand, sondern als Prozess gedacht ist. Der Prozess einer ständigen Entfaltung und Steigerung der Wertintensität des Lebens. Person-Sein (im weitesten Sinn „Mensch sein") hieße so gesehen „Wert sein". Person-Sein kann sich nur in der Begegnung mit Personen realisieren. Person kann sich nicht an einem Objekt entwickeln. Deshalb wird Adler sich weigern, einen isolierten Menschen zu untersuchen.

Es ist also nicht so, dass wir existieren und dann, weil wir existieren, irgendwelche Werterfahrungen machen; sondern wir existieren vielmehr nur insofern, als wir Ereignisse (auch unser Person-Sein ist eine Kette von Ereignissen) als bedeutsam (wertvoll) erfahren und sie irgendwie be-werten. Die Werterfahrung bildet – jedenfalls aus der Perspektive der Wertphilosophie – den Grund, das Fundament unserer Existenz. Sie ist – auch für Adler – das dynamische Zentrum unseres Seelenlebens. „Existenz ist ihrer Natur nach die Aufrechterhaltung von Wertintensität", schreibt der englische Philosoph North Whitehead. (Hauskeller 1999, S. 100) Und werttheoretisch gesprochen lässt sich ein wertvolles, ein gutes Leben nur aufrecht erhalten, solange wir nach einem besseren streben. Wiederholung des Entstandenen zerstört Wert.

Dieses Denken hat ethische Implikationen. Wer Werte hat, hat auch Moral. Und wieder ist es nicht so, dass wir existieren und dann, weil wir existieren irgendwelche Gedanken hegen oder Handlungen vollziehen, die moralisch oder unmoralisch sind. Sondern: Moral dient der Schaffung und Bewahrung von Werten. Deshalb ist alles, was wir denken, wollen, fühlen und wahrnehmen moralisch. Auf seiner Suche nach dem Aufbau des menschlichen Wertbewusstseins wird Adler die frühen Kindheitserinnerungen deshalb als kleine Geschichten „samt einer Moral" (Adler 1912a, S. 79) lesen.

Im Wesen der Werterfahrung liegt etwas von einem Ideal – etwas, was „sein soll". Deshalb wird Adler sagen: „Das Seelenleben ist kein Sein, sondern ein Sollen" (Ansbacher 1972, S. 106). David Hume hätte er vielleicht entgegengehalten: Wenn Sie meinen, dass sich aus einem Sein kein Sollen ableiten lässt, dann schauen Sie Ihrem oder einem Neugeborenen in die Augen, und auch Sie werden ihren Irrtum erkennen. Diesen Gedanken von Hans Jonas (Hauskeller 1999, S. 131) lege ich Adler in den Mund, weil er das urtümliche Zärtlichkeitsstreben des Menschenjungen für wesentlich hielt und von einer idealen Menschengemeinschaft träumte, zu der er mit seiner Arbeit beitragen wollte. Ein Idealist!

Und last, not least: Der Möglichkeit des Wertens liegt unsere Freiheit zugrunde. Wir sind Natur und Freiheit. Diese „Freiheit ist das sich in uns offenbarende Geheimnis der Welt, die Rückseite des Spiegels der Erscheinungen" (Safranski 1994, S. 48). Sie findet ihren höchsten Ausdruck in der Selbstbestimmung und stellt uns damit in die Verantwortung gegenüber der Welt. Darauf richtete Adler seine Aufmerksamkeit. Aus dieser Freiheit bezog Adler seinen psychotherapeutischen Optimismus und Elan.

Der Wahrheitsanspruch der Psychoanalyse und die frühe Kindheit

Freud ging zu Beginn seiner Theoriebildung davon aus, dass die neurotischen Symptome seiner hysterischen Patientinnen ihre Ursache in bestimmten traumatischen Erfahrungen in der Kindheit hatten. Er dachte vor allem an sexuelle Übergriffe der Erwachsenen, die das Kind nicht hatte adäquat verarbeiten können. Verwirrung darüber, was sich da an, in und mit ihnen tat, Ohnmacht, Angst, Ekel, Scham- und Schuldgefühle, ließen sich durch die Verlogenheit der Erwachsenen und die Geheimnispflicht der Kinder nicht mehr kommunizieren. So waren diese Ereignisse der Verdrängung anheim gegeben. Wenn sich im Erwachsenenalter der Betreffenden nun ihre sexuellen Wünsche meldeten, erwachten auch die Ängste, Scham- und Schuldgefühle und die Unsicherheiten, die seit jenen Kindertagen mit der Sexualität assoziiert waren. In einer Kompromissbildung entstand aus dem Wunsch nach und der Angst vor der Sexualität das neurotische Symptom.

Der Psychoanalytiker war schon zu der Zeit eine Mischung aus Naturwissenschaftler und Detektiv. Er hatte nach einer bestimmten Erinnerung zu forschen, die ein bestimmtes Ereignis enthalten und einen bestimmten Täter entlarven sollte. Konnte beides dinghaft gemacht werden, war man zu der historischen (nicht einer biologischen) Wahrheit vorgestoßen, die allenfalls biochemische Konsequenzen hatte. Den Widerstand, der sich der Aufdeckung der Tat entgegenstellte, versuchte Freud damals per Hypnose zu unterlaufen. Im hypnotisierten Zustand gab der Patient die Erinnerung an das traumatisierende Ereignis frei, durchlebte es noch einmal, als würde es gerade geschehen und öffnete die Falltür zum biologischen Grund. Freud berichtete: „Krämpfe, Neuralgien, Halluzinationen (treten) noch einmal in voller Intensität auf und schwinden dann für immer. Funktionsausfälle, Lähmungen und Anästhesien schwinden ebenso …“ (Freud 1895, S. 85). Eingeklemmte Affekte, gestaute Energie entluden sich mit kathartischem Effekt. Die Betreffenden wurden frei zum Genuss ihrer Sexualität. Die psychoanalytische Situation zeigte unverkennbare Analogien zum naturwissenschaftlichen Experiment.

Andererseits war Freud auch damit konfrontiert, dass das Gedächtnis seiner Patienten voll von Nebensächlichkeiten und Banalitäten aus der Kindheit war, denen er mit seiner kathartischen Methode einfach nicht beikam. Zudem entdeckte er im Rahmen seiner Selbstanalyse ähnliche Erlebnisse bei sich, wie sie seine Patienten gemacht hatten. Freud kehrte der Trauma- und Verführungshypothese den Rücken. So wenig wie er an die eigene Verführung glauben wollte, glaubte er nun an die Verführung seiner Patienten.

Natürlich blieb die Frage bestehen, wie das doch immerhin einigermaßen häufige Vorkommen von sexuellen Motiven in den Erinnerungen zu erklären war. Freud schloss: Wenn auch die Geschichten, die ihm seine Patienten erzählten, nicht wahr waren, musste ja das sexuelle Motiv in ihnen nicht erfunden sein. Sexualität ist naturgegeben. Unterstellte er ihr Gegeben-Sein schon beim Kind, wären dann die (vermeintlichen) Verführungserinnerungen nicht auch als Wunschphantasien zu lesen?

Mit dieser Überlegung stand nicht nur die Traumahypothese auf dem Kopf. Es taten sich schwerwiegende theoretische Probleme auf. Die Wahrheit der Geschichte war verspielt. Zugespitzt ausgedrückt: Die Biographie rückte in die Nähe eines Romans; der Charakter wäre als ein ästhetisches Gebilde aufzufassen; der Mensch als ein geschichtsloses Wesen, das Geschichten erzählt; die Macht, die die Vergangenheit (angeblich oder tatsächlich) über uns hat, hätte sich damit als eine haltlose Erfindung der Psychoanalyse erweisen können.

Freuds Antwort auf die mögliche Katastrophe wurde die Entwicklung seiner Triebtheorie. Die archaischen Triebwünsche des Kindes, das Aufnehmen und Ausscheiden der Nahrung, sowie das erste Aufblühen des Sexualtriebs wurden ihm nun die objektive, biologische Grundlage seelischer Entwicklung. Das scheint erst einmal plausibel. Empirisch nehmen Nahrungsaufnahme und -verweigerung, Töpfchendramen oder -sensationen, frühe sexuelle Motive in unserem Erinnern einen nicht unerheblichen Raum ein. „Kinderstubenklassiker" hat sie eine meiner Analysandinnen einmal genannt. Der lebensgeschichtliche Zusammenhang, in dem sich nun die Weichen für die seelische Gesundheit oder die neurotische Erkrankung stellten, war weniger durch Traumata, als durch spezifische Konfliktsituationen bestimmt, die Freud in seiner Trieblehre idealtypisch zusammenfasste. Ein Menschenjunges wird gestillt und abgestillt; es entleert unkontrolliert Urin und Kot und wird zur Reinlichkeit erzogen; es entdeckt sein Geschlecht, und darf seine sexuellen Bedürfnisse nicht in der Familie befriedigen. Nun sind das Abstillen, die Reinlichkeitserziehung und das Inzestverbot die lebensgeschichtlichen Ur-Szenen (oder Ur-Konflikte), in denen – in der kontinuierlichen Interaktion zwischen den frühen Bezugspersonen und dem Kind – die Entscheidung über seelische Gesundheit oder Krankheit fällt. Akribisch verfolgte Freud in seinen Analysen jedoch weiterhin die 'Wege der Symptombildung', bis hin zu jenen frühen Ereignissen, um der Natur auf die Schliche zu kommen.

Unversehens hatte die Psychoanalyse damit jedoch bereits einen Schwenk von der Detektivik zur Hermeneutik gemacht (Dahmer 1973). Gefragt wurde nicht mehr nach real stattgehabten Ereignissen und historischer Wahrheit, sondern nach dem Sinn oder dem Motiv einer „Erinnerung". Die vermeintliche Wahrheit erschloss sich nun per Interpretation, die allerdings immer wieder an den Ausgangsort der Befriedigung oder Versagung der archaischen Triebwünsche der Erinnernden zurückführte. Deshalb nennt Habermas dieses Vorgehen Tiefenhermeneutik (Habermas 1968).

Wie das vorzustellen ist, lässt sich gut an einer von Freuds ersten bewussten Erinnerungen darstellen. Für ihn war die infantile, sexuelle Thematik und der daraus entstehende ödipale Konflikt die zentrale Erlebnisfigur, in der alles Neurotische seinen Ursprung hatte. „Ich sah mich fordernd und heulend vor einem Kasten stehen, dessen Tür mein um 20 Jahre älterer Halbbruder geöffnet hielt und dann trat plötzlich meine Mutter, schön und schlank, wie von der Straße zurückkehrend, ins Zimmer" (Freud 1904, S. 58). Diese Erinnerung datiert aus dem dritten Lebensjahr. Wir erfahren von

Freud, dass er just zu dieser Zeit ein Schwesterchen bekommen hat. Vor der Folie der Triebtheorie wird der Kasten, vor dem er steht, nun zum Symbol des Mutterleibes, und der Wunsch, hineinzusehen, zur misstrauischen Sorge, ob dieser noch weitere Kinder berge. Der Bruder rückt an die Stelle des Vaters, von dem vermutet wird, dass er das kürzlich geborene Kind in den Mutterleib hinein praktiziert hat. Die fordernde Haltung und wütende Enttäuschung des kleinen Freud weisen darauf hin, dass er selbst das nächste Kind in den Kasten hinein praktizieren und den Bruder als Rivalen aus dem Weg haben möchte. Das war in Freuds Lesart die Wahrheit dieser kleinen Geschichte, die (per Verdrängung) auf dem Altar der Kultur zu opfern war. Die zitierte Szene bekam den Status der Deckerinnerung. Sie verdeckte die Wahrheit.

So natürlich auch bei Freuds Patienten. Auch er bekam also fiction statt facts zu hören. Immer wieder erwischte er das Gedächtnis seiner Patienten in den analytischen Sitzungen – sozusagen in flagranti – beim Dichten. Was sich mit Sicherheit sagen ließ, war eigentlich nur, dass es sich bei den Erinnerungen um gegenwärtige Konstruktionen handelte. Was dabei wirklich re-konstruiert war, blieb weitgehend offen. Mit Erfindungen – hieß das – bedient das Erinnern sehr wesentlich gegenwärtige Bedürfnisse. Das berühmte Körnchen Wahrheit in der Dichtung blieb für Freud jedoch das konfliktvolle Triebschicksal. Mit der Annahme eines erkennbaren Kerns realer Geschichte, mit dem er dem Wahrheitsanspruch seiner Wissenschaft Genüge tun wollte. Freud ging es schlussendlich um eine bedeutsame Vergangenheit und nicht allein um die Vergangenheit von Bedeutungen.

Grundpfeiler der Individualpsychologie: Individualität, Mit-Menschlichkeit, Vollendung, Wert und Kunst

Die Erinnerungen, die Adler von seinen Patienten zu hören bekam, egal ob sie von gestern oder von vor 20 Jahren waren, ob sie von der therapeutischen Situation oder dem Leben draußen handelten, dienten in seinem Menschenbild nur dem einen Zweck: Den eigenen Wert, die eigene Geltung zu artikulieren, zu bewahren oder sogar zu steigern. Er dachte – wie Whitehead – die menschliche Existenz als einen Prozess ständiger Entfaltung und Steigerung von Wertintensität. So, wie aus der Eichel ein Eichbaum „werden will“, will der Mensch alle in ihm ruhenden Potentiale entfalten und sich selbst als etwas Einmaliges und Ganzes erfahren. Es ist seine Bestimmung, dass er sich selbst vollenden will. Und das im ständigen Bezogen-Sein auf die Mit-Welt. Je besser ihm das gelingt, um so mehr Wert schafft und erlebt er. Wie sich das anfühlt wissen Sie selbst aus den eigenen Liebeserfahrungen, aus dem Erlebnis gelungener Sexualität oder auch aus ästhetischen Erfahrungen. Hier haben Sie inneren Reichtum und Fülle, Komplexität wie auch Einfachheit erlebt. Hier war ihr Bedürfnis nach Schönheit erfüllt. Sie gehört genau so fundamental zu den Wertgründen und -potentialen der menschlichen Existenz, wie das Bedürfnis nach Güte und Wahrhaftigkeit. In solchen Momenten ist die Welt weniger widerständig, wir erleben – mehr oder weniger intensiv – ein Eins-Sein mit allem. Liebe und Freude (sowie alle verbindenden Gefühle), Toleranz und Wissen, Mut und Gerechtigkeit erscheinen uns als das Eigentliche und Selbstverständliche. Diese Einstellungen und Haltungen bezeichnen wir als Werte und Tugenden. Sie bedeuten als gelebte Erfahrung Glück und Sinn. Es ist unvermeidlich, dass wir auf dem Weg dahin von einem Konflikt in den anderen geraten. Und wir tun gut daran, Werkzeuge zu deren Lösung bereit zu halten. Aber so, wie Habermas davon ausging, dass unsere Fähigkeit zu sprechen die Idee beinhaltet, dass wir verstanden werden, ging Adler davon aus, das unser ständiger Versuch, unsere Konflikte zu lösen, von einer Vorstellung eines konfliktfreien Zustands in Gang gesetzt wird. Ich habe ihn oben zu skizzieren versucht. Ein Zustand nicht von Regression ins erste Lebensjahr, sondern ein Zustand, der das erwachsene, starke Ich im Sinne höchster Wertverwirklichung und -intensität transzendiert. Nach diesem Zustand sehnen wir uns, den streben wir an. Deshalb werden bei Adler menschliche Konflikte zu Wertkonflikten. Menschen, die in der Kindheit eine fördernde Umwelt erlebt haben, werden diese Konflikte am ehesten friedlich und in Kooperation mit den anderen zu lösen versuchen. Sie haben ihre Existenz und die der anderen als Wert erfahren dürfen. Sie erleben diese Art von Konfliktlösung als eine Möglichkeit, Wert zu bewahren oder zu schaffen. Menschen, die diese fördernde Umwelt vermissen mussten, sich minderwertig fühlen, werden ihre Konflikte mit Macht zu lösen versuchen.

Dass unter diesen Voraussetzungen die Wahrheit vom Gedächtnis nicht zu haben ist, leuchtet unmittelbar ein. Gerade an der Tätigkeit des Gedächtnisses ist zu erkennen, was Dichter und Philosophen seit Jahrtausenden beschreiben: Die schöpferische Kraft des Menschen. In der Antike hieß es, dass Mnemosyne, die Göttin des Gedächtnisses, die neun Musen gebar. Man könnte meinen, dass Adlers Denken jenem verwandt ist. Das Gedächtnis war für ihn nie ein „Sammelplatz von Eindrücken und Empfindungen", kein „objektiv wirkendes System", sondern ein „subjektiv arbeitendes Schema" (Adler 1912a, S. 68), wertschaffend! Wertend bildet es sich selbst und die Wirklichkeit ständig um. „Das Individuum ist mithin sowohl Bild wie Künstler. Es ist der Künstler seiner eigenen Persönlichkeit" (Adler 1930a, S. 7). Dieser Satz Adlers hat es in sich. Mit ihm entfällt der Anspruch, dass unsere Erinnerungen jemals die Wahrheit freigeben könnten, auf jeden Fall aber geben sie unsere Wahrheit wieder. Unsere Erinnerungen sind Kunstwerke. Und genau so wenig wie ein Kunstwerk, ein Gemälde zum Beispiel, in Adlers Denken damit zu erklären ist, dass es eine leere Leinwand, Pinsel und Farbe gab, ein Sujet und einen Maler, genau so wenig ist eine Erinnerung mit den Triebbedürfnissen eines Menschen und deren Befriedigung oder Frustration zu erklären. Und ich denke, auch nicht allein mit dem Streben des Menschen nach Vollkommenheit und Wert. Was bleibt, ist dies: Eine Erinnerung ist (wie das Gemälde) das Ergebnis eines schöpferischen Aktes, in dem all das Gesagte irgendeine Rolle spielt oder spielen kann. Diese weist ihm der Erinnernde jedoch erst zu. Im Kunstwerk (wie in der Erinnerung) erscheint: Welt, gesehen durch den Charakter des Künstlers.

Auch Adler versucht das an einer eigenen Kindheitserinnerung zu demonstrieren. Zu Beginn seiner Schulzeit, erinnerte er sich, habe sein Schulweg über einen Friedhof geführt: „Da hatte ich nun jedes Mal Furcht und sah mit großem Missbehagen, wie die anderen Kinder harmlos den Friedhofsweg gingen, während ich ängstlich und mit Grauen Schritt vor Schritt setzte. Abgesehen von der Unerträglichkeit der Angst, quälte mich der Gedanke, an Mut den anderen nachzustehen. Eines Tages fasste ich den Entschluss, dieser Todesangst ein Ende zu machen. Als Mittel wählte ich wieder die Abhärtung. Ich blieb eine Strecke hinter den anderen Kindern zurück, legte meine Schultasche an der Friedhofsmauer auf die Erde und lief wohl ein Dutzend mal über den Friedhof hin und zurück, bis ich dachte, der Furcht Herr geworden zu sein. Später glaube ich, den Weg ohne Angst gegangen zu sein" (Adler 1913d, S. 184f). Dreißig Jahre später klärt ihn ein ehemaliger Schulfreund darüber auf, dass auf seinem Schulweg nie ein Friedhof gelegen habe. Dazu Adler: „Da erkannte ich, dass die Friedhofsgeschichte eine dichterische Einkleidung für meine Sehnsucht war, die Angst vor dem Tod zu überwinden" (Adler 1913d, S. 185). Diese Interpretation ist vermutlich auch an Freud adressiert. Keine Deck-, mehr eine Kampferinnerung: Menschen schreiben ihre Lebensgeschichte nicht nur um, sie erfinden sie. Und zwar im Sinne der Selbstwertregulierung. Bereits in frühester Kindheit entwerfen wir ein Bild (oder Bilder) von uns. Fiktionen nennt Adler sie, ich habe es eingangs erwähnt, in Anlehnung an Hans Vaihinger. Vaihingers Werte hatten nun allerdings die Seinsmächtigkeit der platonischen Werte verloren. Sie waren nicht gegeben und hatten auch nicht, wie bei dem Phänomenologen Max Scheler, den Status des Urphänomens. Für Vaihinger waren Werte nützliche Fiktionen. Selbstgemacht – etwas salopp gesagt. In unseren Erinnerungen sind sie unschwer zu erkennen: „Ich will die Angst vor dem Tod überwinden, ich will so mutig sein, wie meine Klassenkameraden". Spuren von Geist, Metaphern des Lebens, unsere ersten Kunstwerke! Jeder Mensch entwirft seine eigenen: „Ich bin großartig und muss ständig bewundert werden", „Ich bin hilflos und brauche Eure Unterstützung"; wie immer sie auch lauten mögen, unter solchen Fiktionen strukturieren wir unser Leben: So soll es sein! Fiktionen sind die Kompassnadeln für unsere inneren und äußeren Bewegungen. Der magnetische Nordpol heißt: Wert.

Wir kennen diese These von Adler selbst nur in der Negation: „Mensch sein heißt, sich minderwertig fühlen" (Adler 1933b, S. 67). Er verließ den philosophischen Weg, den er mit Vaihinger beschritten hatte. Auch für ihn war die Frage, wie etwas funktioniert, wichtiger geworden, als die Frage danach, was etwas ist. Um die menschliche Minderwertigkeit zu begründen, argumentierte er zunächst biologisch: Wir sind zu früh geboren und eigentlich gar nicht überlebensfähig, wir sind organisch schlecht ausgestattet. Später findet er ein soziales Argument: Wir empfinden uns minderwertig im Vergleich mit den anderen! Wohl wahr. Aber das erklärt nicht, warum wir unser Anders-Sein als Wert erfassen. Dieser Frage geht Adler nicht mehr nach. Er fragt auch nicht mehr nach der Werthaftigkeit des Seins, differenziert nicht mehr nach Wert fühlen, haben oder sein. Er verhält sich ganz neukantianisch. Er fragt nach der Wirkung der leitenden Werte unserer Kultur im Inneren des Subjekts und wie dieses sein Wertbewusstsein aufbaut. Die frühen Wertsetzungen des Subjekts bleiben – in Adlers Sprache als Fiktion – mehr oder weniger bewusst das dynamische Zentrum seines Seelenlebens. Wenn das Werterleben ins Wanken kommt, unternimmt der Mensch jede Anstrengung, um es zu sichern. Unter anderem, indem er Erinnerungen erfindet.

Die Hoffnung etwas Objektives im Gedächtnis zu finden ist schon deshalb vergeblich, weil bereits unsere Wahrnehmung von der Fiktion gesteuert ist. Schon im Wahrnehmen blenden wir aus, selektieren, konstruieren und interpretieren wir. Kurz: Unsere sogenannte Wirklichkeit ist eine künstlerische Produktion, in die Erlebtes, von anderen Erzähltes und zum Eigentum

Erklärtes, Geträumtes und auch Phantasiertes eingeht. Sinn für das gegenwärtige und zukünftige Handeln entsteht dadurch, dass wir all das unter einem obersten Wert (ausgedrückt in der Fiktion) bündeln. Die Vergangenheit der Bedeutungen gewann bei Adler gegenüber der Bedeutung der Vergangenheit mächtig an Boden.

Was in der Kindheit wirklich geschah, ist aus besagten Gründen also gar nicht zu eruieren. In der Sprache der Kunst gesprochen ist es der Stil, mit dem ein Mensch aus dem biographischen Material seine Welt- und Werterfahrung aufbaut. Das Wie, die Art und Weise, in der das Individuum mit sich und dem ihm Begegnenden umgeht. Adler nennt diesen Umgang des Individuums mit sich selbst und der Welt: Lebensstil. Und der ist kaum irgendwo besser zu erkennen, als in den frühen Kindheitserinnerungen.

Das möchte ich nun etwas ausführlicher an einer weiteren Kindheitserinnerung demonstrieren, die ich mit einigen biographischen Mitteilungen des Erinnernden verbinde, um das bisher Erzählte lebendig zu machen.

Eine Kindheitserinnerung des Charles Spencer Chaplin

Ich habe eine kleine Szene aus der Autobiographie von Charles Spencer, kurz: Charlie Chaplin gewählt. Im Untertitel heißt diese Biographie bezeichnender Weise nicht: Die Geschichte meines Lebens, sondern: Die Geschichten meines Lebens. „Mutter nahm mich für gewöhnlich lieber abends ins Theater mit, als mich in einem möblierten Zimmer zurückzulassen. Sie spielte damals in Aldershot in der Kantine, auf einer schmutzigen, widerwärtigen Bühne, die meist von Soldaten besucht wurde. Diese Soldaten waren grobschlächtige Kerle, die beim geringsten Anlass spotteten und höhnten. Für die Künstler war Aldershot eine Woche der Schrecken. Ich weiß noch, dass ich in den Kulissen stand, als Mutters Stimme brach und zu einem Flüstern herabsank. Die Zuschauer begannen zu lachen, im Falsett zu singen und zu krähen. Mir war nicht klar, was vorging. Aber der Lärm nahm zu, bis Mutter schließlich gezwungen war, die Bühne zu verlassen. Sie ging sehr erregt ab und versuchte dem Direktor klar zumachen, dass sie nicht mehr auftreten könne. In dem lärmenden Durcheinander hörte ich, wie der Direktor, der meine kleinen Vorstellungen vor Mutters Freunden kannte, davon sprach, mich an ihrer Stelle auftreten zu lassen. Ich erinnere mich, wie er mich in diesem Durcheinander auf die Bühne führte und dort nach einigen erläuternden Sätzen allein ließ. Und im grellen Rampenlicht, vor den im Rauch schwimmenden

Gesichtern, begann ich zu singen, begleite von dem Orchester, das eine Weile herumprobierte, ehe es meine Tonlage gefunden hatte. Es war ein bekannter Schlager mit dem Titel 'Jack Jones'. ... Ich war noch nicht halb zu Ende, da regnete es schon Geld auf die Bühne. Ich hörte sofort auf und verkündete, ich wolle erst das Geld aufsammeln und dann weiter singen. Das rief großes Gelächter hervor. Nun erschien der Direktor mit einem Taschentuch und half mir, das Geld einzusammeln. Ich glaubte, er wolle das Geld für sich behalten. Dieser Verdacht teilte sich offenbar den Zuschauern mit und verstärkte noch ihr Gelächter, besonders als der Direktor abging und ich ihm ängstlich folgte. Ich kehrte erst auf die Bühne zurück und fuhr fort zu singen, nachdem er Mutter das Geld ausgehändigt hatte. Ich fühlte mich ganz zu Hause, unterhielt mich mit den Zuhörern, tanzte und ahmte einige der anderen Schauspieler nach, einmal auch meine Mutter ... Ich imitierte in aller Unschuld, wie Mutters Stimme brach, und ich war überrascht über die Wirkung, die das bei den Zuschauern hatte. ... In jener Nacht erschien ich zum ersten, meine Mutter zum letzten Mal auf der Bühne" (Chaplin 1977, S. 15f).

Bedeutungslosigkeit und Ruhm

Die Erinnerung ist eingebettet in eine Biographie, die sich anfangs wie ein Roman von Charles Dickens ließt. Charlies Eltern arbeiten beide als Schauspieler/Sänger an kleinen, Varieté ähnlichen Bühnen in London. Mutter bringt einen Sohn aus erster Ehe mit, Sydney. Er ist vier Jahre älter als Charlie. Der Vater, Alkoholiker, trennt sich von der Mutter als Charlie noch nicht ein Jahr alt ist. Bald nach der Szene in Aldershot, die in der Erinnerung aufgehoben ist, fällt Charlies Mutter in geistige Umnachtung und muss ab jetzt immer wieder in Nervenheilanstalten untergebracht werden. Die Brüder Chaplin lernen verschiedene Fürsorgeanstalten, Armenschulen und Arbeitshäuser kennen. Mit acht Jahren wird Charlie zum ersten Mal in einer Varieté-Truppe aufgenommen, von der Mutter aber schließlich heimgeholt. Er arbeitet als Blumenverkäufer, Laufjunge in einem Kerzengeschäft, Rezeptionist bei einem Arzt, Glasbläser, Drucker, Spielzeugmacher und Holzarbeiter und verdient gelegentlich auch fünf Shilling die Woche mit Tanzunterricht. „Man schlägt sich durch" heißt einer seiner ersten Filme (Hembus 1987, S. 61)! Mit zwölf Jahren kommt er endlich am Theater unter, dass ihn mit etwa zwanzig Jahren nach Amerika führt. Dort beginnt gerade der Stummfilm zu boomen und nun macht Charlie seine traumhafte

Karriere. Seine Biographie liest sich ab jetzt wie ein „Märchen aus tausend und einer Nacht". Seine Filme locken ein Millionen-Publikum an und mit einem unerhörten Ehrgeiz und höchster künstlerischer Kompetenz arbeitet sich der Noname aus den Londoner Slums in die Aristokratie der Welt hinauf. Die Familie Einstein speist bei ihm zu Mittag, er zählt den Zeitungsmogul Hearst zu seinen guten Bekannten, die Tanzlegende Nijinsky besucht ihn in seiner Garderobe, er diniert mit Sir Winston Churchill und seiner Frau, wird in Paris selber zum Ritter der Ehrenlegion geschlagen, in England in den Adelsstand erhoben. In London trifft er mit Ghandi zusammen, Tschou-en-Lai besucht ihn in seinem Schweizer Domizil. Eine bescheidene Auswahl nur von Ereignissen und Namen, die Chaplin seiner frühen Bedeutungslosigkeit entgegensetzt. Chaplin ist viermal verheiratet. Seine vier Frauen sind elf, neunzehn, zweiundzwanzig und siebenunddreißig Jahre jünger als er. Das führt dazu, dass sein letzter Schwiegervater, der amerikanische Dramatiker Eugene O'Neill, nur um ein Jahr älter ist als er. Komische Verhältnisse auch in Chaplins Privatleben. Aus seiner letzten Ehe mit Oana O'Neill gehen acht Kinder hervor. Chaplin stirbt achtundachtzigjährig in seiner Villa am Genfer See. Wahrscheinlich war er der größte Komiker des zwanzigsten Jahrhunderts.

Ob Chaplin die erinnerte Szene erlebt, erfunden oder geträumt hat, wissen wir nicht. Was wir wissen, ist, dass sie eine auffallende strukturelle Ähnlichkeit mit dem großen Ganzen aufweist. Die Protagonisten, die Orte haben im Lauf der Zeit gewechselt, aber es scheint irgendwie, als ob in der Erinnerung die Komplexität einer ganzen Lebensgeschichte auf ein paar elementare Sachverhalte reduziert, vor uns liegt. Ihr fiktiver Kern: Ich werde sogar von einem schwierigen Publikum angenommen und geliebt, ich bin der Retter meiner Mutter und der Familie, ich gelte. Unter dieser Fiktion strukturiert sich Chaplins inneres und äußeres Leben. In Adlers Lesart ist diese Fiktion die Kompensation erfahrener Wertlosigkeit und damit drohender Vernichtung. Schauen wir uns das im Detail an.

Der Raum

Gehen wir ganz von außen ran. Vom Raum. Zur Zeit, in der die Erinnerung spielt, lebt Charlie mit seiner Mutter in einem möblierten Zimmer. Ein Ausdruck von Armut und Ungeborgenheit. Hier ist er ein Nichts. Als er die Bühne betritt, gilt er plötzlich etwas. Er fühlt sich „ganz zu Hause". Wir fühlen uns zu Hause, wo wir etwas gelten. Kein Wunder beim Beruf seiner Eltern, wenn Charlie sich eine solche Szene merkt, werden Sie vielleicht einwenden. Das wäre nicht falsch, aber meines Erachtens auch nicht hinreichend für die Wahl dieses „Bühnenbilds". Chaplin hätte genauso gut das möblierte Zimmer oder die Straße als Szene wählen können. Dass er die Bühne und dieses Erlebnis erinnert, lese ich – eben als Antwort auf das Leben auf der Straße und in möblierten Zimmern. Dort will er weg. Er möchte „etwas darstellen".

Chaplin ist ein Entwurzelter. Der familiäre Boden auf dem er wächst, ist höchst fragil. Der alkoholabhängige Vater, die Mutter, die ständig um ihre seelische Gesundheit und den Lebensunterhalt für die kleine Familie zu ringen hat, werden ihm nicht das Gefühl von Behaust-Sein gegeben haben. Bei vielen Menschen führt das in die Depression. Die Erinnerung zeigt jedoch einen Charlie, der sich im entschlossenen Zugriff ein eigenes Zuhause schafft. Aber auch die Bühne bleibt eine Art Übergangsheim. Es zerstiebt in nichts, wenn der Vorhang fällt. Charlie bleibt der „Tramp". Nirgends ist er wirklich zu Hause. Immer wieder muss er sich sein zu Hause neu erobern. Sich seines Wertes vergewissern. Und das tut er, indem er sich ständig inszeniert. Er machte die Bühne zu seinem Lebensraum und sein Lebensraum wurde ihm eine ständige Bühne.

Ehrgeiz und Vernichtung

Die Szene aus Aldershot stellt uns einen kleinen shooting-star vor. Gerade noch in den Kulissen „geparktes" Anhängsel der Mutter, steht er urplötzlich im Rampenlicht: Karriere im Zeitraffer. „Ich will berühmt werden" scheint er sich, „ich will nach oben" scheint er uns zu sagen. Synonyme fürs Gelten. Unbedarft wirkt er, angstfrei, von Selbstzweifeln wenig geplagt. Vor einer Truppe rauhbeiniger Männer macht er seine Kapriolen und gewinnt ihr Herz im Sturm. „Mit Links", wie man sagt. Er hat Erfolg. In Adlers Denken feiert Chaplin seine späteren Erfolge jedoch nicht wegen dieser einen Erfahrung. Sie ist keine Ursache. Sie ist die Geschichte einer Wertsetzung. Den Stoff dafür bezieht er möglicherweise aus den Vorstellungen „vor Mutters Freunden". Eine Psychoanalyse würde das zutage fördern. Wenn ich so bin, bin ich etwas wert. Das ist ihm wichtig. Die Erinnerung ist einerseits ermutigend. Selbstheilend. Andererseits formuliert sie ein sehr hohes Ziel. Das zu erreichen fordert Ehrgeiz. Und dieser Ehrgeiz ist so gewaltig, dass Charlie schlecht wird, wenn er Misserfolg wittert. Ein Biograph kolportiert folgende Szene aus Chaplins späterem Leben. Er (Chaplin) sitzt in einem Preview seines Films „Goldrausch". Vor ihm drei reglose Mexikaner: „Ich nahm an, dass etwas Bewegung in sie hineinkommen würde, wenn der Film anlief. Aber nichts geschah. Sie blieben unbeweglich wie drei Felsen. Ein panischer Schreck überfiel mich, als ich mich nach dem übrigen Publikum umblickte. Es war nicht einer unter den Besuchern, der auch nur einen Gesichtsmuskel verzogen hätte. Mein Magen begann sich zu drehen. Ich drängte nach draußen zur Toilette und übergab mich. Draußen redete ich mir ein, dass das einfach nicht wahr sein könnte, und ging wieder zurück. Im Theater war es so still wie in einem Grab. Ich fand die drei Mexikaner noch genauso vor, wie ich sie verlassen hatte – reglos mit verschränkten Armen. Sie faszinierten mich. Warum war bei ihnen nicht die geringste Reaktion zu verspüren? Ich musste wieder zur Toilette. Vier- oder fünfmal eilte ich im Verlauf des Films nach draußen, um mich zu übergeben" (Hembus 1987, S. 59). Der ausbleibende Applaus, erzeugte in Chaplin offensichtlich eine unerträgliche Spannung, aufgeladen mit einer archaischen Angst, in die Bedeutungslosigkeit fallen gelassen zu werden. Wenn Sie die Kindheitserinnerung hinter diese Szene projizieren, scheint durch die auf der Bühne seines Körpers dramatisch agierte Angst (durch das Erbrechen hindurch) die nackte, existentielle Not seines Auftritts in Aldershot: „Ich muss Erfolg haben, bewundert und geliebt werden, sonst bin ich vernichtet!" So wie die Mutter.

Hat der alte Mann Chaplin diese Angst vergessen, als er seine Biographie niederschrieb? Hat der kleine Charlie sie nicht empfinden müssen, weil die Mutter sie schon empfand? Oder hat der Kontakt mit dem Publikum ihn davor bewahrt, sie erleben zu müssen? Biographien anderer Schauspieler erzählen von diesem Phänomen. Das wäre eine große Ermutigung für seinen Weg gewesen. Wie auch immer: Die Angst, die Chaplin während des Previews befällt, lässt vermuten, dass sie auch in Aldershot zumindest untergründig mitgelaufen ist. „Das habe ich erlebt", sagt mein Gedächtnis. „So kann es nicht gewesen sein", sagt mein Stolz. Schließlich gibt das Gedächtnis nach. Das ist eine Variation über einen Aphorismus von Nietzsche. Und ein schönes Bild für die Entstehung des Unbewussten. Die Angst passt nicht zu der Wertvorstellung des Ehrgeizigen. Deshalb wird sie ins Exil geschickt. In diesem Sinne könnte Chaplin die kleine Geschichte aus Aldershot retouchiert haben. Er will uns einen kleinen Helden und nicht einen Angsthasen vorstellen.

Die Formel „ich muss Erfolg haben, ich muss bewundert und geliebt werden, sonst bin ich vernichtet" mag auch die Energie für einen unglaublichen,

Perfektionismus zur Verfügung gestellt haben. Fünfzig Mal drehte Chaplin eine Szene mit einer älteren Schauspielerin (will sagen: einer, die ihr Handwerk verstand). Als er nicht mehr konnte, übergab er die Regie einem Kollegen, der es auf weitere fünfzig Mal brachte. Während seiner Produktionen sei er meist in einem tranceartigen Zustand gewesen, berichtete seine erste Frau, privat nicht mehr ansprechbar.

Freud hatte gemeint, dass eine künstlerische Produktion der Ausweg aus der Neurose sei. Der Künstler leide unter unglücklichen Erfahrungen seiner Kindheit. Aber anstatt sie zu verdrängen (und sie später zum unrechten Zeitpunkt zu reinszenieren), macht der Künstler ein Werk daraus, mit dem sich andere identifizieren können. Über deren Identifikation flösse dem Künstler dann die Anerkennung zu, die er in seiner Kindheit nicht bekommen hat.

Hier hätte Adler vermutlich nicht einmal widersprochen. Mit dem Unterschied vielleicht, dass er im Kunstwerk nicht den Ausweg, sondern den Weg gesehen hätte.

Ich bin, was ich besitze. Horten und misstrauen, Strategien der Wertsicherung

Chaplin hat für seinen Erfolg geschuftet. Und wie wir wissen, hat der HERR-GOTT hinter den Schweiß den Lohn gesetzt: Chaplin war am Ende seines Lebens ein sehr reicher Mann. Er selbst fand nicht, dass der HERR-GOTT schuld daran war: Die Armut, meinte er, habe ihn soweit gebracht. Sie sei der Motor aller äußeren und auch inneren Entwicklung gewesen. In seiner Biographie verschmilzt ein individuelles Schicksal auf eindrückliche Weise mit den Grundzügen kapitalistischen Denkens. Das ganze Buch bietet hervorragendes Anschauungsmaterial auch für Simmels Werttheorie. Charlie hat sich, wenn wir der Kindheitserinnerung glauben dürfen, bereits in früher Kindheit vorgenommen: „Ich will nicht nur erfolgreich, sondern auch reich werden." In der kleinen Szene in Aldershot drückt sich sein Erfolg unter anderem in einem Geldregen aus. Kein Wunder, werden Sie vielleicht wiederum denken, bei der Armut merkt man sich einfach eine solche Szene. Wohl wahr: Die finanziellen Verhältnisse der kleinen Familie waren mehr als prekär. Aber nehmen wir es genau. Das Bild selbst erzählt gar nichts von Armut. Im Gegenteil: Die Szene stellt einen reichen Charlie dar! Einen

Charlie, der das Geld vom Boden aufsammelt. Auch die Eigenschaft des Sammelns oder Hortens scheint Charlie sich ein Leben lang erhalten zu haben. Sam Goldwyn, einer der Großen im amerikanischen Filmgeschäft, wird später über ihn sagen, dass er in den Verhandlungen mit Chaplin eigentlich immer nur einen Satz von diesem gehört habe: „Weniger kann ich leider nicht nehmen." (Hembus 1987, S. 59) Nie scheint ihn (Chaplin) das bittere Gefühl der Armut und die Faszination des Geldes (mit seiner umfassenden Geltung) verlassen zu haben. Und das Gefühl des Wertes, das sich für ihn damit verband. Ich bin, was ich besitze. Deshalb musste er horten, deshalb musste er sich absichern.

Freud hätte hinter der Erinnerung wahrscheinlich nach lustvollen oralen oder analen Fixierungen gesucht oder den vorgelagerten narzisstischen Motiven nachgespürt. Für Adler liegt der Sinn der Erinnerung in der kleinen Szene selbst. Charlie stellt seine Armut als überwunden dar, sieht sich (über den plötzlichen Reichtum) enorm aufgewertet und motiviert sich damit für den Weg nach oben.

Ein anderes Mal erzählt uns Chaplin von einem Deal mit einem Makler, den er nicht eingegangen ist. Mit 50.000 $ hätte er sich am Kauf eines Stücks Landes beteiligen sollen. Er schlug aus. Man entdeckte unter diesem Land Erdöl. Er hätte seinen Einsatz hundertfach zurückbekommen. Dass ihm dieses Geld entgangen ist, lässt Chaplin bis an sein Lebensende nicht los. Wahrscheinlich lehnte Charlie den Deal aus zwei Gründen ab. Zum einen wegen des objektiven Risikos, sein Geld für einen Acker Brachlands wegzuschmeißen. Und er will ja Geld sammeln, sagt die Erinnerung. Zum anderen, weil er Angst hatte, von dem Makler übers Ohr gehauen zu werden. Davon hören wir gleich noch genauer.

Chaplin gründete, zusammen mit Douglas Fairbanks, Mary Pickford und anderen Stummfilm-Stars eine eigene Filmproduktion: Die UNITED ARTISTS. Eines Tages, nachdem die Gesellschaft große Gewinne schrieb, machte ein Geschäftsführer den Vorschlag, mit der UNITED ARTISTS an die Börse zu gehen. Von Chaplin kam ein eindeutiges „Nein"! Er wollte nicht, schreibt er in seiner Biographie, dass sich andere an seinen Leistungen bereicherten. Und genau davon erzählt er, über die Figur des Theaterdirektors, in seiner Kindheitserinnerung. In seinem fünften Lebensjahr, in Aldershot, unterbricht er seine erste „professionelle" Vorstellung, um die Ernte seines Einsatzes einzufahren. Als der Direktor, warum auch immer, Charlie hilft, das Geld, das auf die Bühne fliegt, aufzusammeln, erweckt er dessen Misstrauen. Charlie verfolgt ihn hinter die Bühne, um zu sehen, ob er das Geld auch wirklich bei seiner Mutter abliefert. Jeder Penny muss in der Familie bleiben. Wahrscheinlich wird deshalb später (und über lange Jahre) Bruder Sydney seine Geschäfte führen. Ihm vertraut er. Und bei ihm ist das Geld weiterhin in der Familie.

Aber – Geld hin, Geld her – Chaplins größter Erfolg war dann wohl doch das Lachen seines Publikums. Was erzählt uns die Erinnerung über seine Art der Komik?

Die Komik

Chaplin zeigt sich in der kleinen Geschichte selbst beeindruckt davon, dass er große Lachsalven damit provoziert, dass er den Moment im Auftritt seiner Mutter parodiert, in dem ihr die Stimme bricht. Viele Jahre später schreibt er: „Beim Schaffen einer Komödie ist es paradox, dass das Tragische oft das Lächerliche hervorbringt, weil das Lächerliche, wie ich glaube, eine Haltung des Trotzes ist: Entweder müssen wir unserer eigenen Hilflosigkeit gegenüber… (dem Schicksal, K.O.)… ins Gesicht lachen – oder verrückt werden" (Chaplin 1977, S. 282). In der Kindheitserinnerung ist der Moment, in dem seine Zuschauer am lautesten über ihn lachen, einer der tragischsten in Chaplins Leben. Seine Mutter verliert ihre Stimme, ihren Beruf und ihre seelische Gesundheit. Während sie „verrückt" wird, „trotzt" Charlie – komisch – gegen das Schicksal an. Und er gewinnt! Das wird zum Leitmotiv seines Lebens. Und das wird – glaube ich – die Botschaft, mit der er die Herzen eines Jahrhunderts gewinnt: Es gibt auch da noch was zu lachen, wo es nichts mehr zu lachen gibt. „Das Wort Leben ist nur ein anderer Ausdruck für Konflikt" (Chaplin 1977, S.191), heißt es in seiner Biographie. Und Konflikte muss man lösen oder aushalten. Lachend, wenn es geht. Dann geht es am ehesten. Verwundert es, wenn es in vielen von Chaplins Filmen ums Überleben geht? Und – man überlebt!

Ein abhängiger Retter

Wenn sich in den frühen Kindheitserinnerungen tatsächlich bereits all unsere Wertsetzungen und Lebensmotive artikulieren, müsste die Struktur der Beziehung Charlies zu seiner Mutter in dieser Szene in seinen späteren Verhältnissen zu Frauen wiederzuerkennen sein. Noch einmal also im Kopfsprung in die Biographie. Und – Fehlanzeige. Da, wo Chaplin über seine Ehen erzählen könnte, schweigt des Sängers Höflichkeit. Seine Höflichkeit? Ein paar Bemerkungen gibt es zu seinen Liebesbeziehungen. Sie sind jedoch so mager, dass ich die Kindheitserinnerung in ihnen nicht recht wiederfinde. Das Alter seiner Frauen lässt für einige Assoziationen Raum. Zwei von ihnen hätten Chaplins Töchter, die letzte seine Enkelin sein können. Charlies Kindheitserinnerung beschreibt den Moment, in dem seine Mutter ökonomisch und auch geistig-seelisch von ihm abhängig wird. Der Altersabstand zu seinen Frauen könnte der Ausdruck einer Reinszenierung jener Abhängigkeit sein.

Dafür spricht auch, wenn er über seine zweite Frau berichtet, dass ein Filmproduzent ihr einen Vertrag über 15.000 $ anbot. Er selbst, schreibt Chaplin, hätte ihr einen Vertrag über 50.000 $ verschaffen können. Er zeigt sich verständnislos und beleidigt, als seine Frau die 50 zugunsten der 15.000 $ ausschlägt und sich damit wahrscheinlich ein Stück ihrer Unabhängigkeit gegenüber Chaplin bewahrt. In seiner Kindheitserinnerung besorgt er das Geld, nicht die Mutter. Und dafür will er Applaus. Die Selbständigkeit seiner Frau bringt seine Überlegenheit ins Wanken.

Wenn wir Charlies Filme zum Verständnis dessen heranziehen, was seine Kindheitserinnerung über sein Verhältnis zum anderen Geschlecht aussagt, erkennen wir in vielen als tragendes Motiv eine Retterphantasie. Die wohl anrührendste in „Lichter der Großstadt“. Hier erhält ein blindes Blumenmädchen durch Charlies Engagement sein Augenlicht zurück. In Aldershot rettete er die Mutter, der die Stimme brach, vor einem möglichen Regress durch den Direktor. „Ich bin der Retter einer Frau“, sagt die Erinnerung. Und viele seiner Filme.

Mit diesem Motiv hatte sich auch Freud schon praktisch und theoretisch zu befassen gehabt. Männliche Patienten, die ein Bordell besucht hatten, berichteten von ihrer Phantasie, das Objekt ihrer Begierde aus dem Sumpf der Halbwelt erretten zu wollen. Notfalls qua Heirat. Die Triebtheorie machte die Ableitung leicht. Dieser Wunsch war eine Überarbeitung des noch früheren, die Mutter der sexuellen Verfügung des Vaters zu entreißen, um sie selber zu besitzen.

Ob Charlie jemals ein Bordell frequentiert hat, entzieht sich meiner Kenntnis. Seine eingangs zitierte Erinnerung lässt es jedoch durchaus zu, auch sexuelle Implikationen zu phantasieren. Der Mutter bricht die Stimme (und wann bricht uns schon die Stimme!), erregt läuft sie auf den kleinen Jungen zu, Männer grölen. Vielleicht mischt sich in die Erinnerung eine noch frühere hinein. Chaplins Vater war Alkoholiker. Es ist ja durchaus denkbar, dass es nicht nur eine Situation zwischen den Eltern gegeben hat, in der sich Sexualität und Gewalt mischten, in der die Mutter Charlies Vater floh. Das hätte sich aber alles im ersten Lebensjahr Chaplins abspielen müssen. Da verließ sein Vater die Familie. Und ob Charlie sich damals schon mit Retterphantasien trug? Ich wage es zu bezweifeln. Trotzdem ist das Ganze ja als spätere Phantasie nicht auszuschließen. Die Mutter kann Liebhaber gehabt haben, mit denen Vergleichbares passiert ist.

Aber was nützt es, eine Erinnerung mit einer andern zu erklären, die ein gleiches Thema hat? Oder, auf den Erinnernden bezogen: Warum wiederholt jemand Muster, die in den frühen Erinnerungen stecken, ein Leben lang? In Freuds Denken war es die energetische Fixierung auf einen ungestillten Triebwunsch, die er durch die Analyse – Schritt für Schritt rückwärts – auflösen wollte.

In Adlers Denken waren solche Muster „erfolgreiche" Wege der Wertschöpfung. Im Fall Chaplins eine ständige Ermutigung zur Selbständigkeit und eine enorme Ermutigung zur schöpferischen Arbeit. Charlie hält die Szene fest (oder erfindet sie) als Stimulanz für seine Wertsteigerung. Dass ihn die Erinnerung besser und beliebter als die Mutter darstellt und ihn schützend vor sie stellt, mag in seinen Beziehungen zu Frauen der Stolperstein geworden sein. Die Erinnerung zeigt, wie ihm über seinen Erfolg Verantwortung (für die Mutter) zufließt, was impliziert, dass ihm Geborgenheit versagt ist. Und die hat ihm gefehlt.

Darüber hinaus: Wie tief sich die völlig überraschende, zumindest passagere Überwindung extremer, materieller Not in das Seelenleben eingraben kann, wird wahrscheinlich nur jemand verstehen, der Armut kennt.

Naivität und Aggression

Der Retterphantasie entgegen steht „Monsieur Verdoux". Hier bringt Chaplin die Frauen gleich reihenweise um. Im Untertitel heißt der Film zu allem Überfluss auch noch: „A comedy of murder". Wie ist das zu verstehen? Die kleine Szene aus der Kindheit kann helfen. In Aldershot hat Charlie seine Mutter zwar vor einem möglichen Regress durch den Direktors bewahrt, sie im Verein mit dem Publikum aber „in aller Unschuld", symbolisch und auf komische Weise gleichzeitig „umgebracht". Er wirft, sie parodierend, die schon Beschämte den grölenden Männern noch einmal zum Fraße vor. In aller Unschuld? Vielleicht. In Sigmund Freud sogar hat er in dieser Hinsicht einen großen Anwalt. Der zählt in seiner Schrift „Der Witz und seine Beziehung zum Unbewussten“ (Freud 1905) die Naivität der Kinder zu den großen Quellen des Komischen. Und Charlie war fünf Jahre alt, als diese Szene sich ereignet. Das Kind – wird suggeriert – versteht die Tragweite des Versagens der Mutter eben so wenig, wie die eigene Aggression. Und trotzdem: Was Charlie tut, ist entwertend. Mörder und Retter in einem!

Kindliche Naivität – Wert oder Abwehr? Analytisch wissen wir, dass sie beides sein kann. Sie gehört jedenfalls zu Chaplins Markenzeichen. Sie liegt wie ein großer, menschlicher Appell über all seinen Filmen. Sie macht es leicht, auch für seinen Mörder „Verdoux“ Verständnis entwickeln zu wollen. Und sie geht ans Herz, wenn er in „Der große Diktator“ seinen Friedensappell an die Welt richtet. Er beschwört das Lukas-Evangelium und die weltweite Brüderlichkeit; die Soldaten ruft er zur Rebellion gegen die eigenen Generäle auf; und an seine Protagonistin, die Jüdin Hannah, wendet er sich am Schluss mit den Sätzen: „Die Seele des Menschen hat Flügel bekommen, und nun endlich beginnt er zu fliegen! Er fliegt in den Regenbogen, in das Licht der Hoffnung. Blicke empor Hannah, blicke empor“ (Chaplin 1977, S. 374)! Nur kurz davor hatte eben diese Hannah einigen SS-Leuten mit der Bratpfanne auf den Kopf geschlagen, ohne von ihnen in Stücke gerissen zu werden. Adorno fand diese Art Naivität mehr als fragwürdig. Frevel gar, sieht er in ihr. (Hembus 1987, S. 121f) Zu jener Zeit tobt in Europa schon der Massenmord an den Juden.

Epilog

Ich möchte es bei diesen Fäden, die ich von Chaplins Erinnerung in sein Leben hinaus gesponnen habe, bewenden lassen. In der Hoffnung, dass zumindest in Ansätzen deutlich geworden ist, warum Adler die Meinung vertreten hätte, dass Chaplins Leben nicht so verlaufen ist, wie es verlaufen ist, weil er dieses Erlebnis in der Kindheit hatte. Sondern: Der über siebzigjährige Chaplin erinnert oder konstruiert eine Szene, die für sein Leben so etwas ist, wie viele Ouvertüren für eine Oper. In solchen Ouvertüren lässt der Komponist musikalische Motive anklingen, die er dann im Verlauf der Oper zu Melodien ausarbeitet. Genauso enthält Chaplins Kindheitserinnerung Lebensmotive (bei Adler: Wertsetzungen), die er später in ungezählten Situationen zur Melodie seines Lebens entfaltet. So sieht es jedenfalls aus, wenn man es vom Anfang her betrachtet.

Chaplin schaut vom Ende her. Mit einem Mal scheinen all diese Lebensmotive überlagert von etwas Anderem. Vielleicht ist es die Erfahrung, Wert zu sein und nicht Wert zu haben. Ein Unterschied, der ums Ganze geht. Als Chaplin sich an die Niederschrift seiner Biographie machte, scheint sich die Unruhe seines Herzens gelegt zu haben, seine Ängste, sein angespannter Ehrgeiz sind überflüssig geworden. Chaplin hat erreicht, was er ersehnt und angestrebt hat. Das Meer des Daseins, könnte man sagen, ist vor seinem inneren Auge still geworden. Er beendet das Buch mit einer emphatischen Liebeserklärung an seine junge Frau Oana und – es ist nicht zu überhören – an das Leben selbst. Glück, Wertschätzung, Dankbarkeit und eine meditative Ruhe sprechen aus den letzten Zeilen seines Lebensberichtes. Chaplin scheint angekommen. Wie ein mildes Licht liegt diese Stimmung des Angekommen-Seins, der Dankbarkeit und Wertschätzung über all den Geschichten, die Chaplins Leben ausmachen. Und so umspielt es auch den kleinen Lebenskünstler, der sich im Jahre 1894, in London, auf einer schmierigen Bühne einer Kantine in Aldershot auf den Weg macht, auf komische Weise sein Glück zu erobern.

Ähnlich, wie ich es hier beschrieben habe, gehen wir auch im psychoanalytischen Prozess vor. Das Heilende an der Interpretation einer Kindheitserinnerung ist so auch nicht die Erkenntnis einer historischen Wahrheit, allenfalls einer Wahrheit, die sich dem Patienten heute so darstellt. Vor aller Wahrheit ist die Erinnerung im psychoanalytischen Denken jetzt psychisches Material, das Wertsetzungen, Konflikte und noch vieles Anderes enthält. Wertsetzungen und Konflikte sind die Zugänge zum Seelenleben des Menschen, die Adler und Freud gewählt haben. Und die psychoanalytische Erfahrung lehrt, dass sie wichtig sind. Wenn wir Konflikte und Werterfahrungen an den verschiedensten Stationen der Lebensgeschichte aufspüren, erfolgt eine Art Verifizierung unserer Interpretation durch den Patienten: Ja, das sind meine Konflikte, so erlebe ich Wert in meinem Leben. Er (der Patient) fühlt sich verstanden und angenommen.

Selbstverständlich geschieht das durch die intellektuelle Leistung des Psychoanalytikers. Aber keine Interpretation besäße je heilende Kraft, wenn sie nicht von grundsätzlicher Wertschätzung getragen wäre. Wenn die gegeben ist, wagt der Patient seine Art Wert zu erleben oder seine Konflikte bis hinein in die analytische Beziehung nachzuvollziehen. Die Feuerprobe ist deren Bearbeitung in der Beziehung zum Psychoanalytiker. Hier sollte der Patient das machen, was wir eine korrigierende, emotionale Erfahrung nennen. Die kann schmerzhaft oder befreiend, lustvoll oder traurig sein. Dadurch weitet sich jedenfalls der Erlebnis- und Werthorizont des Patienten. Erinnerungen wandeln sich, neue werden dem Bewusstsein zugänglich. Es ist ein neuer Blick auf die Vergangenheit, der sich im psychoanalytischen Prozess einstellt. Aber nicht nur das: Die gesamte Wahrnehmung verändert sich. Bei manchen wird sie – im Gegensatz zur fiktionsproduzierenden aktiven Wahrnehmung – passiver. Allein dadurch strömen ihr Reize zu, die sie vorher nicht hat erfassen können. Bei anderen wird sie aktiver.

In glücklichen Momenten erfahren unsere Patienten in der Begegnung mit uns ihr Wert-Sein mit einer ungeheuren Intensität. Solche Momente werden in der theoretischen Debatte heute als „now-moment" – erlebte Gegenwart – bezeichnet. Sie werden durch die Arbeit an den Erinnerungen, Träumen oder Phantasien allenfalls vorbereitet. Sie passieren ungewollt und gehen weit über den gesteuerten Erkenntnisprozess hinaus. Vielleicht bekommt ein solcher Moment dadurch etwas wundersames, einen Beigeschmack von Ehrfurcht und einer wohltuenden Angst. Vielleicht von Scheu und dem Gefühl, sich mit der Erfahrung an etwas Großes auszuliefern. Es entsteht das Gefühl einer umfassende Verbundenheit. Denken Sie noch einmal (um das nachvollziehen zu können) an die eigenen Liebeserfahrungen, gelungenen Sex oder auch an ästhetische Erfahrungen, die den now-moments zumindest ähnlich sind. Konflikte und Polarisierungen erscheinen als aufgelöst. In solchen Augenblicken akzeptieren wir die Welt so, wie sie ist.

Solche Ereignisse können nicht erzwungen werden. Sie brauchen einen Menschen, der wohlwollend und mit Interesse über viele Stunden zuhört, lauscht. Schon das ist eine Kunst. Sie braucht, wie Theodor Reik einmal gesagt hat, ein drittes Ohr. Und wenn das geöffnet ist, ereignen sich manchmal und sehr plötzlich höchst intensive Werterfahrungen. Sie können die therapeutische Beziehung bis an ihr Ende tragen und überleben sie in der Regel sogar: Sie sind das zutiefst Heilende in jeder Psychotherapie.

Literatur

Adler, Alfred (1913d): Aus den individualpsychologischen Ergebnissen bezüglich Schlafstörungen. In: Praxis und Theorie der Individualpsychologie (178-188). Frankfurt: Fischer 1974.

Adler, Alfred (1912a): Über den nervösen Charakter. Frankfurt: Fischer 1972.

Adler, Alfred (1930a): Kindererziehung. Frankfurt: Fischer 1976.

Adler, Alfred (1933b): Der Sinn des Lebens. Frankfurt: Fischer 1974.
Ansbacher, Heinz L.und Rowena R. (1972): Alfred Adlers Individualpsychologie. Eine systematische Darstellung seiner Lehre in Auszügen aus seinen Schriften. München/Basel: Reinhardt 1975.
Buch, Alois Joh. (1982): Wert, Wertbewusststein, Wertgeltung. Grundlagen und Grundprobleme der Ethik Nicolai Hartmanns. Bonn: Bouvier.
Chaplin, Charles Spencer (1977): Die Geschichten meines Lebens. Frankfurt/Main: Fischer.
Dahmer, Helmut (1973): Libido und Gesellschaft; Studien über Freud und die Freud'sche Linke. Frankfurt/Main: Suhrkamp.
Drexler, Hans (1978): Begegnungen mit der Wertethik. Göttingen: Vandenhoeck & Ruprecht.
Freud, Sigmund (1895): Aus den Anfangen der Psychoanalyse. Briefe an Wilhelm Fließ. Frankfurt/Main: Fischer 1962.
Freud, Sigmund (1895): Der psychische Mechanismus hysterischer Phänomene. GW I, 81-99. Frankfurt/Main: Fischer 1977.
Freud, Sigmund (1904): Zur Psychopathologie des Alltagslebens. GW IV. Frankfurt/Main: Fischer 1978.
Freud, Sigmund (1905): Der Witz und seine Beziehung zum Unbewussten. GW VI. Frankfurt/Main: Fischer 1973.
Freud, Sigmund (1915): Das Unbewusste. GW X, 263-305. Frankfurt/-Main: Fischer 1981.
Gabel, Michael (1991): Intentionalität des Geistes. Leipzig: Benno.
Habermas, Jürgen (1968): Erkenntnis und Interesse. Frankfurt/Main: Suhrkamp.
Hartmann, Nicolai (1926): Ethik. Berlin, Leipzig: De Gruyter 1962.
Hauskeller, Michael (1999): Auf der Suche nach dem Guten. Zug/ Schweiz: Die Graue Edition.
Hembus, Joe (1987): Charlie Chaplin. Seine Filme – sein Leben. München: Heyne.
Kraus, Oskar (1937): Die Werttheorien. Geschichte und Kritik. Brünn, Wien, Leipzig: Rohrer.
Maslow, Abraham (1968): Psychologie des Seins. Ein Entwurf. München: Kindler 1973.
Pfafferott, Gerhard (Hg.) (1997): Vom Umsturz der Werte in der modernen Gesellschaft. Bonn: Bouvier.
Safranski, Rüdiger (1994): Ein Meister aus Deutschland. Heidegger und seine Zeit. München, Wien: Hanser.

Schmitz, Hermann (2002): Begriffene Erfahrung. Beiträge zur antireduktionistischen Phänomenologie. Freiburg: Alber.
Vaihinger, Hans (1911): Die Philosophie des Als-Ob. Berlin: Reuther & Reichard.
Wurmser, Leon (1989): Die zerbrochene Wirklichkeit. Psychoanalyse als das Studium von Konflikt und Komplementarität. Berlin, Heidelberg: Springer.

Die Bedeutung von Geschwistern in der Psychotherapie[1]

Ulrike Lehmkuhl und Gerd Lehmkuhl

Die Geschwisterbeziehung ist die längste in unserem Leben. Geschwistergruppen sind wie Elternpaare: unauflösbar, sie gelten ein Leben lang, auch wenn räumliche Trennungen eintreten.

In den letzten Jahrzehnten nahm die Zahl der Einzelkinder zu, das heißt, Geschwister haben ist nicht mehr selbstverständlich, wie in den früheren Generationen. Aus der Scheidungsforschung ist bekannt, dass Geschwister oft die letzten Garanten für Zusammengehörigkeit und Zuständigkeit sind, wenn das Erschrecken über Trennungen, Lieblosigkeit und Kälte in den menschlichen Beziehungen groß wird. In Not- und Krisensituationen und bei Lebensübergängen erfolgt ein Rückgriff auf das Verwandte, auf Vertrautheit, die in die frühe Kindheit zurückweist (Ley 1998).

Psychoanalytisch gesehen werden im (früh-)kindlichen Zusammensein Wesenszüge und Anteile der Geschwister in die eigene Person integriert und zu guten und weniger guten inneren Objekten umgebaut. Wir alle haben – ob wir es wahrnehmen oder nicht – Anteile unserer Geschwister in uns und wichtige Prägungen unseres Umgangs mit Freundschaften, mit Kollegen und Kolleginnen, auch die Partnerwahl –sind entscheidend beeinflusst von geschwisterlichen Beziehungen. Erst spät wandte sich der Blick von der Eltern-Kind-Achse, von der vertikalen auf die horizontale der Geschwister und Gleichaltrigen. Ein kaum beachteter Beziehungsraum, der in der Psychotherapie wenig genutzt wird, obwohl wir heute wissen, in welchem Ausmaß Geschwisterbeziehungen spätere erwachsene Beziehungen mit gestalten. Das Geschwisterthema steht im Schatten der Eltern-Kind-Beziehungen. Die spärliche Thematisierung in der Literatur gibt den Anschein, Geschwisterbeziehungen seien kein wichtiges Thema und wenn es behandelt wird, dann erfolgt es meistens stereotyp unter dem Aspekt der Geschwisterrivalität. Nach Einschätzung von Katharina Ley (1998) fehlen die Betonung des Verbindenden, Liebevollen, Begehrlichen unter den Geschwistern auf ihrer generationellen Horizontale, die ihrerseits wiederum vertikal geschichtet ist.

---

[1] Beitrag erscheint gleichzeitig in: Ulrike Lehmkuhl (Hg.) (2006): Instanzen im Schatten. Väter, Geschwister, bedeutsame Andere. Göttingen: Vandenhoeck & Ruprecht.

Frühere individualpsychologische Konzepte

Alfred Adler und seine Schüler gingen schon Anfang des 20. Jahrhunderts von der Annahme aus, dass die Stellung des einzelnen Kindes innerhalb der Geschwisterreihe mit dazu beiträgt, bestimmte Charakterzüge oder Lebensstile zu entwickeln. Hoanzl (1997) relativiert fast 100 Jahre später die Bedeutung dieser ersten Typologie: allein der Altersabstand und weitere Mitglieder in der (Groß-)Familie können das typische der jeweiligen Geschwisterposition aufheben.

Adler maß der Familienkonstellation für die Persönlichkeitsentwicklung und für die Psychodynamik eine wichtige Rolle zu. Er hielt ihren charakterbildenden Einfluss für so stark und nachhaltig, dass der geübte Psychologe auch am erwachsenen Menschen ohne große Mühe erraten könne, ob er ein einziges Kind, einen älteren Bruder, eine jüngere Schwester usw. vor sich habe (Gina Kaus 1926). Auch wenn Adler und seine Schüler eine Typologie des ältesten, jüngsten und mittleren Kindes aufstellten, kommt der Stellung in der Geschwisterreihe keine deterministische Bedeutung zu. Kurt Seelmann formulierte in der 1929 erschienenen Monografie „Das jüngste und älteste Kind", dass ein Mensch nicht von Anbeginn seines Lebens einer Begabung oder dem Schicksal ausgeliefert sei und seine ganze Entwicklung vom „Mitgebrachten" abhänge. Martha Holub (1929) folgert ausgehend von Therapieerfahrungen, dass die Charaktereigentümlichkeiten und das Verhalten zu den Geschwistern aus der Position in der Familie und in der Geschwisterreihe zu verstehen sei. Bereits 1918 äußerte Adler den Verdacht, dass bedeutsame Ereignisse der frühen Kindheit die neurotischen Dispositionen verstärken: „Man wird einem Menschen, dessen Kindheit unter Lieblosigkeit verlaufen ist, oft bis ins späteste Alter anmerken, dass er liebeleer geblieben ist" (1918d, S. 308). Die Frage, wie sich frühkindliche Umweltfaktoren und Belastungen auf die psychische Struktur auswirken, rückte für Adler ins Zentrum. Zu den möglichen Komplikationen gehört nach seiner Einschätzung auch die Geschwisterkonstellation: „So besteht ein grundlegender Unterschied in der seelischen Entwicklung eines Erstgeborenen gegenüber dem Zweitgeborenen oder den letzten Kindern. Auch die Eigenart von einzigen Kindern ist leicht festzustellen. Seelisch macht es sich oft sehr geltend, wenn in einer Familie nur Knaben oder nur Mädchen oder ein Knabe unter lauter Mädchen oder ein Mädchen unter lauter Knaben aufwächst. Dies sind die gegebenen Realien und Positionen, aus denen sich die Haltung der Kindheit herleitet" (ebd., S. 309).

Die Familienkonstellation als Faktor der seelischen Entwicklung nimmt in Wexbergs „Individualpsychologie“ (1928) ein eigenes Kapitel ein. Als der wesentliche Ausgangspunkt wird die Beziehung zwischen Mutter und Kind betrachtet. Trotz einer gewissen Typologie weist Wexberg immer wieder darauf hin, „dass wir mit Absicht extreme Fälle schildern und dass es nicht gelingen kann, die unendliche Mannigfaltigkeit des Lebens in Typen einzufangen“ (S. 142). Er beschreibt dann die Situation des „einzigen Kindes“, das allein in Mitten einer Umgebung von Erwachsenen sich seiner Hilflosigkeit umso stärker bewusst wäre, je mehr es von den Eltern unterstützt würde, als es seinem Alter entspräche. Im Folgenden werden die verschiedenen Geschwisterpositionen des ältesten, jüngsten und mittleren Kindes mit ihren jeweils besonderen psychischen Entwicklungssituationen geschildert. Generell – stellt Wexberg fest – sollte die Beziehung der Kinder untereinander nicht unterschätzt werden: „Mit der herkömmlichen, schulfibelmäßigen Auffassung von der innigen Liebe der Geschwister untereinander ist natürlich gar nichts gewonnen. Dass Geschwister einander lieben, ist gewissermaßen das Selbstverständliche, wenig Interessante, aus dem sich psychologisch keine besonderen Konsequenzen ergeben. Viel wichtiger ist die Frage, ob und inwieweit sie einander nicht lieben und dann hassen, aufeinander eifersüchtig, neidisch sind, miteinander konkurrieren, sei es in den Leistungen, sei es in der Liebe der Eltern. Die gegenseitigen Abhängigkeits-, Über- und Unterordnungsverhältnisse, die durchaus nicht nur durch das Alter bestimmt sind, können das Schicksal der einzelnen Geschwister entscheidend beeinflussen“ (S. 149).

Forer (1977) sowie Forer und Still (1979) sprechen von so genannten Grundmustern: die Geschwisterkonstellation stellt nur einen von vielen Umweltfaktoren dar, die für die Entwicklung und Erhaltung von Lebensräumen wichtig sind. Aus einer geburtsbedingten Position lassen sich nicht mit Sicherheit bestimmte Verarbeitungsmodi und Verhaltensweisen ableiten. Es geht aber darum, die spätere individuelle Anpassung, ausgehend von den Kindheitsbeziehungen, zu verstehen und nachzuvollziehen, wie Organisation und Einstellungen in der Familie die späteren Beziehungsmuster beeinflussen.

Die durch den Zweiten Weltkrieg unterbrochene Tradition der Individualpsychologie in Deutschland konnte in den USA durch Adlers Schüler Rudolf Dreikurs fortgeführt werden. Die Betonung lag auf kognitiven und pädagogischen Schwerpunkten und der Vernachlässigung tiefenpsychologischer Aspekte. Die von Dreikurs gemeinsam mit Gray, Soltz und Blumenthal (1964, 1973) sehr populär verfassten Erziehungsratgeber brachten in den 60er und 70er Jahren individualpsychologische Gedanken einem breiten Leserkreis wieder nahe. Die individuelle Verschiedenheit wird nach Dreikurs (1969) durch die entscheidende Funktion der Konkurrenz, die zwischen den Geschwistern besteht, erklärt: „Man kann im Allgemeinen sagen, dass die Entwicklung eines jeden Kindes in der Familie am stärksten durch dasjenige Familienmitglied beeinflusst wird, das von ihm am verschiedensten ist. Die Verschiedenheit der Kinder ist ein Ausdruck des Wettkampfes, der, wie gesagt, zwischen dem ersten und zweiten Kind einer Familie am stärksten ist. Die beiden beobachten sich ganz genau; wo der eine Erfolg hat, wird der andere aufgeben und wo der andere seine Schwäche zeigt, wird der eine Erfolg suchen“ (Dreikurs 1969, 1971, S. 87).

Individuelle Entwicklung wird auf einen Wettkampf um Anerkennung und Erfolg reduziert, intrapsychische Prozesse verlieren dabei an Bedeutung. Für Dreikurs lernt das Kind, dass bestimmte Handlungen wiederum bestimmte Handlungen der Eltern hervorrufen. Wenn es ältere Kinder in der Familie gibt, lernen die jüngeren, sich mit ihnen zu vergleichen und zu entscheiden, wer mehr Zuneigung durch die Eltern erfährt, d.h. die von Adler und Wexberg (Wexberg 1931) vor allem für die innere Struktur wirksamen sozialen Faktoren entsprechen bei Dreikurs einem kognitiven Verstärker und Konditionierungseffekt.

Neuere individualpsychologische Arbeiten versuchten nur ansatzweise, die Bedeutung der Geschwisterkonstellation wieder aufzugreifen und das Konzept weiter zu entwickeln, bzw. es mit den Ergebnissen aktueller entwicklungspsychologischer Arbeiten in Beziehung zu bringen.

Auffallend ist, dass die frühen Individualpsychologen und die nachfolgende Schülergeneration Adlers die Stellung in der Geschwisterreihe vorwiegend unter einem pathogenen Aspekt betrachteten: es ging vorwiegend um Rivalität, Entthronung, Status, Unsicherheit und Macht.

Andererseits stellte Wexberg fest, dass es keine Position gebe, die für das Kind „zwangsläufig die ungünstigste Entwicklung nach sich ziehen müsste. Mit jeder aus der Familienkonstellation erwachsenen Schwierigkeit kann das Kind unter ansonsten glücklichen Umständen fertig werden, an jeder kann es scheitern“ (1928, S. 154).

Empirische Untersuchungsergebnisse

Trotz offenkundiger Bedeutung sind Geschwisterbeziehungen bis heute nicht sehr häufig Gegenstand empirischer Untersuchungen gewesen. In der Entwicklungspsychologie und in der Familienforschung gibt es seit etwa zwei Dekaden Untersuchungen zu Geschwisterbeziehungen; die Gesamtzahl der Studien an Geschwistern ist recht gering. Die umfangreichste Monographie zum Thema stammt von Ernst und Angst (1983). Sie konnten zusammenfassend schlussfolgern, dass der Familienkonstellation kein bedeutsamer Einfluss auf die Persönlichkeitsentwicklung zukommt, dagegen andere Faktoren, wie eine unvollständige Familie und ein unfreundlicher Erziehungsstil, ein weitaus größeres Gewicht haben.

In den neueren Forschungsansätzen wird die Geschwisterposition nicht im Sinne einer statischen Größe gesehen, sondern Geschwister-sein oder ein Geschwister-haben wird als ein dynamischer Prozessfaktor innerhalb eines Geflechtes inner- und außerfamiliärer Beziehungen betrachtet. Zum Beispiel werden typische Interaktionsmuster und deren altersbedingte Veränderungen untersucht. Werden den Kindern Strukturmerkmale vermittelt über Unterschiede im elterlichen Verhalten oder in der Interaktion? Bereits 1985 haben Furman und Buhrmester wichtige Determinanten der Geschwisterbeziehung zusammengestellt. Es handelt sich um Merkmale der Familie, der Kinder sowie der Eltern-Kind-Beziehung und der Geschwisterbeziehung. Als Familienmerkmale werden unter anderem die Familiengröße und –zusammensetzung angegeben. Weitere Merkmale bilden Alter, Geschlecht und Position der Geschwister. Als Charakteristika der einzelnen Kinder werden unter anderem genannt: Temperament, Alter, Geschlecht, aber auch kognitive Fähigkeiten, Sozialverhalten und andere Persönlichkeitsdimensionen. Die Geschwisterbeziehungen beschreiben die Autoren mit den Kategorien: Wärme/Nähe, relative Macht/Status, Konflikthaftigkeit und Rivalität. Berücksichtigt werden in dem Modell von Furman und Buhrmester (1985) Merkmale der Familie der Kinder und der Eltern-Kind-Beziehungen, die auf die Geschwister-Beziehung einwirken, wie auch Effekte, die von der Geschwisterbeziehung auf das familiäre System bzw. den Einzelnen Einfluss nehmen und als so genannte indirekte oder Zweiter-Klasse-Effekte wieder auf die Geschwisterbeziehung wirken.

Geschwisterbeziehungen verändern sich mit der individuellen Entwicklung. Sie sind bis ins hohe Lebensalter von Bedeutung (Cicirelli 1985) und zeigen

Veränderungen in ihrer Qualität. Papastefanou (1992) hält in diesem Zusammenhang fest: „Die ersten Jahre nach der Geburt eines zweiten Kindes lassen eine besonders dynamische Entwicklung erkennen. Die Anfangszeit stellt große Anforderungen an das ältere Kind, die es in vielen Fällen mit der Ausbildung problematischer Verhaltensmuster antworten lassen. Im Normalfall kommt es aber im weitern Verlauf zu einer gewissen Stabilisierung, wobei sich positive und negative Qualitäten im Verhalten der Geschwister zueinander langfristig die Waage halten" (Papastefanou 1992, S. 156).

In den folgenden Jahren kommt es nach Kasten (1993) „zu keinen wesentlichen neuen Vorgängen im Bereich der Geschwisterinteraktion". Geschwisterbeziehungen spielen nach dem bisherigen Forschungsstand auch eine wesentliche Rolle für die individuelle Entwicklung (Dunn 1984). Diskutiert werden längerfristige Effekte in den Bereichen Kognition, Sozialverhalten und Persönlichkeitseigenschaften. Insgesamt finden sich eher allgemein gehaltene, globale Aussagen. Dass es so wenig differenzierte und spezifische Forschungsergebnisse gibt, mag auch daran liegen, „dass Geschwister weitaus mehr Unterschiede als Ähnlichkeiten aufweisen, sowohl im kognitiven als auch im Persönlichkeitsbereich. Neuerdings werden die Ursachen dieser Unterschiedlichkeit zunehmend in innerfamilialen Bedingungen gesehen, die von einzelnen Kindern einer Familie unterschiedlich erlebt und verarbeitet werden. Die Bedeutung struktureller Aspekte wie der Geschwisterposition als klassischem Bedingungsfaktor hat sich gegenüber Prozessmerkmalen des elterlichen Verhaltens und der Mutter-Kind-Beziehung erheblich relativiert" (Papastefanou 1992, S. 163).

Es muss berücksichtigt werden, dass Eltern – entgegen ihrer Überzeugung – ihre Kinder ungleich behandeln. Es gibt Unterschiede in der aktiven Aneignung objektiv gleicher Umweltgegebenheiten; Geschwister werden mit verschiedenen Umwelten konfrontiert. Es ist ein Unterschied, ob ein Kind bereits in eine Familie geboren wird, oder ob es das erste Kind einer Familie ist.

Psychodynamische Aspekte der Geschwisterbeziehungen

In der tiefenpsychologisch orientierten Literatur gibt es weder eine einheitliche Theorie der Entwicklung von Geschwisterbeziehungen, noch eine allgemein anerkannte Einteilung verschiedener Arten von Geschwisterbeziehungen.

Adams (1982) unterscheidet drei verschiedene Formen der Geschwisterbeziehung:

- Die intensive Geschwisterliebe („Hänsel und Gretel-Phänomen"), die nur unter ganz bestimmten familiären Konstellationen, wie emotionaler/tatsächlicher Abwesenheit der Eltern entsteht.
- Die Geschwisterrivalität, die konstruktiv oder destruktiv sein kann, in der Regel im Erwachsenenalter nachlässt, jedoch bis ins hohe Erwachsenenalter fortbestehen kann.
- Die Geschwistersolidarität: es ist ein Gefühl von Nähe gemeint, das auf gegenseitigem Vertrauen, Verstehen und Helfen beruht.

Bei Parens (1988) findet sich eine Zusammenstellung verschiedener Funktionen von Geschwisterbeziehungen. Er beschreibt Geschwister als

- Objekte libidinöser Beziehungen
- erotische Objekte (Verschiebung inzestuöser Beziehungen auf Eltern, was bei Stiefgeschwistern nicht ungewöhnlich ist - Babyersatz (Mädchen in der ödipalen Entwicklungsphase)
- Rivalen (spontaner Neid/Eifersucht als Ausgangspunkt)
- Objekte der Verschiebung von Feindseligkeit und Aggression (Verschiebung aggressiver Impulse auf weniger gefährliche Objekte, wie sie jüngere und schwächere Geschwister darstellen, als wichtiger Abwehrmechanismus)
- instrumentalisierte Hilfen (ältere Geschwister werden von jüngeren eingesetzt, um etwas zu erreichen, was sie selbst nicht können
- Helfer bei der Bewältigung von Sozialisationsschritten.

Lange Zeit dominierten in der psychologischen Forschung über Geschwisterbeziehungen Untersuchungen der Auswirkungen der Geschwisterfolge, ausgelöst durch Adlers These (1927a), von der „Entthronung" des Erstgeborenen als Trauma und Ursache für die Geschwisterrivalität. Auch die empirische Psychologie hat sich mit der Rivalität zwischen Geschwistern beschäftigt. Es wurden überwiegend „hard facts" wie Alter, Altersabstand und Geschlecht der Geschwister untersucht. Eine psychodynamische Perspektive fehlt weitgehend, und Längsschnittuntersuchungen, die den Einfluss der Geschwister auf das Familiensystem analysieren, sind selten.

Kreppner (1990) hat die Veränderungen, die sich durch die Geburt des ersten und zweiten Kindes im Familiensystem ergeben, genauer untersucht und gefunden, dass es etwa zwei Jahre dauert, bis das zweite Kind integriert ist und sich ein Subsystem der Eltern und Kinder gebildet hat. Er hat die Ankunft des zweiten Geschwisters längsschnittlich untersucht und festgestellt: Unmittelbar nach der Geburt des zweiten Kindes ist die Mutter sehr stark mit dem Baby beschäftigt und hat „kaum Augen" für ihr Erstgeborenes. Das so „frei gestellte" Kind wendet sich dem Vater zu, ja klammert sich regelrecht an diesen. Etwa ein Jahr nach der Ankunft des zweiten Kindes ist die Aufmerksamkeitsverteilung der Mutter wieder ausgeglichen, sie beachtet beide Kinder etwa gleich. Im zweiten Jahr nach der Ankunft des zweiten Kindes schließlich finden wir eine Differenzierung in die Subsysteme „Eltern" und „Kinder".

Geschwisterbeziehungen sind komplex, weil sie sowohl durch vertikale Beziehungen zu beiden Eltern als auch durch horizontale Beziehungen zueinander gestaltet sind. Diese horizontale Perspektive stand bislang ganz im Schatten der vertikalen Beziehungen. Geschwister müssen in ihrem Verhältnis zueinander zu einer Balance von Verbundenheit und Individuation finden (Seiffge-Krenke 2001). Die Qualität von Geschwisterbeziehungen unterliegt über die Lebensspanne einem Wandel. Aus den Untersuchungen von Pulakos (1989) ist bekannt, dass im Jugendalter auch eine Ablösung von den Geschwistern erfolgt. Seiffge-Krenke konnte nachweisen, dass dies gesunden Jugendlichen sehr gut gelingt, während chronisch kranke Jugendliche sehr eng mit ihren Geschwistern verbunden bleiben (2000). Ab dem jungen Erwachsenenalter kommt es wieder zu einer stärkeren Annäherung (Bedford 1993). Im hohen Erwachsenenalter können sich Geschwisterbeziehungen wieder sehr intensivieren, und auch wieder charakteristische Qualitäten und Funktionen annehmen. Ursache für diese Entwicklung ist häufig die Tatsache, dass andere Interaktionspartner inzwischen verstorben sind.

Wellendorf (1995) wies darauf hin, dass geduldige und genaue klinische Beobachtungen und theoretische Untersuchungen noch fehlen, um der Vielfalt von Geschwisterbeziehungen einigermaßen gerecht zu werden. Er vermutet intensive Ängste, wenn verständlich sein soll, warum die Geschwisterbeziehung in der Psychoanalyse so hartnäckig mit einem Tabu belegt bleibt. Im Gegensatz zur Eltern-Kind-Beziehung handelt es sich bei der Geschwisterbeziehung um Angehörige derselben Generation. Es gibt Altersunterschiede zwischen Geschwistern, aber keinen Generationsunterschied. Dieser ist prinzipiell und qualitativ, der Altersunterschied kann von großer Bedeutung sein bei der Bevorzugung oder Benachteiligung durch die Eltern, für Vergleiche des Aussehens, der Begabungen, der Erfolge oder der Gesundheit. Sie bleiben ein Mehr oder Weniger.

Geschwister sind für materielles und psychisches Überleben nicht so voneinander abhängig, wie sie es – jedes für sich – von den Eltern sind. Das Prinzip der Geschwisterbeziehung ist die Reihung. Anders als die Triade ist die Reihe offen. Es kann mehr oder weniger Elemente in jeder Reihe geben. Die Geschwister sind nicht notwendig; sie sind existentiell überflüssig. Man würde auch ohne sie existieren und eine vollständige psychische und soziale Entwicklung haben können. Das heißt aber auch: auch ich kann in der Reihe fehlen!

Geschwister stehen sich im Alter und der psychosozialen Entwicklungsstufe nach näher. Ihre Entwicklungsphasen überlappen sich mehr oder weniger. Geschwister bieten greifbare Identifikationsmodelle – und zwar sowohl für progressive als auch für regressive Identifikationen. Sie sind füreinander ein wichtiger Spiegel, oft eine Art Doppelgänger. So scheinen sich Geschwister oft schneller und treffsicherer zu verstehen als Erwachsene Kinder verstehen können (und umgekehrt).

Wellendorf (1995) weist daraufhin, dass Geschwister sich gegenseitig bei der Bewältigung von Entwicklungsaufgaben und Krisen unterstützen können. Sie bieten eine Chance zur Abgrenzung vom Primärobjekt und eröffnen einen psychosozialen Raum jenseits der ödipalen Triade. „In diesem geschwisterlichen Raum können sie einen Zugang zu Liebe und Hass finden, der weniger unter dem Zeichen existenzieller Abhängigkeit steht, und damit eine bedeutende Erweiterung ihres Ichs ermöglicht" (Wellendorf 1995, S. 304). Geschwister haben eine Brückenfunktion.

Was ist nun das spezifisch Bedrohliche an der Geschwisterbeziehung? Die Existenz von Geschwistern wirft beunruhigende und schmerzhafte Fragen hinsichtlich der eigenen Beziehungen zu den Eltern auf. Neid und Eifersucht spielen unter Geschwistern eine große Rolle. Die Existenz von Geschwistern ist sichtbarer Beweis, dass die Eltern noch andere Bedürfnisse und Wünsche haben. Geschwister sind leibhaftige Belege, dass es die Urszene tatsächlich gibt.

Die Existenz von Geschwistern ist nicht nur beunruhigend und bedrohlich, weil sie die psychosoziale Balance der Vater-Mutter-Kind-Triade ins Wanken bringt. Bedrohung geht auch von der Geschwisterbeziehung selbst aus. Geschwister können leichter Züge des eigenen Selbst repräsentieren. Die geschwisterliche Nähe und die Prozesse der Identifikation, Verschmelzung und Regression, implizieren die Gefahr einer Destrukturierung und bedrohen den bereits erreichten Entwicklungsstand und die noch unsichere Identität. Die Bewältigung dieser Gefahr und die Integration der Geschwisterbeziehung in die eigene psychische Struktur erfordert eine intensive Abgrenzungsarbeit.

„Die Geschwisterbeziehung ist durch eine spezifische Spannung gekennzeichnet: Auf der einen Seite bekommen Geschwister aufgrund ihrer Brückenfunktion und ihrer Zugehörigkeit zu demselben Entwicklungsraum eine große emotionale Bedeutung für die eigene Entwicklung. Auf der anderen Seite sind sie ein lebendiger, stets gegenwärtiger Beleg für die eigene Kontingenz und eine Bedrohung des Selbst" (Wellendorf 1995, S. 305).

Geschwister zerstören die Illusion der „heiligen Familie" von Vater, Mutter, Kind. Dies ist eine der vielen Quellen der Angst: Diese lautet: Es könnte egal sein, ob es mich gibt. Es gibt keine unverwechselbare Position für ein Kind. – Der Todeswunsch in der Geschwisterbeziehung ist auch ein Wunsch nach Erhaltung der Differenz. Es gibt keine klarere Differenz als die, dass ich lebe, während der Andere tot ist.

Hinweise für die Behandlungspraxis

Zum Schaden der psychoanalytischen Praxis finden Geschwister-Übertragungen und – Gegenübertragungen oft keine systematische Beachtung, obwohl natürlich in der analytischen Beziehung auch Erfahrungen mit Geschwistern wieder belebt werden (vgl. Lehmkuhl und Lehmkuhl 1995).

Dieses Bild von Geschwistern scheint in der Analyse besonders dann verschwommen, wenn in der präödipalen Phase eine innige, verschmelzende Beziehung sich zu einem Bruder oder einer Schwester entwickelt hat: die Ich-Grenzen zwischen den Geschwistern sind verschwommen geblieben. Es fehlen klare, abgegrenzte Objektrepäsentanzen von Bruder oder Schwester. Geschwister sind im Übertragungsgeschehen intensiv präsent. Es kann ein Gefühl von Überforderung und Ausweglosigkeit entstehen, wie es Kinder fühlen, die ihrer Verzweiflung überlassen bleiben. Beim Patienten entsteht das Gefühl, im Behandlungsraum sei niemand, der die Verantwortung übernimmt. Patient und Therapeut sind dann die zwei Geschwister, die von ihrer Verzweiflung oder ihren inzestuösen Wünschen gemeinsam überwältigt werden.

Analoges gilt meines Erachtens für die Gegenübertragung. Werden die Konflikte, die die horizontale Ebene der Geschwisterbeziehung kennzeichnen, nicht gründlich in der persönlichen Analyse durchgearbeitet und fehlt eine klärende theoretische Reflexion, müssen Gegenübertragungsreaktionen, mit denen wir auf der Geschwisterübertragung reagieren, ein Analysehindernis werden und unbearbeitbar bleiben. König (1993) weist darauf hin, dass einige Therapeuten dazu neigen, Geschwisterrollen anzunehmen, ja, sie Elternrollen vorziehen. Diese Therapeuten sind seiner Meinung nach in der Gefahr, ihre Patienten bezüglich des Erwachsenseins zu überfordern, weil sie das Infantile im Patienten schlecht tolerieren. Dass ein Therapeut in der Beziehung zum Patienten eine Geschwisterrolle anstrebt und das Angebot einer Geschwisterrolle gern annimmt, findet sich auch im Umweg von Eltern mit ihren Kindern, die lieber Geschwister der Kinder sein wollen, als die Elternrolle auszufüllen und die entsprechende Verantwortung zu übernehmen.

Ohne eine Analyse der Dynamik der Geschwisterbeziehung sind wir kaum in der Lage, unsere eigenen institutionellen Konflikte zu verstehen – weder jene, die wir in der Geschichte der Psychoanalyse finden, noch die, die uns heute in den psychoanalytischen Institutionen quälen. Limentani (1974) hat schon vor 30 Jahren betont, dass Geschwisterrivalitäten stark die Lehranalyse belasten.

Eine Versöhnung mit Elternfiguren bleibt unvollständig, wenn die Geschwister als eigene Realität ausgeklammert werden; und geschwisterliche Versöhnung muss scheitern, wenn die ödipale Dimension verleugnet wird. Das verlorene Objekt sind nicht nur Vater und Mutter, sondern auch Bruder und Schwester, die wir mit unseren mörderischen Wünschen begleiten, während sie neben uns leben.

„Ein Durcharbeiten der heftigen libidinösen und aggressiven Impulse und Phantasien in den Beziehungen zu den Geschwistern ist auch eine Absage an Hierarchie, ein Akzeptieren der Zugehörigkeit zur eigenen Generation und eine Einsicht in die komplizierten Strukturen von Gegenseitigkeit – auch zwischen den Geschlechtern, in denen niemand und keine soziale Einheit Macht über den anderen hat. In hierarchischen Institutionen ist Waffenstillstand, aber keine Versöhnung möglich“ (Wellendorf 1995, S. 309). Wir sollten die Versöhnung anstreben.

Literatur

Adler, Alfred (1918d): Über individualpsychologische Erziehung. In: Alfred Adler, Praxis und Theorie der Individualpsychologie (305-313) Frankfurt: Fischer 1974.

Adams, V. (1982): Geschwister: Die lebenslange Bindung. Psychologie heute 9 (3), 23-29.

Adler, Alfred (1927a): Menschenkenntnis. Frankfurt: Fischer 1966.

Bedford, V. H. (1993): Geschwisterbeziehungen im Erwachsenenalter. In: A. E. Auhagen u. Maria von Salisch (Hg.), Zwischenmenschliche Beziehungen. (119-141). Göttingen: Hogrefe.

Cicirelli, Victor G. (1985): Sibling relationships thoughout the life-cycle. In: L. L'Abate (Hg.), Handbook of developmental family psychology and therapy, 1, (177-214). Homewood: Dorsey Press.

Dreikurs, Rudolf (1969): Grundbegriffe der Individualpsychologie. Stuttgart: Klett.

Dreikurs, Rudolf (1987): Are psychological schools of thought outdated? Individual Psychology 43 (3), 265-272.

Dreikurs, Rudolf u. Erik Blumenthal (1973): Eltern und Kinder – Freunde oder Feinde? Stuttgart: Klett.

Dreikurs, Rudolf u. Verena Soltz (1964): Kinder fordern uns heraus. Stuttgart: Klett-Cotta 1998.

Dunn, Judy (1984): Sisters and brothers. London: Fontana.

Ernst, Cécile u. Jules Angst (1983): Birth order. Its influence on personality. Berlin: Springer.

Forer, Lucille K. (1977): Bibliography of birth order literature in the 70s. Journal of Individual Psychology, 33, 122-141.

Forer, Lucille K. und Henry Still (1979): Erstes, zweites, drittes Kind. Welche Bedeutung hat die Geschwisterfolge für Kinder, Eltern, Familie. Köln: Kiepenheuer & Witsch.

Furman, Wyndol u. Duane Buhrmester (1985): Children's perceptions of the personal relationships in their social networks. Developmental Psychology, 21, 1016-1024.

Hoanzl, Martina (1997): Über die Bedeutung der Geschwisterkonstellation. Vom Aschenbrödelkind – oder – „Alle sind etwas Besonderes, nur ich nicht". Zeitschrift für Individualpsychologie, 22, 220-231.

Holub, Martha (1929): Die Bedeutung der Geschwisterreihe. In: Sophie Lazarsfeld (Hg.), Technik der Erziehung (314-321). Leipzig: Hirzel.

Kasten, Hartmut (1993): Die Geschwisterbeziehung, 2 Bd. Göttingen: Hogrefe.

Kaus, Gina (1926): Die seelische Entwicklung des Kindes. In: Erwin Wexberg (Hg.), Handbuch der Individualpsychologie (137-168). Amsterdam: Bonset, 1966.

König, Karl (1993): Gegenübertragungsanalyse. Göttingen: Vandenhoeck & Ruprecht.

Kreppner, Kurt (1990): Differences in parents' cooperation patterns after the arrival of a second child. Paper presented at the International Conference Baby XXI, Lisbon, Portugal.

Lehmkuhl, Ulrike u. Gerd Lehmkuhl (1995): Die Bedeutung der Geschwisterkonstellation aus psychotherapeutischer Sicht. Zeitschrift für Individualpsychologie, 20, 195-207.

Ley, Katharina (1998): Aktuelle Familienvielfalt und das Geschwisterliche – Die Bedeutung der Horizontale. In: Joachim Küchenhoff (Hg.), Familienstrukturen im Wandel (183-197). Basel: Friedrich Reinhardt.

Limentani, Adam (1974): Der Lehranalytiker und die Probleme der psychoanalytischen Ausbildung. In: Adam Limentani (Hg.): Zwischen Anna Freud und Melanie Klein (90-104). Stuttgart: Klett-Cotta.

Papastefanou, Christiane (1992): Das zweite Kind und die Erweiterung der familialen Beziehungen. In: Manfred Hofer (Hg.): Familienbeziehungen – Eltern und Kinder in der Entwicklung (152-170). Göttingen: Hogrefe.

Parens, Henri (1988): Siblings in early childhood: Some direct observational findings. Psychoanalytic Inquiry 8, 31-50.

Pulakos, Joan (1989): Young adult relationships: Siblings and friends. Journal of Psychology, 123, 237-244.

Seelmann, Kurt (1929): Das jüngste und das älteste Kind. Dresden: Verlag am anderen Ufer.

Seiffge-Krenke, Inge (2000): Geschwister chronisch kranker Jugendlicher: Zwischen Parentifizierung und Vernachlässigung. In: Gunther Klosinski (Hg.), Verschwistert mit Leib und Seele (176-194). Tübingen: Attempto.

Seiffge-Krenke, Inge (2001): Geschwisterbeziehungen zwischen Individuation und Verbundenheit: Versuch einer Konzeptualisierung. Praxis der Kinderpsychologie und Kinderpsychiatrie, 50, 421-439.

Wellendorf, Franz (1995): Zur Psychoanalyse der Geschwisterbeziehung. Forum der Psychoanalyse, 11 295-310.

Wexberg, Erwin (1928): Individualpsychologie. Leipzig: Hirzel.

Wexberg, Erwin (1931): Sorgenkinder. Stuttgart: Hirzel 1987.

Träume und Tagträume in der Individualpsychologie

Rainer Schmidt

1. Rückblick auf zentrale Thesen über das Unbewusste in Träumen und Tagträumen bei Sigmund Freud und Alfred Adler.

In seinem Essay „Acheront Movebo, Nachdenken über das Motto der Traumdeutung“ geht Jean Starobinski gedankenreich den Spuren nach, die Sigmund Freud setzte, indem er Vergils Verszeile aus der Aenesis als Motto seinem Buch „Die Traumdeutung“ voranstellte. „Flectere si nequeo superos, Acheronta movebo/Weigern's sie droben, so wird ich des Abgrund Kräfte bewegen“. Starobinskis zentralen Gedanken finde ich ausgedrückt in seinem Satz: „Wir behaupten, dass die psychologische Theorie, so wie sie sich unter den Augen des Lesers der Traumdeutung von kommentierten Erzählungen aus konstruiert, beharrlich die Erwartungen einer narrativen Konstruktion rechtfertigt, die sich in der analytischen Praxis, im Geist des Therapeuten und in dem Patienten bilden soll, ausgehend von im Laufe der Sitzungen verstreut gewonnenen Elementen (die man Material nennen wird), die dann in Beziehung gesetzt werden, um einen Sinn zu ergeben und verständlich zu werden“ (Starobinski 1999, S. 24). Dieser Behauptung kann ich mich auch als Individualpsychologe gut anschließen, könnte man doch von diesem Standort aus die ganze Geschichte der Psychoanalyse, der ich mich zugehörig fühle, mit all ihren Verästelungen, ihrem Gedankenreichtum, ihren tiefen Erkenntnissen, ihren Irrtümern und Verirrungen, dem Streit ihrer Schulen, ihren Widersprüchen und ihren grundsätzlichen Übereinstimmungen, als ein großes Narrativ verstehen, als ein immer wieder fragendes und erforschendes Gespräch über unser beseeltes Menschsein und unsere Träume und Tagträume, als Ausdrucksformen einer aus tiefen Seelenschichten herrührenden Kreativität des Menschen, welches bis heute fortdauert.

Alle von mir hier vorgetragenen Gedanken über den Traum betreffen grundsätzlich auch die Fähigkeit des Menschen zum Tagträumen. In meinem Buch „Träume und Tagträume“ merkte ich kritisch an, dass Adler wie auch Freud der Fähigkeit zum Tagträumen zu wenig Beachtung geschenkt hätten (Schmidt 2005, S. 169). Adler ordnete Tagträume den unnützlichen Phantasien zu. In einem von ihm entworfenen Fragebogen zur Erfassung des Lebensstils finden wir ihn unter dem Oberbegriff Interessen: „Lieblingsspiele? Lieblingsfiguren aus Geschichten und Dichtungen? Stört er gerne die Spiele anderer? Verliert er sich in Phantasien? Denkt er nüchtern und lehnt Phantasien ab? Tagträume?" (Adler 1933b, S. 182). Er räumt also dem Tagtraum allenfalls einen diagnostischen Wert ein, die kreative Kraft des Tagträumens und die unverzichtbare Bedeutung, welche diese im Prozess der Therapie haben kann, nimmt er nicht wahr. Auch Freud äußert sich über den Tagtraum eher lapidar: „Es sind Szenen und Begebenheiten, in denen die egoistischen Ehrgeiz- und Machtbedürfnisse oder die egoistischen Wünsche Befriedigung finden" (Freud 1916-17, S. 114). Die schöpferische Kraft in diesen in den Tag geträumten Phantasiegebilden nimmt auch er nicht wahr. Dabei kann man doch seine Anregung zur freien Assoziation als Weg in den tieferen Sinngehalt der Träume durchaus als Anregung zu einem meditativen nachträumenden Tagträumen verstehen.

Der Tagtraum ist ein naher Verwandter des Traums. Auch er folgt – individualpsychologisch gesehen – wie dieser einer finalen Leitlinie, die aus einer Minussituation in eine Plussituation führt und enthält die Kraft des Verändernwollens. Auch er ähnelt der erzählenden Dichtung und dem Märchen. Alle diese Erscheinungen entspringen der gleichen kreativen Kraft des Menschen. Adler nannte sie, wie wir noch ausführen werden „schöpferische Kraft". Allerdings unterscheidet sich der Tagtraum vom Traum im Schlaf. In letzterem sind wir oft mit aus den Tiefen unseres Unbewussten aufsteigenden bedrohlichen Bildern konfrontiert und suchen nach Lösung oder Erlösung. Der erstere siedelt näher bei bewusstseinsnahen Inhalten, etwa bei den im Lebensstil festgeschriebenen fiktiven Zielbildern von Beliebtheit, Bedeutung oder Vollkommenheit. Wichtige Anregungen für mein Traum- und Tagtraumverständnis verdanke ich dem Philosophen Ernst Bloch, welcher das Ich des Menschen als das eines Suchenden beschrieb und damit einem Adlerschen Verständnis sehr nahe war. Über den Unterschied von Traum und Tagtraum sagte er: „Das Opium scheint dem Nachttraum zugeordnet, das Haschisch dem in Freiheit schweifenden schwärmenden Tagtraum" (Bloch 1977, S. 99).

So träumte ein junger Mann, der in der Phase seiner späten Adoleszenz in eine tiefe depressive Krise mit suizidalen Versuchungen geraten war, öfter, sein Vater sei gestorben. Er stünde mit seiner Mutter und den Geschwistern an seinem Grab. In ihm sei ein Gefühl von Ratlosigkeit und Gleichgültigkeit und keine Trauer. In seinen Tagträumen kehrte er die Situation um. Er selber war nun gestorben. Sein Vater stand neben der Mutter und den Geschwistern an seinem Grab und weinte heftig und klagte sich an, ihm, seinem Sohn, mit allen seinen tollen Talenten und guten Eigenschaften nicht genügend Wohlwollen und Anerkennung entgegen gebracht zu haben. Sein Gefühl in den Tagträumen war Triumph, Schadenfreude und eine gute Portion Selbstmitleid. In seinen nächtlichen Träumen drangen tief verdrängte Aggressionen und Todeswünsche gegen den Vater an die Oberfläche. In seinem Tagtraum blieben die Aggressionen eher im Hintergrund – oder wurden gegen die eigene Person gekehrt -. In den bewusstseinsnäheren Tagtraumbildern setzte sich stärker die Linie des Wunsches nach Geltung und Anerkennung durch. Traum und Tagtraum waren hilfreich beim Verstehen und Durcharbeiten und zur Überwindung der innerseelischen Gefangenheit in seiner Sehnsucht zum Tod.

Über allem Nachdenken über den Traum als Grundmotiv und unwiderlegt steht für mich Freuds hellsichtige Aussage über das Unbewusste, welches er an das Ende seines Buches „Die Traumdeutung" setzt: „Das Unbewusste ist der größere Kreis, der den kleineren des Bewusstseins in sich einschließt; (...) Das Unbewusste ist das eigentlich reale Psychische" (Freud 1900, 1961, S. 497). Er weist uns auch den Weg mit seinem berühmt gewordenen Satz, den er 1909 in der Ergänzung zur Ausgabe der >Traumdeutung< von 1909 niederschreibt: „Die Traumdeutung ist die Via regia zur Kenntnis des Unbewussten im Seelenleben".

Natürlich hat seine Traumlehre durch ihn selbst und im Verlauf der Geschichte der Psychoanalyse Revisionen erfahren. In ihrem Essay zum Reprint der Jubiläumsausgabe hat Ilse Grubrich Simitis diese ausführlich beschrieben. Bezogen auf den heutigen Stellenwert des Traums in der analytischen Therapie schreibt sie: „Unstreitig ist, dass Träume heute aufmerksam im Hinblick auf möglicherweise nicht erinnerbare traumatische Momente in der Lebensgeschichte des Träumenden abgetastet werden, und man verknüpft sie weitaus enger mit dem Kontext der betreffenden Sitzung bzw. der benachbarten Sitzung und natürlich vor allem mit dem aktuellen Übertragungs-Gegenübertragungsgeschehen als damals, ja sie werden geradezu als intersubjektive Hervorbringungen des Zusammenspiels zwischen Analytiker und Analysand aufgefasst und entsprechend gedeutet" (Grubrich Simitis 1999, S. 99). Im Verlauf der Fortentwicklung der psychoanalytischen Forschung hat sich offenbar – schulübergreifend – eine Verschiebung der perspektivischen Betrachtung ergeben, fort von einer rein erforschenden Sicht auf das vom Analysanden eingebrachte Material hin auf das Verstehen der Inszenierung des Unbewussten in der therapeutischen Interaktion zwischen dem Analysanden und seinem Analytiker in der jeweils aktuellen Situation des Prozessverlaufes.

Unbezweifelbar bleibt es, dass Freud mit seiner mutigen Zuwendung zum Unbewussten der Psychologie den entscheidenden Impuls gab, der sie erst fähig machte, das Wesen der Psyche des Menschen und seines Menschseins in unserer Welt tiefer zu verstehen. Er übertrug – wie Starobinski ausführte – das antike Mythos vom Acheron auf die seelische Struktur des Menschen. Aber er, der seine wissenschaftliche Arbeit begann mit Forschungen auf dem Gebiet der Neurophysiologie, hielt sich bei seinen Ausflügen in das Unbewusste streng an kausale Denkmodelle einer naturwissenschaftlichen Medizin, aus welcher er herkam. Der innerpsychische Konflikt, der sich auch in den Träumen abbildet, ist bei ihm der zwischen Triebwunsch und Kultur oder, anders gesagt, der zwischen aus den Tiefen des Unbewussten aufsteigenden sexuellen (libidinösen) Triebwünschen und der kulturell bedingten Notwendigkeit auf Triebverzicht.

An dieser Enge der Libidotheorie und an der Sexualisierung aller psychischen Entwicklungen stießen sich bald einige seiner Schüler. In seinen berühmt gewordenen zwei Vorträgen „Zur Kritik der Freudschen Sexualtheorie des Seelenlebens" formulierte Alfred Adler: „Das Sexualorgan entwickelt einzig und allein den sexuellen Faktor im Leben und in der Neurose. So wie die Sexualität Beziehungen eingeht zum gesamten Triebleben und seinen Ursachen, so gilt dies für jeden anderen Trieb" (Adler 1911a+b, S. 95). Er gab damit der kindlichen Sexualität, für deren Aufdeckung Freud mit Recht gerühmt wird, den Stellenwert zurück, der ihr tatsächlich gebührt, indem er sie als Teil eines Ganzen sah, das zu allen anderen Teilen (Trieben) in einer wechselseitigen Beziehung steht. Aus seiner Kritik an der Dominanz der Libidotheorie entwickelte Adler seine Theorie eines ganzheitlichen Bewegungsgesetzes des menschlichen Seelenlebens, das er Finalität nannte.

2. Der Beginn eines hoffnungsvollen Dialogs über die kreative Kraft des Träumens zwischen Psychoanalyse und Neurobiologie.

Lange Zeit war die kognitive Hirnforschung, bezogen auf die Denkmodelle der Psychoanalyse, gefangen in einer Art Tunnelblick. Wolfgang Mertens spricht in seinem Buch „Traum und Traumdeutung" spitz aber durchaus treffend von einer „Wurstzipfelwissenschaft" (Mertens 2000, S. 100). Andererseits hatten sich die Psychoanalytiker auch in ihre elfenbeinernen Türme eingeschlossen, mit der Tendenz, die Realitäten dieser Welt nur noch aus abgeklärter Ferne zu betrachten. Die Situation hat sich geändert. So schreibt Gerald Hüther in seinem Buch „Biologie der Angst" folgendes: „Es hat sich aber eine Entwicklung vollzogen von einem dualistischen zu einem integralen Denken. Wir sehen Leib und Seele nicht mehr voneinander getrennt, sondern als zwei sich gegenseitig beeinflussende und durchdringende Weseneinheiten, die eine komplementäre Identität bilden. Diese gegenseitige Durchdringung wird in weiten Teilen der aktuellen neurologischen und psychologischen Forschung immer deutlicher" (Hüther 1997, S. 14). Die Hirnforscher haben das Unbewusste entdeckt und Sigmund Freud wird in seiner entscheidenden These, dass das Unbewusste der größere Kreis sei, der den kleineren des Bewusstseins umschließt, bestätigt. Damit wird allerdings auch die Frage, wie frei der Mensch sei in seinem Denken und Handeln oder wie determiniert durch das Unbewusste – was immer das sei – neu aufgeworfen.

Eine gewichtige Erkenntnis der neueren Hirnforschung ist die über den unauflösbaren Zusammenhang von Fühlen und Denken, wodurch ja auch das Denken im Traum oder im frei phantasierenden Denken des Tagtraums vielleicht eine neue Bewertung erfährt. Gerhard Roth weist in seinem Buch „Das Gehirn und seine Wirklichkeit" auf diesen Zusammenhang hin als dem Zusammenspiel von Neocortex und limbischen System. Dem letzteren schreibt er die Zuständigkeit für Emotionen, die Bewertung des eigenen Tuns und das Gedächtnis dafür zu. Er schreibt: „Das Wirken des limbischen Systems erleben wir als begleitende Gefühle, die uns entweder vor bestimmten Handlungen warnen oder unseren Handlungsplan in bestimmte Richtung lenken. Gefühle sind somit konzentrierte Erfahrungen; ohne sie ist vernünftiges Handeln nicht möglich" (Roth 1996, S. 212). Die aus diesen Beobachtungen abgeleitete Schlussfolgerung einer Begrenzung unserer Willensfreiheit weist der Philosoph und Neurowissenschaftler Michael Pauen allerdings zurück. Er schreibt: „Freiheit ist daher in Roths Augen eine reine Illusion. Dies mag so erscheinen, wenn man Freiheit mit der traditionellen, inkompatilistischen Konzeption von Willensfreiheit gleichsetzt und gleichzeitig fordert, dass ein frei Handelnder sich seiner Handlungsmotive vollkommen bewusst sein müsse. Diese Voraussetzung erscheint mir jedoch ... unzulässig. Natürlich ist es nicht notwendig, dass ich mir aller meiner Motive bewusst bin, es ist erforderlich, dass es wirklich meine Motive sind" (Pauen 2004, S. 220).

Die Frage nach dem Grad unserer Freiheit beschäftigte die Menschheit in der Philosophie wie in den Naturwissenschaften seit Jahrhunderten. Es erscheint mir sinnvoll, an dieser Stelle – gewissermaßen träumerisch – zurückzublenden in eine vergangene Zeit zu anderen Denkmodellen, zum Beispiel in die Geburtszeit des Deutschen Idealismus in das Jahr 1794. Friedrich Schiller, der die Freiheit des Menschen postulierte und um seine eigene Freiheit – von ihm vor allem verstanden als Freiheit des Geistes – gegen somatische und äußere Bedingungen täglich kämpfen musste, schrieb in diesem Jahr seine heute noch lesenswerten Briefe „Über die ästhetische Erziehung des Menschengeschlechts". Fasziniert hatte ihn ein Gedanke Emanuel Kants, dass der Materialismus, der die Schöpfung des Geistes einzustürzen droht, selber eine Konstruktion des Geistes sei, bei welcher der Geist nicht bemerkt, dass er sie selber konstruiert hat. Freiheit war für Schiller wie für Kant ein inneres Erleben: „Von Innen aber erleben wir Freiheit. Wir erfahren uns als unbestimmt genug, um unser Handeln selbst zu bestimmen" (Kant zitiert nach Safranski 2004, S. 355). Im dritten Brief „Über die ästhetische Erziehung" schreibt Schiller: „Jeder individuelle Mensch, kann man sagen, trägt der Anlage und Bestimmung nach, einen reinen idealischen Menschen in sich, mit dessen unveränderlicher Einheit in allen seinen Abwechslungen übereinzustimmen, die größte Aufgabe seines Daseins ist" (Schiller 1784/1966, S. 355).Ist ein solcher Satz durch die Erkenntnis, dass der Mensch weitgehend durch das Unbewusste gesteuert sei, hinfällig geworden? Ich meine nein. Freiheit war so verstanden immer eine Möglichkeit des Menschen, ein Stück seiner Autonomie, ein inneres Gleichgewicht – vielleicht zwischen Bewusstsein und Unbewussten – die immer neu gewonnen werden wollte. In einem solchen Zusammenhang wäre dann die Wahrnehmung und das Verstehen unserer Träume und Phantasien ein Stück Erarbeitung von Freiheit.

Freud konzeptualisierte für das psychische Geschehen, welches er analysierend entwickelte, einen psychischen Apparat, über den er schreibt: „Wir nehmen an, dass das Seelenleben die Funktion eines Apparates ist, dem wir räumliche Ausdehnung und Zusammensetzung aus mehreren Stücken zuschreiben" (Freud 1930, S. 66). Einen sehr präzisen Überblick zu den Entwicklungen neurobiologischer Hirnforschung, mit dem er gleichzeitig eine Brücke schlägt zu solchen Ansätzen Freuds, gibt Solms in seinem Essay „Traumdeutung und Neurowissenschaft". Nach der Entdeckung der REM-Schlafphasen durch Aserinski und Kleitmann 1953 und der Zuordnung der Träume zu diesen Phasen hielten Hirnforscher Freuds Annahmen über den Stellenwert des Traums für naturwissenschaftlich kaum haltbar. Diese einseitige Zuordnung der Träume zu den REM-Schlafphasen ist inzwischen widerlegt und moderne bildgebende Verfahren haben es möglich gemacht, die Beteiligung verschiedener Hirnregionen und ihr Zusammenwirken, während der Traumtätigkeit sichtbar zu machen. Solms kommt heute zu der Schlussfolgerung: „Der derzeitige empirische Forschungszustand der Neurowissenschaften gibt uns allen Grund, Freuds radikale Hypothese (...) ernst zu nehmen, nämlich dass Träume motivierte Phänomene und ihre Triebkraft Wünsche sind“ (Solms 1999, S. 115). Er entwickelt die Theorie, dass Traumbilder über einen Prozess generiert werden, der die Umkehr der normalen Schritte bei der Wahrnehmungsverarbeitung umkehrt.

Eine große Fülle von Anregungen für eine Arbeit mit Träumen ist enthalten in den Aufzeichnungen eines Workshops von Analytikern und Neurowissenschaftlern, die sich in den Jahren zwischen 1992 und 1998 regelmäßig trafen und ihre Forschungsergebnisse und Modellvorstellungen kritisch miteinander diskutierten. Martha Koukkou, Marianne Leuzinger-Bohleber und Wolfgang Mertens haben sie gesammelt und in zwei Bänden unter dem Titel „Erinnerung von Wirklichkeiten/Psychoanalyse und Neurowissenschaften im Dialog“ herausgegeben. Für ein individualpsychologisches Verständnis besonders erhellend sind die Ausführungen von Wolfgang Mertens über „Aspekte der analytischen Gedächtnistheorie“. Er beschreibt Wahrnehmung (und damit Erinnerung) aus neuerer Sicht und in Abgrenzung zu klassischen analytischen Auffassungen als einen aktiven konstruktivistischen, bereits während des Aufnahmevorgangs auswählenden Prozess und bestätigt damit weitgehend Adlers frühere Theorie über eine tendenziöse Apperzeption (Mertens 1998, S. 121).

Auch Andreas Hamburger erscheint mir in seinem Aufsatz „Narrativ und Gedächtnis“ meinem Nachdenken über den Menschen, sein Gedächtnis und seine Träume sehr nahe, etwa mit dem Satz: „Die narrative Psychologie beschreibt die Innenwelt als einen permanenten Erzählvorgang“ (Hamburger 1998, S. 229). Über den Traum sagt er: „Der Traum ist eine spezifische Form des Denkens (...) Der Protagonist der Traumerzählung ist das Selbst des Träumers, der sich durch das Feld seiner Selbst- und Objektrepräsentanzen fabuliert und sich in dieser fortlaufend, ununterbrochen gemurmelten Erzählung erst konstituiert“ (Hamburger, S. 223F.).

Als anregend für ein aktuelles individualpsychologisches Verständnis von Träumen erweisen sich vor allem die Beiträge des zweiten Bandes, der den Folgerungen aus dem beschriebenen Dialog für die analytische Praxis gewidmet ist. Das Grundlagenmaterial, auf das sich die Beiträge dieses zweiten Bandes beziehen, sind die von Marianne Leuzinger-Bohleber vorgelegten Stundenprotokolle sowie der Initialtraum und der Beendigungstraum einer über fünf Jahre sich erstreckenden Analyse eines zu Beginn der Behandlung

25jährigen Transvestiten. Im Verlauf der Analyse orientierte sich die Analytikerin an verschiedenen psychoanalytischen theoretischen Systemen und Behandlungstechniken, wie etwa Kohuts Umgang mit der Spiegelübertragung oder Techniken der Objektbeziehungstheorie nach Winnicott oder Kernberg. Sie benennt als Voraussetzung für eine solche pluralistische Orientierung, sprich spielerische oder „träumende" Haltung, die Notwendigkeit der nachträglichen Bewusstmachung und Reflektion der in der Wahrnehmung des klinischen Materials verwandten theoretischen Modelle (Bd. II, S. 411). Das Ergebnis dieser analytischen Arbeit ist faszinierend. Wir begleiten einen Prozess, in dessen Verlauf der Analysand Reifungsschritte vollzieht, die sich sichtbar und einfühlbar in den Träumen niederschlagen. Die Autorin schreibt: „..., dass Erinnerungen an konflikthafte und traumatische frühinfantile Ereignisse nur in der sensomotorischen-affektiven Interaktion mit dem Analytiker als einem „bedeutungsvollen Anderen" möglich werden und sich anschließend einem verhaltensändernden, rekategorisierenden Durcharbeiten in der Übertragungssituation erschließen" (S. 73). Für besonders wichtig – auch aus individualpsychologisch-analytischer Sicht – halte ich die Heraushebung einer Aussage der klinisch-psychoanalytischen Forschung der letzten Jahre durch die Autorin, „..., dass nur ein Durcharbeiten traumatischer Objektbeziehungserfahrungen in der Übertragung zu einer strukturellen Veränderung des Patienten führe". Sie betont, dass dieses Postulat eine interdisziplinäre Abstützung erhält, „da sie sich als extern kohärent mit Befunden der biologischen Gedächtnisforschung erweist" (S. 81).

3. Einige theoretische Grundvorstellungen Alfred Adlers und ein daraus abzuleitendes Verständnis über die Arbeit mit Träumen.

Schon 1912 formulierte Alfred Adler: „Gegen Ende der Säuglingszeit, wo das Kind selbständige zielgerichtete Handlungen vollbringt, die nicht bloß auf Triebbefriedigung gerichtet sind, wo es seinen Platz in der Familie einnimmt und sich in seiner Umgebung einrichtet, besitzt es bereits Fertigkeiten, psychische Gesten und Bereitschaften. Zudem ist sein Handeln ein einheitliches geworden, und man sieht es auf dem Weg, sich einen Platz in der Welt zu erobern. Ein solches einheitliches Handeln kann nur verstanden werden, wenn man annimmt, dass das Kind einen einheitlichen fixen Punkt außerhalb seiner Selbst gefunden hat, dem es mit seinen seelischen Wachstumsenergien nachstrebt. Das Kind muss also eine Leitlinie, ein Leitbild, gefunden haben, in der Erwartung, sich so in seiner Umgebung zu orientieren" (Adler 1912a, S. 66).

In diesen Sätzen sind bereits alle grundlegenden Gedanken seiner späteren theoretischen Modelle über die Psychodynamik des menschlichen Seelenlebens enthalten: 1. der eines kompensatorischen Bewegtseins, das auf Überwindung einer Mangellage zielt und sich an einem fixen Punkt außerhalb der eigenen Person orientiert (Finalität). 2. der Gedanke eines sozialen Bezogenseins des Kindes von Anfang an (Gemeinschaftsgefühl). 3. die Annahme einer Handlungsfähigkeit des Kindes (schöpferische Kraft). In diesen Grundannahmen löst er sich von dem triebdynamischen Ansatz seines Lehrers Freud. Alles Leben folgt – aus seiner Sicht – einem Bewegungsgesetz, das auf die Überwindung von Mangellagen ausgerichtet ist. Dieser Leitlinie folgt auch die innere Bewegung des Traums. Das Unbewusste im Traum ist ausgerichtet auf Überwindung, der Traum speist sich aus einer schöpferischen Kraft und ist der Versuch, im Schlaf das Selbstwertgefühl stabil zu halten und Orientierung in einer dieses bedrohenden Welt neu zu finden. Der Konflikt zwischen Triebwunsch und Kultur, zwischen Es und Überich, wie ihn Freud beschreibt, bleibt dieser grundsätzlicheren Leitlinie untergeordnet.

In seinem späteren Werk vertieft Adler den Gedanken der Finalität und beschreibt als äußerstes fiktives Ziel einer, aus einer von Kindheit an als Minderwertigkeit empfundenen Ohnmacht herausdrängenden, finalen Bewegung den „Willen zur Macht". Er entwickelt damit sehr früh ein heute immer noch oder wieder hochaktuelles Narzissmusmodell. Den Begriff „Wille zur Macht" entnimmt er dem philosophischen Gedankengut Friedrich Nietzsches. In den beiden ersten Jahrzehnten des vorigen Jahrhunderts, als Adler seine Theorie entwarf, sprach für eine ganze Generation junger Menschen aus Nietzsches Werken ein neues Lebensgefühl. Sein bekanntestes Buch „Also sprach Zarathustra" und die in ihm enthaltene Proklamation des „Übermenschen", der aus sich herauswachsend seine an einen Gott gebundene Ohnmacht abstreift, wurde verstanden als ein Ruf zu neuem, von verstaubter und als moralische Lüge entlarvter moralischer Enge befreitem Leben.

Ursprünglich hatte Nietzsche den „Willen zur Macht" verstanden als Prinzip der freien Selbstgestaltung, als magische Verwandlungskraft in der genialen Schöpferkraft des Künstlers und als innere Dynamik des Gesellschaftslebens. In seinen späteren Schriften radikalisiert er seine These, in einer Art dionysischem Rausch, zu der einer alles Lebendige in der Natur durchdringenden und antreibenden Kraft, als welche er diesen „Willen zur

Macht" nun beschreibt. In „Also sprach Zarathustra" lässt er diesen sprechen: „Vor Gott! – Nun aber starb dieser Gott! Ihr höheren Menschen, dieser Gott war eure größte Gefahr./Seit er im Grabe liegt, seid ihr erst wieder auferstanden. Nun erst kommt der große Mittag, nun erst wird der höhere Mensch – Herr!/(...) Wohlan! Wohlauf! Ihr höheren Menschen. Nun erst kreist der Berg der Menschen-Zukunft. Gott starb: nun wollen wir, – dass der Übermensch lebe" (Nietzsche 1888/1997, S. 357). In der Folgezeit werden seine Polemiken gegen das Christentum, gegen alle Moral, gegen alles, was aus seiner Sicht schwach ist oder niedrig, gegen den Plebs, gegen das Mitleid, gegen den Idealismus und gegen Gott ins rauschhaft Maßlose übersteigert. So wird er der Verkündiger des Bruchs mit allem Überkommenen, eben zum Propheten und Verkündiger des „Übermenschen".

Adler hat von Nietzsche den Begriff „Wille zur Macht" als Beschreibung einer auf Überwindung zielenden Triebkraft entlehnt, aber er hat die Denkmuster Nietzsches nicht übernommen, sondern er hat sie neu reflektiert. Er hat den Begriff in einen tiefenpsychologischen Zusammenhang gestellt. Während der späte Nietzsche als ein Verherrlicher des „Willens zur Macht" diese als dyonysische Urkraft beschreibt, entwirft Adler eine kritische Psychologie der Macht. Hierzu schreibt Manès Sperber: „Nichts ist bei Nietzsche so abstrakt wie die Macht (...) Alfred Adler war es, der Nietzsches Auffassung vom Willen zur Macht vom Kopf auf die Füße gestellt hat" (Sperber 1985, S. 119).

Die Frage nach der Bedeutung von Macht wird unter Individualpsychologen allerdings bis heute nicht einheitlich beantwortet. So bedauert Robert Antoch in einem kürzlich erschienenen Artikel „Adlers ungeklärtes Verhältnis zur Macht", in dem er schreibt: „Er hat dieses Machtstreben nämlich meiner Meinung nach vorschnell als etwas von vornherein Negatives gesehen, als etwas Schädliches bewertet, also dem Bereich des Unnützen zugerechnet. Macht taucht bei Adler immer nur in der Form der Überkompensation auf und bedarf in dieser Konstellation der Läuterung durch das Gemeinschaftsgefühl" (Antoch 2004, S. 308). So gesehen wird Macht auch verstanden als wertfrei oder auch als Macht zur Selbstbestimmtheit (Person 2000). In dem von ihm zusammen mit Almuth Bruder-Bezzel herausgegebenen Buch „Kreativität und Determination" stellt Klaus Jürgen Bruder klar: „Macht ist definiert durch das Verhältnis auf weniger Macht. Macht ist immer Macht über andere, ein dichotomes Verhältnis von „Oben" und „Unten", ein Verhältnis, das durch Ungleichheit bestimmt ist (...) Macht als Selbstbestimmtheit verleugnet, dass der „Herr" den „Knecht" braucht. Wenn Macht verleugnet wird, so auch diese Ungleichheit" (Bruder 2004, S. 171).

Ich meine, Klaus Jürgen Bruder hat Recht. Macht kann nicht wertfrei gesehen werden. Allenfalls könnte man eine solche Wertfreiheit dem „Willen zur Macht" zusprechen, wenn man diesen versteht als eine – aber immer schon pervertierbare und zur Entartung neigende – Spielart des von Adler früher (1908b) postulierten Aggressionstriebes. Diesen definierte Adler als wertfrei als einen übergeordneten Trieb, der in einer Triebverschränkung anderen Trieben ihre Schubkraft gibt. Ob er sich im Leben des Menschen zu einer bauenden oder einer destruktiven Kraft entwickele, hänge damit zusammen, ob das Kind zur Gemeinschaftsbezogenheit ermutigt oder entmutigt wurde oder nicht. Macht beinhaltet immer ein Verhältnis von „Unten" und „Oben". Das hat Adler scharf gesehen, und er hat auch immer wieder auf die gesellschaftlichen Bedingungen, unter denen sie entsteht, hingewiesen. Mit seiner kritischen Psychologie der Macht hat Adler – so sehe ich es heute – seinen vielleicht wichtigsten Beitrag zur Fortentwicklung der Psychoanalyse geleistet.

Es erschien mir notwendig, das Machtverständnis Adlers so umwegig auszuleuchten, weil das Problem der Macht in allen Träumen – ganz unverhüllt in den Tagträumen – und im Übertragungsraum zwischen dem Analytiker und dem Analysanden immer gegenwärtig ist. In allen Träumen und Tagträumen ist Macht ganz oft ein zentrales Thema. Es taucht auf als Bedrohung durch oder als Identifizierung mit der Macht und in den verschiedensten Formen der Leugnung von Macht als Idealisierung und – dies wohl am häufigsten – als Entwertung des Machthabenden. Ebenso wichtig wie die Wahrnehmung des Machtproblems in den behandelten Traumtexten ist aber auch die aufmerksame Reflektion von Machtstrukturen im aktuellen Interaktionsgeschehen der Analyse.

Es ist nun an der Zeit, auch dem Gegenpol zum „Willen zur Macht" einige Aufmerksamkeit zu widmen, dem „Gemeinschaftsgefühl". Ich teile immer noch Manès Sperbers Einschätzung. Er betont: „Lässt man dieses Gemeinschaftsgefühl außer acht, so bleibt Adler fast unverständlich" (Sperber 1970, S. 48). Mit der Einführung dieses Begriffs, der für ein Grundgefühl eines sozialen und letztlich auch tiefen kosmischen Eingebundenseins des Menschen steht, vertieft Adler in logischer Folge frühere Aussagen und die sich in ihnen schon andeutende Dialektik seines Denkens. Er beschreibt den Menschen einerseits als den „an das Kreuz seiner Fiktionen" von Geltung, vom Willen zur Macht und zum Streben nach Gottähnlichkeit Gefesselten, andererseits aber als ein von seiner natürlichen Anlage her auf soziale Kommunikation hin angelegtes Wesen.

Adler führt das Wort „Gemeinschaftsgefühl" in seine Terminologie ein im Vorwort zur zweiten Auflage seines Buches „Über den nervösen Charakter" mit den bekannten Sätzen: „Zwischen den beiden Auflagen liegt der Weltkrieg mit seinen Fortsetzungen, liegt die furchtbarste Massenneurose, zu der sich unsere neurotisch kranke Kultur, zerfressen von ihrem Machtstreben und ihrer Prestigepolitik, entschlossen hat (...) In unserem Sinn einen Menschen anzuschauen und erkennen, heißt, ihn den Verirrungen seines wunden, aufgepeitschten, aber ohnmächtigen Gottähnlichkeitsstreben zu entreißen und der unerschütterlichen Logik unseres menschlichen Zusammenlebens geneigt zu machen, dem Gemeinschaftsgefühl" (Adler 1912a/1919, S. 36). Es war mir immer wichtig, darauf hinzuweisen, wie sehr Adlers Wortwahl bestimmt war von einem Erschrecken über den Zustand der Menschenwelt, die er wahrnahm. Es erscheint mir auch notwendig, auf die Ursprünge seiner Begriffsbildung hinzuweisen. Ebenso, wie der „Wille zur Macht" im Aggressionstrieb seinen Vorläufer hat, ist auch das „Gemeinschaftsgefühl" einem längeren Denkprozess entwachsen. Es bereitet sich vor in seinem frühen Begriff „das Zärtlichkeitsgefühl des Kindes" (Adler 1908d, S. 63f.).

Das „Gemeinschaftsgefühl" wurde von Adler verstanden als innerpsychische Struktur, als ein tief im Menschen verwurzeltes Gefühl. Es ist nicht einzusehen, weswegen ein solches strukturell angelegtes Gefühl für Eingebundensein und Dazugehörigkeit in die uns empfangenden Gegebenheiten der sozialen Welt, aber auch der ganzen Natur sowie die Erfahrungen früher Ermutigungen und Entmutigungen von Kindheit an und fortgesetzt in unserem späteren Leben nicht auch in den Gedächtnisspeichern des limbischen Systems bewahrt sein sollten, um von dorther unser Fühlen, Denken und Handeln aus dem Unbewussten mitzubestimmen. Ich meine, dass die im vorangehenden Kapitel beschriebenen neurowissenschaftlichen Erkenntnisse eher dafür als dagegen sprechen. Es erscheint mir unwahrscheinlich, dass die Natur ein so auf Sozialisation angewiesenes Wesen wie den Menschen nicht auch mit entsprechenden ontogenetisch und phylogenetisch angelegten Grundstrukturen ausgestattet haben sollte.

Allerdings scheint dieses „Gemeinschaftsgefühl" sehr verletzlich zu sein. Ein Blick in die uns umgebende Kulturwelt zeigt uns, dass die Bedingungen einer ermutigenden Pflege für das Gedeihen dieses zarten Pflänzleins für das Kind, für den Heranwachsenden und für den erwachsenen Menschen nicht besonders gut sind, sondern eher geeignet, die gemeinschaftsbezogene Einbindung des

Aggressionstriebes zu stören und so das Machtstreben zu fördern. So kommt es, dass das „Gemeinschaftsgefühl", welches wohl eng mit dem Selbstwertgefühl verknüpft ist, uns so häufig als ein beschädigtes begegnet.

Es erscheint mir notwendig, mein Verständnis von Gemeinschaftsgefühl noch einmal klar zu formulieren. Ich verstehe darunter eine tief aus innerseelischen Schichten abrufbares Wissen zur Mitmenschlichkeit – das allerdings oft verschüttet ist. Ich nannte es auch präzisierend „Kraft zu Mitlebigkeit" (Schmidt, 2004). Mit „Mitlebigkeit" meine ich mehr als eine bloße soziale Bezogenheit, sondern darüber hinaus eine auf Transzendenz gerichtete Strebung. Die soziale Bezogenheit ist unbestritten, aber auch eine tiefere, im Unbewussten verwurzelte, Bezogenheit des Menschen auf einen größeren kosmischen Zusammenhang ist meines Erachtens durchaus mit den Wahrnehmungen einer heutigen Neurowissenschaft vereinbar. Vielleicht bedingen eine solche Befreiung ins Transzendentale und irdische Freiheit ja einander, denn in unserem konkreten gesellschaftlichen Sein spiegelt sich immer mehr als nur Alltäglichkeit.

Zwischen den Kraftfeldern vom „Willen zur Macht" als äußerste Variante einer kompensatorischen, auf finale Ziele hin ausgerichteten, Strebung und „Gemeinschaftsgefühl" als ein tiefes Wissen um unsere Bezogenheit bewegt sich, so gesehen, unser seelisches Sein. Ich formulierte es als These so: „Ebenso wie es die Schattenseite in uns gibt, existiert auch eine Lichtseite in unserer Seele, eine in den Strukturen unseres Unbewussten angelegte Sehnsucht nach tieferer Bezogenheit. Die eine Kraft hebt die andere nicht auf, sondern zwischen beiden Polen, dem des Schattens und dem des Lichts, entfaltet sich die ganze Vielfalt unseres Seelenlebens" (Schmidt, 2004). Diese Polarität scheint auch auf in den Bildern der Träume und Tagträume. Im analytischen Prozess der Therapie versuchen wir, der Patient und der Therapeut, sie in gemeinsamer Arbeit – zu verstehen und nutzbar zu machen.

4. Zwei Beispiele: Die Arbeit mit Träumen in einer Einzelanalyse und Traumarbeit in der Gruppe unter Nutzung der Fähigkeit zum Tagträumen.

Im Folgenden möchte ich mit zwei Beispielen aus der praktischen Arbeit an Träumen die bisherigen theoretischen Überlegungen ergänzen. Im ersten Fall handelt es sich um die analytische Arbeit mit einer fast fünfzigjährigen Frau, welche in einer tiefen Lebenskrise mit depressiven Symptomen und diffusen psychosomatischen Beschwerden therapeutische Unterstützung suchte, in der Abschiedsphase ihrer Analyse. Als zweites Beispiel einer analytischen Traumbearbeitung wähle ich eines aus einer Gruppensituation. Ich tue dies, weil ich in der Arbeit mit Träumen in der Gruppe meine tiefsten Erfahrungen machte über die kreative Kraft des Träumens und des Tagträumens, über Beziehungsarbeit und das Wesen der Gruppe, die immer mehr ist als die Summe ihrer Teile, sondern eine Ganzheit, wie jede der an der Gruppentherapie teilnehmenden Personen, nämlich eine bewegte kosmische Ganzheit im dynamischen Prozess der Veränderung.

Das erste Beispiel: Geboren wurde meine Patientin kurz nach dem zweiten Weltkrieg in einer östlichen, ehemals deutschen Provinz, welche nach 1945 Polen zugeschlagen wurde. Nach ihrem zweiten Lebensjahr siedelten die Eltern aus in eine westdeutsche Stadt. Die Familie geriet in der fremden Umgebung in eine bedrängende psychische und soziale Situation. Ihr Fremdsein in der neuen Welt erlebte das Mädchen als erniedrigend, sie fühlte sich in einer Umgebung, in welcher die Einheimischen den Zugewanderten oft mit Misstrauen und abfällig begegneten, minderwertig. Erschwert wurde die Situation dadurch, dass die Familie noch um drei jüngere Geschwisterkinder wuchs. Die wirtschaftliche Lage war belastet. Die Eltern waren überfordert. Sie blieben dem erstgeborenen Kind die für eine gedeihliche Entwicklung notwendige Empathie schuldig. Die Mutter war nicht belastbar, selber traumatisiert. .Der Vater reagierte seine Spannungen und sozialen Minderwertigkeitsgefühle der Tochter gegenüber in heftigen und oft grenzverletzenden Aggressionen ab. Die Tochter fühlte sich gedemütigt, verkannt und einsam. Trotzdem gelang ihr später ein recht erfolgreicher Lebensweg. Sie machte das Abitur und studierte Psychologie.

Die aktuelle Lebenskrise wurde ausgelöst durch das Zerbrechen einer über fünfzehn Jahre bestehenden Ehe. Der Ehemann ging eine neue Beziehung ein und verließ die Patientin und ihre zwei Kinder. Das Trauma dieser Trennung wurde verstärkt dadurch, dass der frühere Ehemann sie nach der Scheidung mit Schuldvorwürfen überhäufte und ihr die Kinder zu entfremden drohte, womit er diese in schwere Solidaritätskonflikte brachte. Alle diese Ereignisse aktualisierten frühe Erfahrungen des hilflosen Ausgeliefertseins als Opfer gegenüber den aggressiven Übergriffen eines übermächtigen Vatermannes.

Im Prozess der Analyse entwickelte die Patientin von Anfang an eine positive, idealisierende Vaterübertragung, in welcher aber auch aggressive und misstrauende Ambivalenzanteile spürbar waren. Meine Gegenübertragung war geprägt von väterlicher Sympathie, mit welcher ich die innere Not des Kindes in ihr nachempfinden und einfühlsam spiegeln konnte, worin aber auch die Gefahr enthalten war, meinerseits eigene aggressive Impulse nicht richtig wahrzunehmen und gegenüber ihrer Opferhaltung, in welcher sie oft gefangen blieb, eine gelegentlich zu duldsame Haltung einzunehmen. Die – natürlich im Prozessverlauf auch immer wieder reflektierte – Übertragungs-Gegenübertragungssituation war über lange Zeit förderlich und ermöglichte der Patientin eine Reihe wichtiger Entwicklungsschritte. Sie gewann deutlich an Selbstwertgefühl, Autonomie, Abgrenzungsfähigkeit und schließlich auch Wehrhaftigkeit. Die hier nun vorgestellten Übertragungsträume brachte sie ein, als sich das Ende der Therapie bereits abzuzeichnen begann, wodurch frühe Verlassenheitsängste und Verratserlebnisse noch einmal aktualisiert und auf der Beziehungsebene in der Analyse der Bearbeitung zugänglich wurden, was zu einer weiteren Stärkung der Fähigkeit einer reiferen Ich-Du-Abgrenzung in Beziehungen führte.

Hier der erste Traum: Die Patientin träumt eine Therapiesituation in meinem Ordinationszimmer. Sie erzählt mir etwas über ihre gegenwärtigen Bedrängnisse. Ich sitze unter einem Tisch. Ich bin nackt, trage nur einen Lendenschurz. Ich bin sozusagen ein nackter Wilder. Später trete ich hinter sie und öffne eine Art Tresor in der Wand. Ich nehme alte Papiere heraus, ein Album mit Kinderbildern. Ich erkläre ihr etwas über diese alten Bilder. Die Träumerin ist ein wenig misstrauisch, erstaunt.

Wir verstanden, dass sich in diesem Traum zwei Ebenen durchmischen. Auf der Gegenwartsebene hinterfragt sie ihre Beziehung zu mir. Die verdrängten Ambivalenzanteile werden sichtbar, und auch der Machtfaktor ist im Spiel. Die Therapeutenmacht wird entwertet. Ich sitze unter dem Tisch als ein nackter Wilder. Dieses Bild, das mir mitzuteilen der Träumerin durchaus schambesetzt war, konnten wir gemeinsam in seiner symbolischen Bedeutung annehmen, und im Verlauf der Arbeit an dem Traum auch gemeinsam darüber lachen, was für sie sehr erleichternd war. Die zweite Ebene verstanden wir als eine regressive im Sinne einer schöpferischen, erklärenden Regression. Es mischen sich die Bilder des Therapeuten und des Vaters. Auch der innere ehemals mächtige Vater wird ein Stück entmachtet. (Die Patientin hat heute zu ihm ein durchaus liebevolles, aber ihre Geschichte nicht leugnendes, Verhältnis auf Augenhöhe, und er begegnet ihr mit fürsorglicher Teilnahme und Respekt). Noch im Traum erklärt sich die Träumerin die regressiven Anteile selbst, bzw. sie lässt sie sich erklären. Am Ende bleibt – neben dem Erstaunen über die Beziehungssetzung von Gegenwart und Vergangenheit und natürlich auch die Tragfähigkeit der therapeutischen Beziehung – ein kleiner Rest an Misstrauen zurück. Die beiden folgenden Übertragungsträume brachte sie eine Wochen später ein.

Der zweite Traum: In diesem besuche ich die Träumerin in ihrer Wohnung. Auf dem Tisch liegt allerlei Zettelkram herum. Es ist aber eine gemütliche Unordnung. Sie bietet mir eine Linsensuppe mit Wurst aus der Dose an und lächelt mir sehr liebenswürdig dabei zu. (Die Träumerin fügt erklärend hinzu, dass sie sich solch eine biologische Linsensuppe aus der Dose oft gerne selber bereite, wenn sie allein sei.) Ich esse die Suppe, und sie scheint mir zu schmecken. Die Patientin hat im Traum das Gefühl, dass das, was sie mir anzubieten habe, schon in Ordnung sei.

Dieser Traum interpretiert sich eigentlich selbst. Sie vergewissert sich in ihm ihres Wertes in der Beziehung zu mir. „Das, was ich in der Beziehung zu bieten habe, ist schon in Ordnung". In ihm drücken sich auch Wünsche nach größerer Nähe und Intimität aus. Dieser Traum bereitet den nächsten gewissermaßen vor.

Der dritte Traum: Dieser besteht aus zwei Teilen. Den Inhalt des ersten Teils hat sie zum größten Teil vergessen. Sie erinnert sich noch, dass ich ihr die Wange gestreichelt habe. Sie habe dann furchtbar weinen müssen und wurde tränenüberströmt wach. Sie schläft dann wieder ein und träumt Folgendes: Sie sitzt nun in meiner Wohnung. Ich zeige ihr Bilder von mir und will ihr eines schenken. Sie sitzt an einem Tisch und schaut sich die Bilder an. Neben mir sitzt meine Frau und redet mit mir über Kinder. Meine Frau fragt, ob sie das Gespräch verstanden habe. Die Träumerin erwidert ihr, dass sie nicht zugehört habe, das sei ihr zu intim gewesen. Meine Frau will es ihr noch einmal erklären und beginnt zu sprechen. Indem diese aber spricht, sitzt die Träumerin nun in einem Flur oder Vorraum. Sie kann die Erzählerin nur schlecht verstehen. Sie sitzt neben einer Tür, von welcher eine Kellertreppe abwärts führt. Dann komme ich zu ihr und rücke einen Stuhl dicht neben ihren. Ich sage zu ihr: „Das mit ihren Kindern haben sie aber gut gemacht". Dann kommen viele Leute in den Raum. Lehranalysanden oder Teilnehmer eines Seminars. Sie gehen in den Keller hinab. In der Träumerin ist ein Gefühl von Versöhnung, mit dem sie wach wird und das sie noch lange in de Tag begleitet.

Dieser Traum ist deutlich auf einer reiferen, nicht mehr frühkindlichen, sondern ödipalen Stufe angesiedelt. Das in ihm behandelte Problem ist das der Lösung, des Loslassens. Sie löst sich aus meiner Welt. Sie geht versöhnt und – wie sie bei der Arbeit an ihren Träumen sagt, bereichert aus meiner

Welt heraus. Aber es geht in dem Traum nicht nur um ein Loslassen aus der Übertragungsbeziehung, sondern um ein vertrauensvolles Loslassen ihrer Kinder. Sie ist mehr und mehr innerlich bereit, sie aus einer beschützenden symbiotischen Beziehung in eine reifere Bezogenheit zu entlassen. Bei der Bearbeitung ihres Traums äußert die Patientin, dass sie eine Veränderung in allen ihren Beziehung erlebe. Sie sei nun näher bei sicher selber, abgegrenzter. Es sei eine neue liebevolle Nähe, die sie oft empfinde, in welcher sie sich und die anderen als eigene und sich selbst gehörende Personen erlebe. Der Weg zu reiferen Ich-Du-Beziehungen hat sich fortgesetzt.

Nun das zweite Beispiel einer Traumarbeit. Es handelt sich wie gesagt um eine Arbeit in der Gruppe. Ich entwickelte diese Art mit Träumen umzugehen aus einer Suchbewegung heraus. Ich suchte nach einer Technik, welche die Gefahr vermied, dass die Arbeit am Traum eines Gruppenmitgliedes zur Einzeltherapie in der Gruppe würde und damit zu einem Störfaktor im sich entwickelnden dynamischen Gruppenprozess. Ich wollte, dass der Traum jedes Gruppenmitgliedes auch nutzbar würde für die unbewussten Dialogabläufe in der Gesamtgruppe und damit für die Fortentwicklung des Gruppenprozesses. In einem ersten Schritt folgte ich nicht mehr so sehr den Assoziationen des Träumers, sondern bat alle Gruppenmitglieder zum vorgetragenen Traum eigene – nicht deutende, sondern streng auf das eigene Erleben mit dem Traumtext bezogene – Einfälle vorzutragen. Damit wurde der Traum eingebettet in das Gruppengeschehen. Des weiteren nutzte ich die Fähigkeit der Gruppenmitglieder zum Tagträumen, indem ich sie bat, in einer Art mediativer Versenkung den vorgetragenen Traumtext zu verinnerlichen und ihn so als tagtraumartige Phantasie nach- oder weiterzuträumen, wobei ich sie auch aufforderte, aufmerksam zu sein für eigene Lebensthemen und für Widerstände gegen die im Traum aufscheinenden Motive. In einem dritten Schritt führte ich ein spielerisches Element ein, indem ich den Traumtext inszenieren und spielen ließ. Ich folgte dabei den Anregungen Morenos zum Psychodrama. Wie sich das vollzog will ich im Folgenden darstellen.

Die Gruppe – aus Teilnehmern eines analytischen Traumseminars, das sich über mehrere Tage erstreckte – hatte sehr schnell ein Thema gefunden, nämlich die schmerzhafte Spannung zwischen Mann und Frau. Ein Teilnehmer berichtete folgenden Traum: „Ich saß in einem Büro, das ich räumen musste. Es standen dort zwei Schreibtische. Ich sortierte erst aus einem Schreibtisch in großer Hektik allerlei Sachen aus. Briefe, Bilder, Akten und Aufzeichnungen, die ich aus allerlei nicht mir zugehörigem Kram heraussuchen musste. Die Hektik steigerte sich. Bei dem anderen Schreibtisch musste ich in ein tiefes Fach greifen. Ich geriet dabei in große Panik. Dann änderte sich die Szene. Ich sah mich als kleinen Jungen in einem Parkstück. Hinter mir war das Bürohaus, in dem mein Vater arbeitete. Nun stand mein Vater bei mir. Ich beklagte mich bei ihm, dass meine Kindergärtnerin mich gescholten habe, weil ich den richtigen Haken für meine Sachen nicht gefunden habe. Er nahm mich bei der Hand und ging mit mir zu der Kindergärtnerin im Kindergarten am Ausgang des Parks. Er stellte sie mit barschen und eindeutigen Worten zur Rede. Sie entschuldigte sich bei mir.

Soweit der Traumtext. Ich kann hier die folgenden Phasen unserer Arbeit mit ihm, die Mitteilung aller Gedanken, Gefühle und eigenen Bilder zum Traum durch die Gruppenmitglieder, nur andeutungsweise darstellen. Ein Mann äußerte Trauer darüber, von seinem harten Vater auf ein ganz rigides Männerbild festgelegt worden zu sein. Eine Frau weinte und erzählte, dass sie sich gewünscht hätte, von ihrem Vater mehr beschützt zu werden. Mehrere Gruppenmitglieder identifizierten sich mit dem kleinen Jungen im Park, ihm kamen viele mütterliche Gefühle entgegen. Mehrere Männer und Frauen fühlten sich ein in die Hektik der Büroszene und beklagten ihr eigenes Getriebensein. Eine Frau identifizierte sich mit der Kindergärtnerin und fühlte sich fertiggemacht. Der Träumer folgte den Mitteilungen der anderen mit großer Anteilnahme und erklärte sich am Ende bereit, seinen Traum zu inszenieren.

Er tat dies mit großem Ernst und sichtbarer Konzentration. Für die Rolle seines Traum-Ichs im Büro wählte er den Mann, der über seine Fixierung auf ein rigides Männerbild geklagt hatte. Die Rolle des Jungen im Park verteilte er auf zwei Männer, von denen der eine den aktiv klagenden, der andere den mehr passiven Part eines Anhängsels spielen sollte. Als Kindergärtnerin wählte er die Frau, die sich von den Männern fertiggemacht fühlte. Sehr wichtig war ihm die Einrichtung eines Büros. Die Rollen der beiden Schreibtische besetzte er mit Frauen. Auch mehrere Gebüsche im Park mussten durch Gruppenteilnehmer dargestellt werden. Er teilte schließlich den Raum in drei Bereiche, das Büro, den Park und den Kindergarten, der etwas erhöht angeordnet wurde und nur über durch Stühle improvisierte Stufen zu erreichen war.

Dann begann die Inszenierung des eigentlichen Spiels. Große Sorgfalt verwandte er auf die Darstellung der Hektik seines Traum-Ichs in der Büroszene. Sie musste immer wieder neu angesetzt und wiederholt werden, bis der Bogen von anfänglich nervöser Spannung bis zur Panik beim zweiten Schreibtisch der Traumwirklichkeit nahe genug kam. Die beiden Frauen, welche die

Schreibtische spielten, taten dies sehr eigenwillig. Während die eine ihre Rolle im wahrsten Sinne des Wortes zurückhaltend – auch im Sinne von festhaltend – spielte, legte die zweite Frau ihren Part als sehr aktive sexuelle Verführungsszene an. Dem Traumregisseur gefiel dies einerseits, aber er korrigierte auch. Er gab die Anweisung, die zweite Schreibtischfrau solle verführend und versagend sein. Das Ergebnis war verblüffend. Das Wechselspiel von Verführung und Versagung brachte das Traum-Ich in Panik. Der Wechsel zur Szene im Park war wie eine Flucht.

Als nun der Traum befriedigend von dem Träumer inszeniert und von der Gruppe durchgespielt worden war, trat dieser selber als sein Traum-Ich in das Spiel ein. Noch einmal veränderten sich die Akzente. Der dramatische Schwerpunkt lag auch diesmal in der Büroszene. Das Geschehen steigerte sich in die beinahe tragikomische Darstellung eines sich im Kampf mit zwei Frauen verzweifelt suchenden Mannes. das Hinübergehen aus der Büroszene zur Parkszene erschien diesmal wie ein Abschied von dieser Rolle. Er selber spielte nun den Vater. Das hatte er ausdrücklich so gewünscht. Er verband sein Traum-Ich stärker mit dem des Vaters als dem des Jungen, der er gewesen war. Alles spielte sich nun sehr ruhig, ja beinahe bedächtig ab. Es war ein nachdenkliches und auch ein wenig trauriges rückkehrendes Sicherinnern und Wiederbeleben. Vor den Büschen im Park blieb er einen Moment lang stehen, ein eigenartiges Berührtsein ging über sein Gedicht. Seinen Sohn – bzw. seinen Doppelsohn – nahm er fürsorglich, aber auch mit der Geste einer behutsamen Abgrenzung, an die Hand. Der Kindergärtnerin gegenüber trat er entschieden, sachlich, aber nicht autoritär auf. Am Ende des Spiels war er sichtlich erschöpft und erleichtert. Die Gruppe traf sich im Kreis und besprach die gemachten Erfahrungen.

Einer der Darsteller der Büsche im Park erzählte, dass er anfänglich ein wenig beleidigt gewesen sei über die Banalität der ihm zugewiesenen Rolle, dann aber habe er eine eigenartige Erfahrung gemacht. Er habe sich ein wenig im Wind gewiegt, dann habe er Lust gehabt, eine Art schalkhaften Quatsch zu machen, einfach um stärker ins Spiel zu kommen oder um mehr auf sich aufmerksam zu machen. Er habe dann eine Hemmung gespürt, eine Art Befangenheit, die ihm von Kindheit an sehr vertraut sei. Er sei nachdenklich und traurig geworden. Er glaube, dass er über sein Körperempfinden etwas sehr Wichtiges in sich wiederbelebt habe. Er sei dem Träumer sehr dankbar, dass er ihm diese Rolle zugewiesen habe.

Nach und nach erzählte so jeder der Gruppenteilnehmer sein Erleben, war dabei ganz bei sich und doch auch bei den anderen und beim Träumer. die erste Schreibtischdarstellerin hatte sich mit ihrer Mutter identifiziert und deren zurückhaltende und versagende Haltung, die ihr immer ein Stück Einsamkeit bereitet habe, nacherlebt und dabei gespürt, dass auch sie manches von dieser Haltung verinnerlicht habe. Die zweite Darstellerin eines Schreibtisches hatte eine Art erotisches Neck- und Verweigerungsspiel, das sie als Kind mit ihrem Vater erlebt hatte, nachempfunden. Der eine der beiden Darsteller des kindlichen Traum-Ichs hatte ein Stück Ängstlichkeit seiner Kinderzeit wiedergefunden, der andere seine Klagsamkeit, die ihn noch heute gelegentlich einhole. Die Kindergärtnerin schließlich war befriedigt über ein Stück gelungener Abgrenzung. Sie habe die Kritik annehmen können, ohne sich vernichtet zu fühlen. Jeder hatte ein Stück für sich aus dem Traum herausgenommen.

Der Träumer selbst berichtete dann, er habe den Traum jetzt ganz verstanden. Er habe schon gewusst, dass er etwas sehr Wichtiges enthalte. Zur Zeit, als er vier Jahre alt gewesen sei, habe sein Vater eine Geliebte gehabt. Seine Mutter sei darüber sehr betroffen gewesen und häufig depressiv und nörgelig. Das habe ihn gekränkt. Er selber sei fasziniert und geängstigt gewesen von dem Geschehen. Er habe seinen Vater sehr bewundert, aber dieser sei auch fern gewesen. Später sei er ein unerreichbares Leitbild gewesen. Bei dem Versuch, an dem Bild seines Vater vorbeizukommen, habe er sich abgemüht und gehetzt. Auch als sexuelles Leitbild sei sein Vater so groß und unerreichbar gewesen, dass er sich gewissermaßen an ihm totgearbeitet habe. Wichtig sei für ihn die Szene im Park gewesen. Die Büsche seien bedeutsam geworden. Er habe in dem Spiele jene Büsche wiedererkannt, hinter denen er seine ersten heimlichen Liebesabenteuer erlebt habe. Die Kindergärtnerin sei wohl seine Mutter gewesen, aber das halte er für weniger bedeutsam, wichtiger sei wohl das Vaterthema. Der Traum leite wohl eine Ablösung ein und eine Veränderung seines Männlichkeitsbildes. Das sei noch ein weiter Weg, aber er sei voller Zuversicht.

Ich hoffe aus diesen beiden sehr unterschiedlichen Beispielen der Arbeit mit Träumen wird deutlich, wie die verschiedenen Themen einer inneren Gefangenschaft zwischen dem Analytiker und der Analysandin oder im zweiten Fall zwischen dem Träumer, der Gruppe und dem Gruppenleiter Gestalt bekamen und bearbeitbar wurden. Es ging um das Erkennen des Festhaltens an alten Mustern, um trauernde Ablösung, um die Überwindung von Machtgebundenheit und schließlich um eine reifere Beziehungsfähigkeit. Auch das war mir wichtig darzustellen, dass ein diese Arbeit tragendes Beziehungsgefüge – „Gemeinschaftsgefühl" – nicht herbeigeredet werden kann, es muss im gegenseitigen Bezogensein wachsen. Wenn es gelingt, in der gemeinsam gestalteten Beziehung ein Klima zu schaffen, in dem es gedeihen kann, dann wird es ermutigt und befreit aus seinen Verschüttungen.

5. Schlussbetrachtungen, die schöpferische Kraft im Traum und Tagtraum, die Bedeutung von Beziehungsarbeit.

Wir haben verfolgt, wie sich zwischen den Polen von Überwindungsstreben, das letztendlich in den Willen zur Macht mündet, und dem Gefühl von Bezogenheit, für das Adler schließlich das Wort „Gemeinschaftsgefühl" setzt, aus individualpsychologischer Sicht die ganze Fülle menschlicher seelischer Strebungen entfaltet. In diesem Raum siedelt auch eine Fähigkeit, die Adler schon 1908 als ein aktives Streben des Kindes nach sozialer Gebundenheit, als Fähigkeit des Mitgestaltens und sozialer Kommunikation, als natürlich gegebenes Zärtlichkeitsgefühl beschreibt. Später prägt er hierfür den Begriff „schöpferische Kraft". Diese Annahme mündet bei Adler in die berühmte Aussage: „Die Einheit der Persönlichkeit ist in der Existenz jedes Menschenwesens angelegt. Jedes Individuum repräsentiert gleichermaßen die Einheit und Ganzheit der Persönlichkeit wie die individuelle Ausformung dieser Einheit. Das Individuum ist sowohl Bild wie Künstler. Er ist der Künstler seinen eigenen Persönlichkeit" (Adler 1930a, S. 6).

Adler führt aus, dass das Kind sich in freier schöpferischer Kraft aus dem ihm durch Herkunft und Umwelt gegebenen Erfahrungen seinen Lebensstil – ein grundsätzliches Fühl-, Denk- und Meinungsschema – entwirft. In seinem späteren Leben sei dann diese schöpferische Kraft gebunden in dieses Lebensstilkonzept. Der Mensch sei fortan also determiniert durch seinen Lebensstil. Er bleibt also gewissermaßen doch ein Gefangener seiner frühen Geschichte. Almuth Bruder Bezzel arbeitete in einem Vortrag den Gegensatz zwischen „schöpferischer Kraft" und Freuds Lehre von einem psychischen Determinismus heraus. Sie führt aus: „Adlers „schöpferische Kraft" richtet sich gegen eine Determination durch Anlage, Umwelt, Natur und Gesellschaft – darin gibt es im Prinzip keine Differenz zu Freud. Sie richtet sich aber auch und sogar in erster Linie gegen Freuds physikalische Haltung. (…) „Schöpferische Kraft" ist also ein Gegenbegriff gegen den „physikalischen Determinismus" Freuds" (Bruder Bezzel 2001, S. 101). Adler öffnet also dem Menschen einen kleinen Freiheitsspielraum, ich habe ihn verglichen mit Jean Paul Sartres Auffassung von Freiheit als „einem kleinen Spielraum des Menschen über seine totale Konditioniertheit hinaus" (Sartre 1971, S. 13). Sartre begründet aus diesem kleinen Freiheitsspielraum eine Verantwortung des Menschen für sein Handeln.

Zwar ist diese „schöpferische Kraft" des Menschen – so Adler – nach Beendigung der Kindheit gebunden in den Lebensstil und wird hauptsächlich eingesetzt zur Aufrechterhaltung der in dieser Struktur festgeschriebenen grundsätzlichen Zielsetzungen der Erhaltung des Selbstwertgefühls und der Überwindung empfundener Ohnmacht, aber der Lebensstil ist nicht unveränderbar. Strukturveränderungen, Veränderungen des Lebensstils, werden regelmäßig angestrebt – und im Falle des Gelingens auch erreicht – im Prozessverlauf der Psychoanalyse. Hierbei spielt die Arbeit mit Träumen und Tagträumen eine immer noch entscheidende Rolle. Traum und Tagtraum öffnen den Weg ins Unbewusste. Sie sind aus meiner Sicht Teil der im Lebensstil gebundenen „schöpferischen Kraft", welche nutzbar gemacht werden kann für Veränderung und Befreiung aus festgefahrenen und einengenden Strukturen. Der Traum enthält die Kraft des Suchens nach Orientierung und günstigstenfalls nach Neuorientierung.

Damit diese Neuorientierung aber gelingen kann, bedarf es einer aufmerksamen Reflektion aller in der Beziehung zwischen den am therapeutischen Prozess beteiligten Personen – also zwischen dem Analytiker und dem Patienten und im Falle der Gruppentherapie zwischen allen Gruppenmitgliedern untereinander und dem Gruppenleiter. Es bedarf also einer aufmerksamen Wahrnehmung aller im Geschehen von Übertragung und Gegenübertragung auftretenden Erscheinungen. Das eigentliche Agens der Traumarbeit in der Analyse ist die Arbeit in und an der Beziehung. Das Material für die oft starren Stellungnahmen im Lebensstil zur eigenen Person, zu den Mitmenschen und zur Welt waren ja in der Regel traumatisierende Beziehungserfahrungen. Der auslösende Tagesrest des Therapietraums ist sehr häufig das scheinbare Wiedererleben alter und als traumatisierend erlebter Beziehungserfahrungen im Verlauf der Analyse und im Beziehungsgefüge zwischen ihm und seinem Analytiker. Er bringt dann den Traum gewissermaßen als eine Botschaft an den Analytiker in das therapeutische Gespräch ein. Damit dies aber geschehen kann, bedarf es für den Patienten der – manchmal ganz neuen und erstmaligen – Erfahrung des Getragenseins und der Wertschätzung im Übertragungs- und Gegenübertragungsfeld der Analyse als einer über lange Zeit nahen Beziehung. Wenn diese Bedingung gegeben ist, inszeniert sich über den Traum die unbewusste Wahrnehmung von Gegenwart und Vergangenheit – auch als schöpferische Regression im Sinne eines wiederkehrenden Erinnerns – im Interaktionsgeschehen vom Patient und seinem Therapeuten.

Der Lohn aller dieser Bemühungen ist dann die Entstehung eines Klimas von Mitlebigkeit in der Beziehung – Gemeinschaftsgefühl – und dann die Entfaltung der „schöpferischen Kraft" von Träumen und Tagträumen, ein kreatives Geschehen, ein in den Traumbildern sichtbar werdendes Wachstum. Dann geschieht das, was Jean Starobinski in seinem Satz, den ich in meinem Eingangskapitel als zentrale Aussage seines Essays „Acheront Movebo, Nachdenken über das Motto der Traumdeutung" herausstellte, sagt: „Wir behaupten, dass die psychologische Theorie, sowie sie sich unter den Augen des Lesers der Traumdeutung von kommentierten Erzählungen aus konstruiert, beharrlich die Erwartungen einer narrativen Konstruktion rechtfertigt, die sich in der analytischen Praxis, im Geist des Therapeuten und in dem Patienten, bilden soll, ausgehend von im Laufe der Sitzungen verstreut gewonnenen Elementen (die man Material nennen wird), die dann in Beziehung gesetzt werden, um einen Sinn zu ergeben und verständlich zu werden". Diese Aussage trifft im Kern immer noch auch unser individualpsychologisches Verständnis der Arbeit mit Träumen und Tagträumen. So gesehen sind wir immer noch Schüler Freuds und Adlers.

Literatur

Adler, Alfred (1908b): Der Aggressionstrieb im Leben und in der Neurose. In: Alfred Adler und Carl Furtmüller (Hg.), Heilen und Bilden (53-62). Frankfurt: Fischer 1973.

Adler, Alfred (1908d): Das Zärtlichkeitsbedürfnis des Kindes. In: Alfred Adler und Carl Furtmüller (Hg.), Heilen und Bilden (63-66). Frankfurt: Fischer 1973.

Adler, Alfred (1911a+b): Zur Kritik der Freudschen Sexualtheorie des Seelenlebens. In: Alfred Adler u. Carl Furtmüller (Hg.), Heilen und Bilden (94-113). Frankfurt: Fischer 1973.

Adler, Alfred (1912a): Über den nervösen Charakter: Grundzüge einer vergleichenden Individualpsychologie und Psychotherapie. Göttingen: Vandenhoeck & Ruprecht 1997.

Adler, Alfred (1930a): Kindererziehung. Frankfurt: Fischer 1976.

Adler, Alfred (1933b): Der Sinn des Lebens. Frankfurt: Fischer 1973.

Antoch, Robert (2004): Zum möglichen Fortschritt der Individualpsychologie. In: Zeitschrift für Individualpsychologie, 29, 375-384.

Bloch, Ernst (1977): Das Prinzip Hoffnung. In: Gesamtausgabe Bd. 5. Frankfurt: Suhrkamp.

Bruder-Bezzel, Almuth (2001): Das Konzept der „Schöpferischen Kraft“ bei Alfred Adler. In: Annemarie Schlösser u. Alf Gerlach (Hg.), Kreativität und Scheitern, (97-106). Gießen: Psycho-Sozial.

Bruder-Bezzel, Almuth u. Klaus-Jürgen Bruder (2004): Kreativität und Determination. Studien zu Freud und Adler. Göttingen: Vandenhoeck & Ruprecht.

Freud, Sigmund (1900): Die Traumdeutung. Frankfurt: Fischer 1961.

Freud, Sigmund (1906): Der Wahn und die Träume in W. Jensens Gradivia. In: Sigmund Freud, Studienausgabe Bd. X. Frankfurt: Fischer 1961.

Freud, Sigmund (1916): Vorlesungen zur Einführung in die Psychoanalyse. In: Sigmund Freud Studienausgabe Bd.I. Frankfurt: Fischer 1969.

Freud, Sigmund (1930): Abriss der Psychoanalyse. Frankfurt: Fischer 1953.

Grubrich-Simitis, Ilse (1999): Metamorphosen der „Traumdeutung“. In: Jean Starobinski, Ilse Grubrich-Simitis u. Mark Solms (Hg.), Hundert Jahre „Traumdeutung“ von Sigmund Freud. Drei Essays.(35-72). Frankfurt: Fischer.

Hamburger, Andreas (1998): Narrativ und Gedächtnis. Psychoanalyse im Dialog mit den Naturwissenschaften. In: Martha Koukou, Marianne, Leuzinger Bohleber u. Wolfgang Mertens (Hg.), Erinnerung von Wirklichkeiten. Psychoanalyse und Neurowissenschaften im Gespräch. Bd. I. (223-286) Stuttgart: Verlag Internationale Psychoanalyse.

Hüther, Gerald (1997): Biologie der Angst. Wie aus Stress Gefühle werden. Göttingen: Vandenhoeck & Ruprecht.

Leuzinger-Bohleber, Marianne (1998): Allgemeine Vorbemerkungen. In: Marianne Leuzinger-Bohleber, Wolfgang Mertens u. Martha Koukou (Hg.), Erinnerung von Wirklichkeiten. Psychoanalyse und Neurowissenschaften im Gespräch. Bd. II. (7-13). Stuttgart: Verlag Internationale Psychoanalyse.

Leuzinger-Bohleber, Marianne (1998): Nachträgliches Verstehen eines psychoanalytischen Prozesses. Einige einführende Bemerkungen zu einem pluralistischen, modellzentrierten Erkenntnisprozess. In: Marianne Leuzinger-Bohleber, Wolfgang Mertens u. Martha Koukou (Hg.): Erinnerung von Wirklichkeiten. Psychoanalyse und Neurowissenschaften im Gespräch. Bd. II. (36-95). Stuttgart: Verlag Internationale Psychoanalyse.

Mertens, Wolfgang (2000): Traum und Traumdeutung. München: H.C. Beck.
Mertens, Wolfgang (1998): Aspekte der psychoanalytischen Gedächtnistheorie/Von den Anfängen bis zur Gegenwart. In: Martha Koukou, Marianne Leuzinger-Bohleber u. Wolfgang Mertens, (Hg.): Erinnerung von Wirklichkeiten. Psychoanalyse und Neurowissenschaften im Gespräch, Bd.I. (48-130). Stuttgart: Verlag Internationale Psychoanalyse.
Nietzsche, Friedrich (1888): Also sprach Zarathustra I-IV (1888). München: DTV 1977.
Pauen, Michael (2004): Illusion Freiheit? Mögliche und unmögliche Konsequenzen der Hirnforschung. Frankfurt: Fischer.
Person, Ethel (2000): Über das Versäumnis, das Machtkonzept in die Theorie zu integrieren. In: Annemarie Schlösser u. Kurt Höhfeld (Hg.), Psychoanalyse als Beruf. (73-98). Gießen: Psychosozial und Zeitschrift für Individualpsychologie, 26, 2001, 4-23.
Roth, Gerhard (1996): Das Gehirn und seine Wirklichkeit. Kognitive Neurobiologie und seine philosophischen Konsequenzen. Frankfurt: Fischer.
Safranski, Rüdiger (2004): Schiller oder Die Erfindung des Deutschen Idealismus. München: Hanser.
Sartre, Jean Paul (1940): Das Imaginäre. Hamburg : Rowohlt 1971.
Starobinski, Jean (1999): Acheronta Movebo. Nachdenken über das Motto der Traumdeutung. In: Jean Starobinski, Ilse Grubrich-Simitis u. Mark Solms: Hundert Jahre „Traumdeutung" von Sigmund Freud. Drei Essays. (7-32). Frankfurt: Fischer.
Schiller, Friedrich (1794): Über die ästhetische Erziehung des Menschen in einer Reihe von Briefen. In: Friedrich Schiller: Werke Bd. II. München: Hanser 1966.
Schmidt, Rainer (1995): Kausalität, Finalität und Freiheit. Perspektiven der Individualpsychologie. München: Reinhardt.
Schmidt, Rainer (2004): Schuld, Schuldfähigkeit und Freiheit. (unveröff. Manuskript).
Schmidt, Rainer (2005): Träume und Tagträume. 3. Auflage. Göttingen: Vandenhoeck & Ruprecht.
Solms, Mark (1998): Auf dem Weg zu einer Anatomie des Unbewussten.: In: Martha Koukou, Marianne Leuzinger-Bohleber u. Wolfgang Mertens (Hg.): Erinnerung von Wirklichkeiten. Psychoanalyse und Neurowissenschaften im Gespräch. Bd. I. (416-461). Stuttgart: Verlag Internationale Psychoanalyse.

Solms, Mark (1999): Traumdeutung und Neurowissenschaften. In: Jean Starobinski, Ilse Grubrich Simitis u. Mark Solms: Hundert Jahre „Traumdeutung von Sigmund Freud. Drei Essays. (73-86). Frankfurt: Fischer.

Sperber, Manès (1970): Alfred Adler oder das Elend der Psychologie. Wien: Molden.

Sperber, Manès (1985): Geteilte Einsamkeit. Der Autor und sein Leser. Essays. Wien: Europa Verlag.

Dauer und Ziele individualpsychologischer Therapie

Gerd Lehmkuhl und Ulrike Lehmkuhl

In seinem Vorwort zu den Grundzügen einer vergleichenden Individualpsychologie und Psychotherapie „Über den Nervösen Charakter" (1912) schreibt Alfred Adler einleitend, dass ihn der Gedanke leitet, „bei der Frage nach dem „Sinn" eines psychischen Geschehens sowohl Ursachen als Richtung und Zweck desselben, Elemente und Zusammenhänge wie im Fluss sehen zu können" (1912a, S. 27). Es geht bei den individualpsychologischen Analysen also darum, Ziel- und Sinnvorstellungen Raum zu geben, um zu verstehen, was die Persönlichkeit leitet. Diese „leitende Idee" gilt es zu erkennen, d.h. es geht um eine Methode der „planmäßigen Betrachtung des psychischen Geschehens" (S. 27), um Wege und Ziele des Individuums zu verstehen und so weit als möglich zu beeinflussen. Adler spricht von einem fiktiven Endzweck, dem Ziel des Willens zur Macht, von kompensatorischen Bestrebungen, die durch eine Erhöhung des Persönlichkeitsgefühls die Unsicherheit verringern und damit einen neurotischen Kunstgriff darstellen. Adler führt aus: Man gewinnt bei unserer Art der Neurosenpsychologie immer den Eindruck, dass die neurotische Gebärde, die eben in Sicht kommt, präzise auf das Finale, auf den fiktiven Endzweck gerichtet ist, etwa wie wenn man in einem Film des Kinomatographen eine der mittleren Aufnahmen untersucht. Die Aufgabe besteht nun darin, diese Gebärde, eben die Symptome, Bereitschaften und Charakterzüge zu erkennen und ihr Ziel begreifen zu lernen. In jeder neurotischen Attitüde liegt der Anfang und das Ziel andeutungsweise verborgen. Diese Feststellung ist das Fundament jeder individualpsychologischen Methode und deckt sich mit unseren übrigen Befunden. Man wird deshalb in der Analyse eines Symptoms oder eines Traumes jedes Mal das „Unten" – die Empfindung des Weiblichen, der Minderwertigkeit – und das „Oben" – männlichen Protest, fiktives Endziel – in Spuren wiederfinden, in der Art einer nach aufwärts gerichteten psychischen Attitüde, in einem stark gegengesetzlich gefassten, „hermaphroditischen" Bild, einem neurotischen Umweg, der als solcher die Tendenz charakterisiert, gegen Widerstände durch Kunstgriffe aufzukommen, oder auseinandergelegt, so dass im Wechsel und Schwanken der psychischen Erscheinungen bald das „Unten", bald das „Oben" zutage tritt." (1912a, S. 302f).

Für Adler stellen somit Finalität, schöpferische Kraft und Zielgerichtetheit zentrale dynamische Faktoren in der biographischen Entwicklung dar:

„Minderwertige Organe, Verwöhnung oder Vernachlässigung verleiten die Kinder häufig, konkrete Ziele der Überwindung aufzurichten, die mit der Wohlfahrt des einzelnen sowie mit der Höherentwicklung der Menschheit in Widerspruch stehen" (1933b, S. 70). Diese kompensatorischen Fähigkeiten unterliegen der Kreativität und Eigenschöpfung des Kindes. Durch den Gebrauch und die Benützung angeborener Möglichkeiten und Fähigkeiten sowie durch die Reaktion auf Umweltfaktoren und erzieherische Maßnahmen entsteht die individuelle Leitlinie: „Das Kind nimmt sie auf und verwendet sie zur Konkretisierung seines Lebensstils, schafft sich ein Ziel, dem es unentwegt anhängt, demgemäss es apperzipiert, denkt, fühlt und handelt. Hat man einmal die Bewegung des Individuums ins Auge gefasst, dann kann einen keine Macht der Welt davon entheben, ein Ziel anzunehmen, dem die Bewegung zuströmt. Es gibt keine Bewegung ohne Ziel. Dieses Ziel kann nie erreicht werden ... das Minderwertigkeitsgefühl beherrscht das Seelenleben und lässt sich leicht aus dem Gefühl der Unvollkommenheit, der Unvollendung und aus dem ununterbrochenen Streben der Menschen und der Menschheit verstehen" (S. 70).

Wie lassen sich nun Lebensziele und daraus möglicherweise abgeleitete Therapieziele aus individualpsychologischer Sicht definieren? In seinen Fallgeschichten „Neurosen" schreibt Adler (1929c) der Mutter eine zentrale und spezifische Funktion für die Verhaltensänderung und Prägung des Kindes zu: „Unter ihrem Einfluss hemmt das Kind zum ersten Mal seine Wünsche und organischen Impulse und führt in seinem Streben nach dem, was es sich wünscht, Aufschübe und Umwegmethoden ein. Das Ziel alles Strebens, das darin besteht, die Lebensschwierigkeiten zu meistern und Überlegenheit zu gewinnen, ist ebenfalls ein Anreiz in der Kindheit, die ja mit einem Gefühl fast völliger pragmatischer Ohnmacht beginnt. Die aufmerksame, wohlwollende Mutter ist für das Kind die Wächterin seines Ziels, ja weitgehend das Ziel selbst in konkreter Gestalt. Doch solch ein Ziel ist nicht dauerhaft möglich, und die Kunst der Mutterschaft liegt darin, dem Kind Freiheit und Möglichkeit zum Erfolg aus eigenen Kräften zu geben, so dass es sich seinen eigenen Lebensstil zulegen und nach Überlegenheit in zunehmend nützlicher Art und Weise suchen kann. Dann muss die Mutter das Kind Schritt für Schritt für andere Menschen und für die weitere Lebensumwelt interessieren. Soweit sie diese beiden Funktionen erfüllen kann – nämlich Unabhängigkeit zu gewähren und ein wahres Anfangsverständnis für die umgebene Situation daheim und in der Welt zu vermitteln -, wird sie erleben, dass ihr Kind Gemeinschaftsgefühl, Unabhängigkeit und Mut entwickelt. Und insoweit wird auch das Kind sein eigenes Ziel finden, d.h. ein Mitmensch und Freund, ein guter Mitarbeiter und ein wahrer Liebespartner zu sein." (1929c, S. 49) In dieser Beschreibung finden sich auch einige wichtige Aspekte, die Adler mit einer angemessenen psychotherapeutischen Haltung, Aufgabe und Zielsetzung verbindet. Für Adler war es entscheidend, die Lebenslinie zu verstehen, zu analysieren und wenn notwendig zu verändern. 1914 führt er aus: „Wenn ich das Ziel einer Person kenne, so weiß ich ungefähr, was kommen wird. Und ich vermag es dann auch, jede der aufeinanderfolgenden Bewegungen einzureihen, im Zusammenhang zu sehen und meine ungefähre psychologische Kenntnis des Zusammenhangs fortlaufend zu korrigieren oder anzupassen. Solange ich nur die Ursachen, demnach nur Reflexe und Reaktionszeiten, Merkfähigkeit und ähnliches kenne, weiß ich nichts von dem, was in der Seele dieses Menschen vorangeht" (1914h, S. 20).

Die Seele hat nach Adler ein Ziel. Dies ist geprägt von den primären Erfahrungen, Kränkungen und Minderwertigkeitsgefühlen der ersten Lebensjahre. Insofern ist bereits in der frühen Individualpsychologie das Therapieziel implizit ein zentraler Interventionsaspekt: „Dazu kommt noch, dass auch der Untersuchte nichts mit sich anzufangen wüsste, solange er nicht nach einem Ziel gerichtet ist. Solange wir seine durch ein Ziel bestimmte Lebenslinie nicht kennen, wäre das ganze System seiner erkannten Reflexe samt allen kausalen Bedingungen nicht imstande, über die nächste Folge seiner Bewegungen Sicherheit zu verschaffen: sie würden sich mit jeder möglichen seelischen Konsequenz in Einklang bringen lassen" (1914h, S. 20). Der seelische Apparat ist ohne fiktive Endziele für Adler nicht vorstellbar: „Nur Lebloses gehorcht einer erkennbaren Kausalität, aber das Leben ist ein Sollen" (S. 21). Adler verlangt ein streng individualisierendes Vorgehen und lehnt Verallgemeinerungen ab. Wenn einmal das Ziel einer seelischen Bewegung bzw. der Lebensplan erkannt ist, „dann muss ich von allen Teilbewegungen erwarten, dass sie mit dem Ziel und mit dem Lebensplan übereinstimmen" (S. 23).

In der psychotherapeutischen Behandlung ist nach Adler vor allem darauf zu achten, „den Patienten aus seinen Vorbereitungen im Wachen und gelegentlich aus seinen Träumen zu zeigen, wie er gewohnheitsmäßig immer wieder in die ideale Situation seiner Leitlinie einzurücken versucht, bis er, anfangs aus Negativismus, später infolge von freier Bestimmung, den Lebensplan und damit sein System ändern kann und den Anschluss an die menschliche Gesellschaft und an ihre logischen Forderungen gewinnt" (1913a, S. 66).

Es sind die neurotischen unbewussten Arrangements, die es zu erkennen, zu bearbeiten und in der therapeutischen Beziehung wiederzubeleben gilt und damit veränderbar zu machen. In der Behandlung von Neurosen spricht Adler von direkten und indirekten Methoden, um eine von Wohlwollen und Verständnis getragene Beziehung herzustellen, so dass „Anregungen zur Änderung der Handlungsweise" möglich sind (1929c, S. 43). Zur Definition und Bedeutung des Behandlungsziels führt er aus, dass es entscheidend ist, die unbewussten frühkindlichen Erfahrungen und Konstellationen zu wissen, um einen konkreten Behandlungsplan zu entwickeln. Im Anschluss an eine Fallvignette entwickelt Adler die grundlegenden Prinzipien des psychodynamischen Verständnisses: „Dieser Fall illustriert sehr gut die Unfähigkeit eines verzogenen Kindes, sich der besten Möglichkeiten zu bedienen, ein Eroberer zu werden. Er bestätigt auch, wie falsch es ist, Zustände wie Trunksucht ohne Kenntnis des psychischen Prototyps zu behandeln, denn dieses Leitbild kann jeden Wandel der Bedingungen seiner individuellen Art des Strebens angleichen. Der Prototyp ist nicht am Trinken interessiert, sondern an sich und seiner Überlegenheit und das verlockt einen solchen Patienten, sich auf die unnützliche Seite des Lebens zu schlagen. Das Behandlungsziel muss sein, das Gemeinschaftsgefühl in jeder nur möglichen Weise zu fördern" (1929c, S. 69). Heute würden wir formulieren, dass es darum geht, die Beziehungsfähigkeit des Patienten zu stärken und die unbewusste Symptombildung im psychotherapeutischen Prozess zu verdeutlichen. Adler war sich der Bedeutung der therapeutischen Beziehung jenseits jeglichen Zwanges bewusst. Er plädierte für die „freiestmögliche Beziehung, dies sind die Bedingungen, auf denen die Beziehung zwischen Patient und Arzt unbedingt beruhen muss. Denn eine Heilung hängt davon ab, ob beide das Ziel des Patienten verstehen, ein Ziel, das bis dahin ein wohl gehütetes Geheimnis war. Auf diese Notwendigkeit zur Wahrheit, die dem individuellen Lebensstil zugrunde liegt, habe ich bereits im Zusammenhang mit der Behandlung von Trunksucht, Morphiumkonsum und ähnlichen Süchten hingewiesen. Nur das Gift wegzunehmen und einige ermutigende Worte zu sagen, ist sinnlos. Der Patient muss sich klar machen, warum er trinkt. Es reicht auch nicht aus, wenn der Patient sich die allgemeinen Grundsätze der Individualpsychologie zu eigen macht, denen zufolge ein Trinker sozialen Mut und Gemeinschaftsgefühl verloren hat oder der Furcht vor einer drohenden Niederlage ausgesetzt ist" (1929c, S. 89). Für Adler kommt es darauf an, „die besondere Struktur und Entwicklung dieses individuellen Lebens mit einer solchen Genauigkeit erfassen und mit solcher Klarheit zum Ausdruck zu bringen, dass der Patient erkennt, er ist völlig verstanden" (S. 90).

Die von Adler und den frühen Individualpsychologen definierten Behandlungsaufgaben und -ziele entsprechen daher in vielen Punkten den von Kottje-Birnbacher und Birnbacher (1999) geforderten ethischen Grundsätzen:

- Die Formulierung von Therapiezielen muss auf einer Problem- und Ursachendiagnose beruhen, die neben der Analyse der Beschwerden des Patienten auch eine systemische Betrachtung des Umfeldes beinhaltet.
- Der Therapeut sollte nur Therapieziele vorschlagen, ie der vom Patienten gewünschten Zieltiefe entsprechen.
- Die therapeutischen Möglichkeiten müssen realistisch abgeschätzt werden.
- Finale Ziele und instrumentelle Ziele müssen gesondert abgestimmt werden. Dabei müssen jeweils auch die Nebenfolgen zur Sprache kommen.

Nach Kottje-Birnbacher und Birnbacher (1999) stellen Therapieziele keine Lebensziele dar, sondern seien begrenzt in ihrer zeitlichen wie in ihrer kausalen Reichweite. Sie müssten zwischen Therapeut und Patient immer wieder neu ausgehandelt und im therapeutischen Prozess entwickelt werden. Sie verdeutlichen dies an einer Patientin mit Angstzuständen, deren einziges Therapieziel zunächst darin bestand, diese loszuwerden oder zumindest auf ein erträgliches Maß zu reduzieren. Nach einiger Zeit der Therapie kam das Ziel hinzu, ihre Ehe lebendiger zu gestalten. Als ihr bei ihren intensiven, aber vergeblichen Bemühungen um ihren Mann klar wurde, dass ihm ganz andere Dinge im Leben wichtig sind als ihr, trennte sie sich von ihm. Nun hinterfragte sie ihre Partnerwahl, wobei ihr ihre immer noch bestehende innere Bindung an ihren Vater und ihre Abgrenzung gegenüber dem elterlichen Ehemodell deutlich wurde. Ihr jetzt definiertes Therapieziel bestand darin, tragfähige und befriedigende Beziehungen zu Freunden und Kollegen aufzubauen, statt der vorher dominierenden einseitigen Helferbeziehungen. Zu diesem Zeitpunkt waren die Angstzustände längst verschwunden und Kottje-Birnbacher und Birnbacher fragen, ob dieser letzte Teil der Therapie noch als Behandlung von Krankheit angesehen werden kann oder eher mit Zugewinn an Gesundheit und Lebensfreude verbunden ist. Der von Adler vertretene Anspruch ging jedoch weit über die von Kottje-Birnbacher und Birnbacher (1999) sequentiell anzugehenden Therapieziele deutlich hinaus und strebt von vornherein eine generelle Lebensstiländerung an, die zwar auch eine Symptomreduktion und –besserung einschließt, allerdings als Resultat einer tiefgreifenden „Umstellung“ der Persönlichkeit und des Lebensstils.

Aus der Frühzeit der Individualpsychologie liegen wenige Fallbeschreibungen vor, aus denen sich sowohl das praxeologische Vorgehen als auch die Zieldefinition und –tiefe nachvollziehen lassen. 1931 veröffentlichte Künkel die Skizze „einer Angstneurose und ihre Behandlung". Kritisch schreibt Künkel, dass es zwar in der individualpsychologischen Literatur zahlreiche Schilderungen von neurotischen Menschenschicksalen gebe, „doch sind sie entweder nur kurz und andeutungsweise wie im Umriss dargestellt, oder sie sollen, wo sie genauer ausgeführt werden, einen bestimmten Zusammenhang veranschaulichen wie etwa die Symptombildung" (Künkel 1931, S. 1). Eine einheitliche und gleichmäßig differenzierte Lebensgeschichte, die sowohl die Entstehung und Ausbildung wie auch die Behandlung und Heilung der so genannten Neurose oder besser gesagt der neurotischen Charakterbildung genetisch verständlich mache, sei bisher noch nicht erschienen. Dabei hat die Beschreibung einer Kasuistik nach Künkel folgende Aspekte zu berücksichtigen:

- Es handelt sich um eine Wissenschaft im Hinblick auf den Zusammenhang von Erkenntnissen, Begriffen und Urteilen, über die sich der Arzt einerseits mit dem Patienten und andererseits mit seinen Kollegen und mit seinen bisherigen Erfahrungen auseinanderzusetzen hat, und deren Brauchbarkeit durch den praktischen Erfolg oder Misserfolg wenigstens bis zu einem gewissen Grade kontrolliert wird.
- Es handelt sich um angewandte Wissenschaft oder Kunstfertigkeit in dem Sinne, dass das praktische Verhalten des Arztes bewusst durch die eben erwähnten Einsichten geleitet wird, aber darüber hinaus noch unbewussten Motiven folgt, die teils neurotischen Resten, teils sozialen und weltanschaulichen Bindungen entstammen, und deren Wirksamkeit wiederum zum Gegenstand der Forschung gemacht werden muss.
- Es handelt sich um Kunst, wenn die Einsichten, die ja zustande kommen und ihre praktische Auswirkung im Heilungsprozess für einen Dritten oder auch für den Arzt und den Patienten selbst nachträglich als anschaulicher Zusammenhang beschrieben werden soll. Denn in dieser Beschreibung müssen nach Möglichkeit die Stimmungen und Gefühlsbetonungen der Ereignisse nicht nur erwähnt, sondern erlebnismäßig wachgerufen werden" (Künkel 1931, S. 3).

Künkel beginnt die Schilderung des Falles einer Angstneurose und ihrer Behandlung mit der Anamnese. Er beschreibt ausführlich die ersten Sitzungen, arbeitet die Psychodynamik aufgrund des biographischen Kontextes heraus, gibt einen Überblick zum Behandlungsprozess und –verlauf und schließt mit einer katamnestischen Betrachtung ab. Er erlaubt einen Einblick in seine therapeutische Arbeit, wenn er ganze Gesprächssequenzen zitiert und die Beziehung zwischen Therapeut und Patient zum Thema macht (1931, S. 60). Abschließend hebt Künkel hervor, dass sich die „Theorie der Heilung" immer deutlicher von der „Technologie der Behandlung" abgrenzen ließe. Erst die genauen Kenntnisse weiterer Therapieverläufe könne Aufschluss über allgemeine zugrunde liegende psychodynamische Hintergründe bei diesem Störungsbild geben. Nicht jede Angstneurose sei mit gleicher Schnelligkeit und gleichem Erfolg zu behandeln und auch die „theoretische Frage, aus welchen Gründen dieser Fall verhältnismäßig günstig verlief, während andere weit mehr Schwierigkeiten machten" (S. 70), verlange eine weitere Klärung. Nicht nur den einzelnen praxeologischen Behandlungsschritten kommt hierbei eine besondere Bedeutung zu, sondern vor allem der Entwicklung von Behandlungszielen, die sich aus der Symptomatik sowie der jeweiligen Biographie ergeben (Lehmkuhl und Lehmkuhl 2003).

Ziele und Dauer von psychotherapeutischen Behandlungen stehen in einem engen Zusammenhang. Eine der Ferenczi-Freud-Kontroverse über „Die endliche und die unendliche Analyse" (Freud 1937) entsprechende Diskussion findet sich in der Individualpsychologie nicht (Lehmkuhl und Lehmkuhl 2002). Adler und seine Schüler standen jedoch dem Konzept einer unendlichen Analyse kritisch bis ambivalent gegenüber. Einerseits schrieb Adler im „Sinn des Lebens" (1933b), dass die „gewöhnliche Frage betreff der Dauer der Behandlung nicht leicht zu beantworten ist. Ich finde sie berechtigt, da ein großer Teil der Besucher von Behandlungen gehört hat, die bis acht Jahre gedauert haben und erfolglos waren. Eine richtig geführte individualpsychologische Behandlung müsste in drei Monaten wenigstens einen wahrnehmbaren Teilerfolg gezeitigt haben, meist auch schon früher" (Adler 1933b, S. 177).

Andererseits betonte Adler ebenso wie Freud, dass Selbstanalyse und Selbsterziehung wichtige Ziele einer individualpsychologischen Therapie seien und der angestoßene Selbstreflexionsprozess über die eigentliche Therapiezeit fortgeführt und weiter entwickelt werden müsse. Überschaubare rasch zu erreichende Therapieziele stehen somit langfristigen umfassenden gegenüber. Diesen verschiedenen Ansprüchen und unterschiedlichen Tendenzen müssen sich sowohl Therapeuten wie Patienten stellen und eine bewusste

Entscheidung treffen. Bereits 1929 formulierte Adler, dass es für die notwendigen therapeutischen Schritte und den zeitlichen Ablauf keine feste Regel gebe, „wie dies am besten zu bewerkstelligen ist, doch was immer man auch tut, es muss mit Zustimmung des Patienten geschehen" (1929c, S. 93). Künkel strebt eine Behandlung an, die „den Menschen im Zentrum seines Charakters, nämlich in seinen starren und negativen Zielsetzungen, zu einer grundsätzlichen Umstellung veranlasst; insofern ist die totale Behandlung eine zentrale. Auch wir wollen diese Umstellung gleichzeitig auch vorbereiten und ermöglichen durch jede nur erdenkbare Verbesserung der Mittel, der Funktionen und der Organe; insofern ist die totale Behandlung gleichzeitig auch peripher" (Künkel 1934, S. 181). Gemessen an solchen Zielvorstellungen sind „rasche Erfolge selten, kommen aber immerhin vor", wie Wexberg (1927, S. 365) betont. Dies verdeutlicht, dass auch in der Frühzeit der Individualpsychologie das Spannungsfeld zwischen Zielvorstellungen als Behandlungsauftrag und dem zeitlichen Rahmen erkannt und reflektiert wurde. So ist die lang dauernde Kontroverse zwischen Psychoanalyse und Individualpsychologie um Fragen der Kausalität und Finalität nach Reiter (1976) nicht nur eine Auseinandersetzung um verschiedene anthropologische Konzepte und therapeutische Techniken, sondern ganz wesentlich auch um Therapieziele und deren Verankerung in weltanschaulichen Werten: „Im System Adler spielt die aktive Verwirklichung von Lebenszielen eine weit größere Rolle als in der klassischen Psychoanalyse, auch was die Aktivität des Therapeuten betrifft" (Reiter, S. 207). Aber nicht Einsicht oder Willensbeeinflussung allein machen nach Künkel die Heilung möglich, „sondern nur die dialektische Verbindung von beiden". „Es fragt sich nun, ob und wie weit diese dialektische Verbindung auf zwei Subjekte, nämlich auf den Therapeuten und den Patienten, angewiesen ist oder aber ob und wie weit ein einzelnes Subjekt mit sich selber diese Wechselwirkungen von Einsicht und Willensbeeinflussung zustande bringen kann" (Künkel 1930, S. 36).

Eine „zunehmende Desillusionierung, was das Ergebnis der Psychoanalyse als Therapie betrifft" (Gill 1997, S. 19) und die Hinweise, dass andere Therapiearten viel schnellere und leichter zu erzielende Resultate vorweisen, hat eine zielgerichtete Prozess- und Ergebnisforschung in der Psychoanalyse angestoßen (Strauß 1999). Unter Bezug auf Luborsky und Mitarbeiter (1993) plädiert Strauß für eine praxis-, patient(inn)en- und letztlich bedarfsorientierten Psychotherapieforschung im Bereich der psychoanalytischen Therapie, die folgende Schritte umfassen sollte:

- „Therapien müssen mehr für spezifische Patient(inn)en maßgeschneidert werden
- Kürzere Formen psychoanalytischer Therapie sollten vermehrt zum Einsatz kommen
- Kurz- und Langzeittherapien sollten miteinander im Hinblick auf ihre Effekte verglichen werden
- Kombinierte Behandlungen (z.B. Psychotherapie und Pharmakotherapie) sollten genauer untersucht werden
- Mehr Wissen ist vonnöten über die Faktoren, die Therapieergebnisse beeinflussen
- Konzepte verschiedener Therapien sollten besser integriert werden
- Brücken zu den „etablierten Wissenschaften" (z.B. Medizin und Psychologie) sind zu bauen und
- es sollte mehr darauf geachtet werden, dass bzw. wie Forschungsergebnisse in der Praxis umgesetzt werden können" (Strauß 1999, S. 109).

Ein Teil dieser Forderungen wurde in den letzten Jahren aufgegriffen und vielfältige kontrollierte wie klinische Studien leisteten einen wichtigen Beitrag, die Reichweite der psychoanalytischen Methode zu vergrößern und empirisch zu belegen (Brandl et al. 2004).

Abschließend soll darauf hingewiesen werden, dass die Diskussion um Therapieziele und ihre Umsetzung nicht ohne die heutige Ausbildungssituation verstanden werden kann. Wie werden Ausbildungskandidaten sozialisiert? Welche Ideale und Erwartungen verbinden sie mit ihrer späteren Tätigkeit, wie verstehen sie ihre psychotherapeutischen Aufgaben, mit welchen Zielen beginnen bzw. beenden sie Behandlungen? Cremerius (1984) führte zur Frage der Identität des Psychoanalytikers aus: „Sie ist weder vom Forschungs- noch vom Behandlungsziel her eindeutig zu bestimmen. Der Erwerb einer bestimmten Behandlungstechnik ist ebenso ungenügend zum Aufbau einer psychoanalytischen Identität; die Bestimmung der sozialen Funktion und Rolle des Analytikers führt in derart viele Widersprüche, dass sie zur Bestimmung der analytischen Identität nicht ausreicht" (Cremerius 1984, S. 37). In diesem Kontext lässt sich die von Presslich-Titscher (1991) gestellte Frage: „Was bedeutet eigentlich psychoanalytisch arbeiten?" nur mit einem großen Spielraum für unterschiedliche theoretische und praxeologische Anschauungen beantworten. „Adlers Erbe" (Antoch 2000) wird auf so vielfältige Formen bewahrt und weiterentwickelt, dass immer neue Anpassungsleistungen notwendig und möglich sind. Dies wurde auch in einer vor kurzem durchgeführten Untersuchung deutlich, die sich mit den Behandlungsfällen während der Ausbildung beschäftigte (Lehmkuhl et al. 2005). In einer quantitativen und qualitativen Auswertung von 100 Abschlussberichten für die analytische Ausbildung lag die Behandlungsfrequenz in 80 % bei zwei bis drei Wochenterminen. Die Analysen fanden in gut 80 % im Liegen statt und die Behandlungsdauer lag in 50 % zwischen 150 und 400 Stunden. Hingegen sieht die spätere Behandlungsrealität nach der DGIP-Praxisstudie (Heisterkamp 1996) mit überwiegend nur einer Stunde pro Woche bzw. geringerer Frequenz deutlich anders aus. Es bleibt abzuwarten, inwieweit die ganz unterschiedliche Ausbildungs- und spätere Praxissituation sich auf die Entwicklung individualpsychologischer Konzepte, Behandlungsziele und die eigene Identität auswirken (Lehmkuhl et al. 2003, 2005). Gill greift diese Thematik in seinem Buch „Psychoanalyse im Übergang“ (1997) auf, wobei die von ihm gestellten Fragen dazu anstoßen sollten, Behandlungsdauer und –ziele sowohl im Kontext therapeutischer Prozesse als auch der Ausbildungssituation immer wieder neu zu überdenken und zu diskutieren: „Analysen sind berüchtigt dafür, dass sie viele Jahre dauern. Zu Freuds Zeiten waren sie viel kürzer und dies machte übrigens die Anordnung während der Analyse, keine wichtigen Entscheidungen zu treffen, sehr viel leichter durchführbar als heute, wo eine Analyse ein Jahrzehnt oder länger dauern kann. Warum dauern Analysen so lange? Ist die allgemein akzeptierte, relative Passivität des Analytikers ein Faktor? Gibt es das unzumutbare Ideal, alle Konflikte vollständig zu lösen? Kann eine Analyse aufgrund ihrer nicht anerkannten Stützfunktion Suchtcharakter bekommen? Oder wegen der chronischen unbekannten und daher nicht analysierten Übereinkunft von Übertragung und Gegenübertragung? Kann die Trennungsangst des Analytikers es schwierig machen, den Patienten loszulassen? Macht die Idealisierung des analytischen Prozesses es uns unmöglich zuzugeben, dass es Grenzen dessen gibt, was wir erreichen können oder sogar, dass wir gescheitert sind? Ich habe einmal eine unglückliche Konsequenz der Unfähigkeit erlebt, die Grenzen der Analysen anzuerkennen, als einem ungeeigneten Ausbildungskandidaten fortwährend noch mehr Analyse empfohlen wurde; dabei wurde nicht einmal überlegt, ob er versuchen sollte, den Analytiker zu wechseln. Ich habe einmal ohne Erfolg empfohlen, ein Ausbildungsinstitut sollte die Regelung einführen, dass jeweils nach fünf Jahren der Analytiker gewechselt werden sollte“ (Gill 1997, S. 119).

Die kritische Reflexion über die notwendigerweise zu erreichenden Ziele im jeweiligen Behandlungsverlauf verlangt nicht selten den Abschied von

Größen- und Allmachtsphantasien. Diese Gefühle berühren sowohl den Patienten als auch den Analytiker und insofern muss die Psychotherapie „zu ihrer Minderwertigkeit stehen, wenn sie psychotherapeutisch bleiben will" (Hillman 1986). In der Hoffnung auf sinnvolle Ziele, schöpferische Aktivitäten und soziales Eingebundensein als Ergebnis einer erfolgreichen Therapie verbinden sich die Erwartungen von Analysant wie Analytiker gleichermaßen, um sich zufrieden voneinander verabschieden zu können (Lehmkuhl und Lehmkuhl 2002).

Literatur:

Adler, Alfred (1912a): Über den Nervösen Charakter. Grundzüge einer vergleichenden Individualpsychologie und Psychotherapie. Kommentierte kritische Ausgabe. Witte, K.-H., Bruder-Bezzel, A., Kühn, R.(Hg.): Göttingen: Vandenhoeck & Ruprecht, 1997.

Adler, Alfred (1913a): Individualpsychologische Behandlung der Neurosen (48-66). In: Praxis und Theorie der Individualpsychologie. Frankfurt: Fischer 1974.

Adler, Alfred (1914h): Die Individualpsychologie, ihre Voraussetzungen und Ergebnisse (19-32). In: Praxis und Theorie der Individualpsychologie. Frankfurt: Fischer 1974.

Adler, Alfred (1929c): Neurosen. Fallgeschichten. Frankfurt: Fischer 1981.

Adler, Alfred (1933b): Der Sinn des Lebens. Frankfurt: Fischer 1973.

Antoch, Robert F. (2000): Adlers Erbe. Zeitschrift für Individualpsychologie, 25, 6-19.

Brandl, Y., Bruns, G., Gerlach, A., Hau, S., Janssen, P.L., Kächele, H., Leichsenring, F., Leuzinger-Bohleber, M., Mertens, W., Rudolf, G., Schlösser, A.-M., Springer, A., Stuhr, U., Windaus, E. (2004): Psychoanalytische Therapie. Eine Stellungnahme für die wissenschaftliche Öffentlichkeit und für den wissenschaftlichen Beirat Psychotherapie. Forum der Psychoanalyse, 20, 13-125.

Cremerius, Johannes (1984): Psychoanalyse – jenseits von Orthodoxie. In: Lohmann, H.-M. (Hg.): Die Psychoanalyse auf der Couch (27-46). Frankfurt: Fischer.

Freud, Sigmund (1937): Die endliche und die unendliche Analyse. G.W. Bd. XVI, 57-99. Frankfurt: Fischer.

Gill, Morton M. (1997): Psychoanalyse im Übergang. Stuttgart.

Heisterkamp, Günter (1996): Erhebung zum Berufsfeld. Zeitschrift für Individualpsychologie, 21, 156-169.
Hillman, James (1986): Die Heilung erfinden. Zürich: Schweizer Spiegel.
Kottje-Birnbacher, L., Birnbacher, D. (1999): Ethische Aspekte bei der Setzung von Therapiezielen. In: Ambühl, H., Strauß, B. (Hrsg.): Therapieziele (15-31). Göttingen: Hogrefe.
Künkel, Fritz (1930): Die Rolle der seelischen Krise. In: Seif,L., Zilahi, I. (Hg.): Selbsterziehung des Charakters (36-43). Leipzig : Hirzel.
Künkel, Fritz (1931): Eine Angstneurose und ihre Behandlung. Leipzig: Hirzel.
Künkel, Fritz (1934): Charakter, Leiden und Heilung. Leipzig: Hirzel.
Lehmkuhl, Ulrike u. Gerd Lehmkuhl (2002): Jedem Anfang folgt ein Ende. Dauer und Ziele einer individualpsychologischen Therapie. In: Diederichs, P. (Hg.): Die Beendigung von Psychoanalysen (32-46). Göttingen: Vandenhoeck & Ruprecht.
Lehmkuhl, Gerd, Ulla Breuer, u. Ulrike Lehmkuhl (2003): Individualpsychologische Fallgeschichten – Theoretische und praxeologische Aspekte in Abschlussarbeiten. In: Lehmkuhl, Ulrike (Hg.): Wie arbeiten Individualpsychologen heute? (285-310). Göttingen: Vandenhoeck & Ruprecht.
Lehmkuhl, Gerd u. Ulrike Lehmkuhl (2003): „Es ist etwas Gleichartiges an allen Erzählungen, aber ich weiß noch nicht, was es ist" – Zur Bedeutung von Fallgeschichten. Zeitschrift für Individualpsychologie, 28, 128-137.
Lehmkuhl, Gerd, Ulla Breuer u. Ulrike Lehmkuhl (2005): Zwischen Adlers Erbe und psychoanalytischem Mainstream. Im Spiegel von Literaturzitaten in Abschlussarbeiten und individualpsychologischen Publikationen. Zeitschrift für Individualpsychologie, 30, 143-150.
Lehmkuhl, Gerd, Ulla Breuer u. Ulrike Lehmkuhl (2005): Die Individualpsychologie auf der Couch. In: Lehmkuhl, U. (Hg.): Die Gesellschaft und die Krankheit (169-194). Göttingen: Vandenhoeck & Ruprecht.
Luborsky, L., Docherty, J.P., Miller, N.E., Barber, J.P. (1993): What's here and what's ahead in dynamic therapy research and practice? In: Miller, N.E., Luborsky, L., Barber, J.P., Docherty, J.P. (eds.): Psychodynamic treatment research. Basic Books, New York, 536-554.
Presslich-Titscher, Eva (1991): Individualpsychologen als Psychoanalytiker: Sind individualpsychologische Analysen Psychoanalysen? Zeitschrift für Individualpsychologie, 16, 260-266.
Reiter, L. (1976): Systematische Überlegungen zum Zielbegriff in der Psychotherapie. Prax.Psychother. 21, 205-218.

Strauss, B. (1999): Therapieziele in der psychoanalytischen Therapie. In: Ambühl, H., Strauß, B. (Hrsg.): Therapieziele (91-115). Göttingen: Hogrefe.

Wexberg, Erwin (1927): Die individualpsychologische Behandlung. In: Birnbaum, K. (Hg.): Die psychischen Heilmethoden (297-367). Leipzig: Thieme.

Die Freudsche Erzählung von Ödipus als Mythos der Macht

Klaus-Jürgen Bruder

I.

Freuds Theorie der Macht, könnte man sagen, ist der Ödipus Mythos. Ödipus: das ist der, der den Vater getötet hat und die Mutter geschwängert – und damit: geheiratet. Nach Freud ist es die „Trieb"-Geschichte eines jeden von uns, jedes Jungen – nicht die Real-Geschichte. Freud behauptet, er habe sie in den (eigenen) Träumen entdeckt.

Die Geschichte des Ödipus ist bekannt. Nur: inwiefern ist diese eine Geschichte der Macht? Bei Freud wird sie dies explizit durch „Totem und Tabu" (1913). Auch in dieser Geschichte geht es um Vater-Mord; ebenso wie der Mord am (Ur)Vater die Voraussetzung zum Besitz der Frauen ist – denn dieser Vater besitzt sie ursprünglich.

Freud stellt den Zusammenhang zwischen Ödipus und der Geschichte von „Totem und Tabu" ausdrücklich her. In einer nachträglich in die „Traumdeutung" (1900) eingefügten Fußnote schreibt er: „Der hier zuerst in der „Traumdeutung" berührte „Ödipus-Komplex" hat durch weitere Studien eine ungeahnt große Bedeutung für das Verständnis der Menschheitsgeschichte [...] gewonnen" (S. 270). Und Freud verweist dort auf „Totem und Tabu".

In „Totem und Tabu" „ist mir die Vermutung nahegekommen, dass vielleicht die Menschheit als Ganzes ihr Schuldbewusstsein, die letzte Quelle von Religion und Sittlichkeit, zu Beginn ihrer Geschichte am Ödipus-Komplex erworben hat" (1916/17, S. 344). In „Totem und Tabu" spricht er von seiner „großen Überraschung, dass auch diese Probleme des Völkerseelenlebens eine Auflösung von einem einzigen konkreten Punkte her, wie es das Verhältnis zum Vater ist, gestatten sollten" (1913, S. 188).

Am Anfang der Menschheitsgeschichte steht für Freud das Verbrechen – des Ödipus: die „Auflehnung" gegen die Macht: „die Überhebung und Auflehnung gegen eine große Autorität" (1913, S. 188). Die Macht wird von Freud zwar durchaus als tyrannisch charakterisiert, gleichwohl bleibt für ihn der Tyrannen-Mord ein Verbrechen: „Vater"Mord!! – wie bei Ödipus.

Im Unterschied zu Ödipus, der nicht wusste, und nicht wollte, was er tat (= das „Unbewusste") ist dies den Brüdern der „Urhorde" in „Totem und Tabu" durchaus bewusst, und von ihnen durchaus gewollt. Nicht bewusst war ihnen, nicht vorausgesehen hatten sie, was sie vielmehr erst nach dem Mord entdeckt haben werden, dass sie den Vater wieder einsetzen – müssen, sagt Freud, – als Idol – die „Idealisierung" („Liebe"), dass sie sein „Gesetz" wieder aufrichten: das Verbot des Besitzes der Frauen (das „Inzesttabu"), um die Rivalität der Brüderhorde in Fesseln zu legen und damit Mord und Totschlag.

Sie erkennen, anerkennen (im Nachhinein) die Notwendigkeit der Macht, des Gesetzes (des Vaters). Das Gesetz nun nicht als aufgezwungenes, sondern „freiwillig" übernommenes, aufgrund von Einsicht in seine Notwendigkeit. Zugleich aber: „verinnerlichen" sie den Vater: in Gestalt der Einverleibung des Totem, als Idol, haben sie ihre „Liebe zum Vater" entdeckt. Der verinnerlichte Vater reguliert nun das Verhalten der Brüderhorde.

Natürlich stimmt diese Geschichte mit ihrer Mischung aus Rationalismus und Magie nicht. Rationalismus: sie „erkennen", dass Gesetz und Macht „notwendig" sind (um sich gegenseitig zu schützen). Magie: der Totem, der Kult, das Unbewusste, die Verinnerlichung.

Widersprechen sich diese beiden Begründungen nicht?

Es ist aber das, was wir heute haben: der „Widerspruch" im Diskurs der Macht, über die Macht selbst. „Rationalismus" der „Notwendigkeit", „Einsicht", der „Aufklärung" – und „Liebe" zum Idol, das archaische Bild.

Die Verinnerlichung (der Macht) ist gleichwohl (heute) notwendig: Verinnerlichung der „Notwendigkeit" der Macht – da hat Freud durchaus recht. Nur beantwortet er die Frage nicht, warum, bzw. er gibt eine tendenziöse Antwort.

Wenn die Anerkennung des Gesetzes aufgrund einsehbarer Gründe nicht ausreicht, dann muss etwas der Einsicht im Wege stehen, dann ist die Voraussetzung dieser Einsicht nicht gegeben: die Gleichheit der Interessen.

Das ist die Situation, wo die Zustimmung zum Gesetz nicht freiwillig gegeben wird, sondern erzwungen. Erzwungen durch eine Macht, die ihr Interesse gegen widerstreitende Interesse anderer, den „Willen" durchsetzen kann (Max Webers (1924) Definition der Macht). Die Macht ist nicht auf Einsicht angewiesen. Dadurch ist sie ja gerade definiert. Mehr brauchen wir nicht zur Erklärung ihrer Wirkung.

Wozu brauchen wir dann aber die Magie, das „Irrationale", die Liebe zur Macht? Ganz einfach: um die Wirkung der Macht anders erklären zu können als mit der Macht selbst. Wir greifen zu einer solchen Erklärung, um die Macht selbst verleugnen zu können.

Hier erklärt sich die Notwendigkeit der „Magie". Sie versteckt die Macht, die Bedingung ihrer Wirkung – die Ungleichheit (der Macht). Der Widerspruch zwischen dem behaupteten Rationalismus der Freiwilligkeit und Magie löst sich auf.

Damit löst sich (allerdings) auch die Vorstellung von einer (homogenen) Gruppe gleichberechtigter, gleichmächtiger „Brüder" auf, die das Gesetz (des Vaters) aus Einsicht in die Notwendigkeit und aus freiem Willen wieder aufgerichtet hätten. Diese Vorstellung ist Fiktion: die Fiktion der Gleichheit der Interessen. Um diese Fiktion aufrechtzuerhalten hatte es der „Magie" bedurft.

Der Widerspruch zwischen Einsicht und Magie hatte also einen anderen „Widerspruch" (Gegensatz) verdeckt: den zwischen Mächtigen und weniger Mächtigen, zwischen Herrschenden und Beherrschten, macht(e) ihn „unbewusst". Für die Mächtigen ist es rational, sich gegenseitig durch Vertrag zu binden, für die Beherrschten ist es nicht rational. Sie müssen gezwungen werden, ihre (vermeintliche) Freiwilligkeit ist tatsächlich „irrational", wie die „Liebe" zum Idol, zum toten Vater, zum toten Tyrannen. Für sie wird der Zugang zum Genießen, der Zugang zu den „Frauen" durch Vertrag nicht geregelt, sondern versperrt. Sie mussten „irrational" gebunden werden: die „libidinöse Bindung an den Führer" – durch die Totem-Feier.

Jorge Semprún erzählt in seinem Roman „Zwanzig Jahre und ein Tag" eine wirkliche Geschichte über eine solche Totem-Feier im Spanien aus der Zeit nach dem Bürgerkrieg: „Am 18. Juli 1936 hatten die Bauern auf einem Landgut in der Provinz Toledo, als sie von der Erhebung der Militärs erfuhren, den jüngsten Sohn der Besitzer umgebracht. [...] Nach dem Ende des Bürgerkriegs veranstaltete die Familie des Verstorbenen jedes Jahr am 18. Juli eine Gedenkfeier, in der die Bauern des Gutes gezwungen wurden, den Mord rituell zu wiederholen. In einer Art Mysterienspiel, mussten sie abermals eintauchen in die Erinnerung an jenen Tod. Sie sahen sich gezwungen, ein weiteres Mal Buße für ihn zu tun, [...] hineingezogen in diese von der Familie inszenierte kollektive Erinnerung, schuldig gesprochen durch sie".

„In der Verewigung dieser Erinnerung mussten die Bauern nicht nur ihren Status als Mörder verewigen, sondern auch ihren Status als Besiegte. Sie verewigten damit den unerträglichen Grund ihrer Niederlage, indem sie der Ungerechtigkeit jenes Todes gedenken mussten, der ihre Niederlage, ihre Reduzierung auf den Status von Besiegten in heimtückischer Weise rechtfertigte. Kurz, diese Bußzeremonie – der Vertreter von Kirche und weltlicher Obrigkeit beizuwohnen pflegten – trug dazu bei, die soziale Ordnung zu heiligen".

Die libidinöse Bindung an den Führer ist also nicht für die Geführten, sondern für die Führer selbst eine „Notwendigkeit". Sie sind es, die sie brauchen, die sie herzustellen versuchen, notfalls erzwingen.

Was Freud also „vergisst", verbirgt mit diesem Widerspruch zwischen „rationaler" Einsicht in die Notwendigkeit der Wiedererrichtung der Macht des Gesetzes des Vaters und „irrationaler" Bindung an den als Idol „verinnerlichten" „Vater": ist der gewalttätige Charakter des Gesetzes – nicht nur in der Vorzeit, sondern heute, der gewalttätige Hintergrund, den er in die Vorzeit verlegt. Er „vergisst" dies, weil er die „Beherrschten" vergisst.

Gewalt steht am Anfang von Gesetz und Kultur. Aber nicht erst durch den Sturz der Tyrannei; sondern bereits die Errichtung der Tyrannei selber war nichts anderes als das Ergebnis von Gewalt. Die Macht des (Ur)Vaters war bereits das Ergebnis einer Usurpation, nicht erst die der Brüder.

Weil Freud das vergisst, d.h. ausblendet, muss er andere Gründe für Mord (und Inzest) und damit für die Notwendigkeit der Macht finden – nicht der gemeinsamen Macht der Brüder, sondern der Macht, die sich über die einzelnen setzt. Er findet diese Gründe in den (aggressiven) „Trieben", in der „Natur" des Menschen. So wird er 1915 den Grund des Weltkrieges in „Triebregungen" sehen, „die elementarer Natur, bei allen Menschen gleichartig sind" und aus denen „das tiefste Wesen im Menschen" bestehe (Freud 1915, S. 331f.). Und noch im „Unbehagen in der Kultur" von 1930 wird er daran festhalten, dass es „das gern verleugnete Stück Wirklichkeit hinter alledem" sei, „dass der Mensch nicht ein sanftes, liebebedürftiges Wesen ist, [...] sondern dass er zu seinen Triebbegabungen auch einen mächtigen Anteil von Aggressionsneigung rechnen darf" (Freud 1930, S. 470). Für die „Zähmung der aggressiven Triebe" – „eines der Hauptprobleme der Kultur" sei daher „äußerer Zwang" nötig, der dann in „inneren Zwang" umzusetzen sei (Freud 1915, S. 333).

Das ist die berühmte Freudsche Verkehrung von individuellem und gesellschaftlichem, die Verlagerung der äußeren Ursachen ins Innere (des psychischen Apparats).

Sie entspricht der tatsächlichen Verschiebung: es ist tatsächlich die Verinnerlichung der Macht, die uns der Macht folgen lässt. Aber Freud verkehrt Ursache und Wirkung: die feindseligen (und inzestuösen) Triebe seien der Grund für die Notwendigkeit der Macht: um diese zu bändigen, zu kultivieren. Er schließt von der Macht auf ihre Notwendigkeit, vom Verbot auf das Begehren.

Aber: dass etwas verboten ist, heißt nicht dass es begehrt wurde (Deleuze & Guattari 1972, S. 90). Die Feindseligkeit, gegen die die Macht als notwendige eingeführt wird, ist durch die Macht hergestellt. Sie ist Antwort auf die Einschränkung, die Enteignung der Bedingungen und Mittel ihrer Befriedigung.

Freud schreibt diese fest, indem er die Gründe nicht in der Macht, sondern im einzelnen sucht.

II.

Vergleichen wir diese Theorie Freuds mit der Theorie Adlers: „Machtstreben aus Minderwertigkeit". Machtstreben: ein Versuch, die Position der Minderwertigkeit, Ohnmacht zu überwinden, ihr zu entkommen. Diese Position der Minderwertigkeit, der Ohnmacht geht also dem Macht-Streben voraus. Man könnte sie der Situation von „Totem und Tabu" vergleichen: die Brüder streben nach der Macht des Vaters, aus der Position der Machtlosigkeit, der Verweigerung der Mittel zur Befriedigung ihrer Bedürfnisse. Ihre Macht, die sie nach dem Mord am Tyrannen/Urvater erobert hatten, kann man als das Ergebnis ihres Machtstrebens betrachten.

Allerdings ist dieses Streben nach Macht (bei Adler) gebunden an das Vorhandensein der Macht (in der Hand des Urvaters) und gebunden an die Situation ihres Unterworfenseins unter diese Macht, die die Unterworfenen zu überwinden suchten. Das „Machtstreben" richtet sich gegen diese Situation: im Begriff des „männlichen Protests" von Adler präzise festgehalten.

Macht-Streben ist (also) nicht primär, nicht „angelegt" – im Individuum, sondern sekundär, hervorgerufen durch die außerhalb des Individuums vorhandene, präexistente Macht, gegen die es sich wendet.

Diese Macht nimmt auch Freud (in „Totem und Tabu") als vorgegeben an. Er charakterisiert sie als tyrannisch, grausam und im Besitz aller Befriedigungsmittel. Der Aufstand der Brüder würde also von Freud im selben Licht betrachtet werden – als „männlicher Protest", gerechtfertigt?

Nein, im Gegenteil, er wird von Freud als Verbrechen dargestellt" – die Überhebung und Auflehnung gegen eine große Autorität" (1913, S. 188) – bzw. der Aufstand führt dazu, zum Verbrechen des Vatermords, mit dem (durch den) der Aufstand der Brüder sich ins Unrecht setzt, von Freud ins Unrecht gesetzt wird.

Und das Verbrechen muss gesühnt werden, seine Wiederholung muss gebannt und der alte Zustand wieder hergestellt werden, zumindest in der (Ersatz)Form des Totem und der Wiedereinrichtung des Macht (des Gesetzes) des Vaters.

Im Gesetz (des Vaters) erscheint die Macht gerechtfertigt – nicht der Aufstand der Söhne. Dieser Aufstand ist in Freuds Perspektive vielmehr ein Verbrechen, das nicht gerechtfertigt ist, auch nicht durch die tyrannische Macht der Triebunterdrückung (durch den Vater). Im Gegenteil wird die Triebunterdrückung gerechtfertigt – nachträglich: denn die Triebe haben sich als mörderisch erwiesen.

Und: die Triebe zeigen sich – in der Rivalität der Brüder nach dem Tod des Vaters weiterhin so: sie sind a-sozial, egoistisch, sie müssen deshalb durch die Macht in Schranken gehalten werden.

Wenn sie hier nicht – wie bei Adler – aus dem Vorhandensein der Macht, der Unterdrückung und Enteignung erklärt werden, also aus den gesellschaftlichen Bedingungen (ihrer Behinderung), so müssen sie (bei Freud) im „Wesen“ des Menschen, in seiner „Natur“ gesucht werden, finden sie dort ihren „Ursprung“, (quasi)biologisch, anthropologisch.

Daher die biologische Durchdringung des Triebbegriffs bei Freud. Die Biologie gestattet, von den gesellschaftlichen Bedingungen abzusehen: von Unterdrückung, Ungleichheit, Minderwertigkeit. Diese verschwinden als Ursachen, bzw. auch sie werden als „angeboren“ dargestellt: die „angeborene Ungleichheit unter den Menschen“, die Freud im Brief an Einstein diesem erwidert (Freud 1932, S.24).

In diesem Brief benützt Freud dieses Argument, dass etwas „niemals beseitigt sein“ werde, weil „im tiefsten Wesen des Menschen“ begründet, nicht nur für die „menschliche Aggression“, sondern zugleich auch für die gesellschaftliche Ungleichheit. Auch diese sei „nicht zu beseitigen“, weil „angeboren“. Freud behauptet tatsächlich, es sei angeboren, „daß sie in Führer und Abhängige zerfallen“. „Die letzteren sind die übergroße Mehrheit, sie bedürfen einer Autorität, welche für sie Entscheidungen fällt, denen sie sich meist bedingungslos unterwerfen“. (Freud 1932, S.24).

Das Gesetz, das aufgrund der Triebe als notwendig erklärt wird, muss deshalb mit Gewalt durchgesetzt werden (nicht rationale Übereinkunft, der freiwillig zugestimmt würde, aus Einsicht in die Notwendigkeit).

Und deshalb kann die Feier der Erinnerung an die Einsetzung des Gesetzes auch nicht eine Feier des Sieges der Rationalität sein, sondern eine Erinnerung an das Verbrechen – des Vatermordes, der Auflehnung gegen die Macht, die sich nicht wiederholen darf: der Totem (als Ersatz des getöteten Vaters, der an seiner Stelle getötet wird – und einverleibt, „internalisiert") als der „geliebte", idealisierte Vater (nicht als der Tyrann, dieser wird durch die Internalisierung „vergessen", verdrängt).

In Freuds Interpretation der griechischen Tragödie (in „Totem und Tabu") wird die Umwandlung (Verwandlung) des gehassten Urvaters in den geliebten in der Totem-Feier so dargestellt, dass der Urvater, indem er die Schuld der Söhne, ihr Verbrechen auf sich nimmt, zu ihrem Erlöser wird: „Der Held der Tragödie [...] hatte die so genannte „tragische Schuld" auf sich geladen [...]. Er muss leiden, weil er der Urvater, der Held jener großen urzeitlichen Tragödie ist... und die tragische Schuld ist jene, die er auf sich nehmen muss, um den Chor von seiner Schuld zu entlasten...Das auf ihn gewälzte Verbrechen, die Überhebung und Auflehnung gegen eine große Autorität, ist genau dasselbe, was in Wirklichkeit die Genossen des Chors, die Brüderschar, bedrückt. So wird der tragische Held – noch wider seinen Willen – zum Erlöser des Chors gemacht" (1913, S. 188).

Diese Verwandlung des Tyrannen in den Erlöser wäre die Voraussetzung der Umkehrung der Feindseligkeit in ihr Gegenteil der „Liebe": die Voraussetzung, dass die Macht auf Gewaltanwendung verzichten kann, dass ihr vielmehr in Liebe, Verehrung, Gehorsam gefolgt wird, durch die Liebenden selbst, „verinnerlicht".

So kann man die Wirkung der Macht heute noch beschreiben: sie wirkt aus dem Inneren, in uns selbst stationiert, wenn gleich tyrannisch: als Instanz: das „Über-Ich". Nur wenige halten die Herkunft dieser Instanz in Erinnerung, wie z.B. Brückner (1978, S. 132, 150) der vom „verinnerten Staat" spricht. Der „Kulturfortschritt" besteht in der Verinnerlichung der Macht, die die „äußere" Macht zwar nicht unnötig macht, aber unsichtbar, vertreten durch eine „Repräsentanz" im („Inneren" des) Subjekt(s) selbst.

Der Aufstand der „Brüderhorde" ist nicht nur Zwischenstadium auf dem Weg zur Verinnerlichung der Macht, sondern deren ständige Bedrohung: mit jedem Neugeborenen werden die – unzivilisierten – Triebe wieder geboren und mit ihnen die Gefahr des ödipalen Verbrechens. Es muss also von jedem Individuum der „Ödipus" durchlaufen werden (der „notwendige Durchgang durch den Ödipus"), die Aufrichtung der Macht des Gesetzes des „Vaters", die Verinnerlichung seiner Gebote im „Über-Ich".

III.

Adlers Sichtweise führt zu ganz anderen Schlüssen: die Macht muss nicht verinnerlicht werden, sondern überwunden. Die Macht ist nicht notwendig, um die Triebe zu unterdrücken, denn: die „Triebe" (Strebungen), aus deren – notwendiger – Unterdrückung die Notwendigkeit der Macht abgeleitet wird, sind nicht primär, sondern durch die Macht hervorgerufen. Sie sind nicht primär feindselig, anti-sozial, sondern sekundär, durch die Macht dazu gefordert, verführt. Sie sind nicht primär „ödipal", sondern nehmen (manchmal) sekundär jene Züge an, „die auf die Mutter gerichteten Begehrensvorstellungen entsprechen" (Adler 1910 c, S. 93). Sie sind für Adler Ausdrucksweisen im Rahmen des „männlichen Protests": Erniedrigung und Entwertung der Frau, Herrschsucht aus Angst vor Unterwerfung und als Sicherungstendenz (Adler 1911 d, S. 157ff).

Primär ist das Streben nach Befriedigung, nicht gegen den anderen, sondern mit ihm. Streben nach dem anderen, nach „Gemeinschaft" mit anderen, gemeinsamem Leben und Verwirklichung im Austausch mit anderen.

Dieses Streben nach Gemeinschaft mit anderen wird durch die Macht behindert, sabotiert, seiner Grundlage entzogen, umgelenkt in die Rivalität gegen den ersehnten anderen. Dort, in der Rivalität mit dem (den) anderen wird die Minderwertigkeit erlebt, die „feinen Unterschiede", die Klassendifferenzen des Geschmacks, der Bildung, der Kultiviertheit, hinter ihr, hinter dem anderen, hinter der Rivalität verschwindet die Macht, entzieht sich die Macht unserem Blick.

Die Rivalität wird also nicht wie bei Freud in der Brüderhorde entstehen, die durch die Macht verhindert werden müsste, in den Schranken des Gesetzes der Macht „befriedet", sondern sie ist bereits Ergebnis der Macht, ihrer Präsenz, ihres Eingriffs, ihr Gift, die die Brüder gegeneinander ausspielt – um von sich (der Macht) abzulenken, um sich vor dem Aufstand gegen sie zu schützen: eine Taktik der Machterhaltung – durch Spaltung ihrer Gegner.

Dadurch ist das Machtstreben alltäglich – und gleichzeitig: ohne die Macht selbst anzutasten. Der Kampf um die Macht ist nicht gegen die Macht (des Urvaters) gerichtet. Die Machtkämpfe der „Brüder" untereinander verhindern vielmehr, die Macht des Vaters zu erobern.

Die Macht wird nicht durch das Verbot (des Machtkampfes) geschützt, sondern durch das Machtstreben selbst (deshalb stachelt sie dieses auch an). Nicht die Verinnerlichung (der Gesetze) des Vaters lässt deren – nicht Gesetze, sondern – Parolen befolgen, sondern die Fiktion selbst Herr zu sein, Fiktion der „Teilhabe an der Macht".

Dies wäre nach Adler die Verinnerlichung (der Macht), bzw. deren Ergebnis. Das Streben nach Macht: eine Folge der Ablenkung des Strebens nach Überwindung der Minderwertigkeit – durch die Macht (selbst) als Sackgasse, Ausweg gewiesen, mit dem sie selbst aus der Schusslinie gebracht werden sollte.

Diese Verinnerlichung gälte es, folgte man Adler, rückgängig zu machen, die Umkehrung des Strebens nach Gemeinschaft mit den anderen in das Streben nach Macht (über den anderen) wäre aufzuheben, die Idealisierung der Macht, die Unterwerfung unter sie, ihre Verehrung, ihre Nachahmung.

Man kann (könnte) auch das Streben nach (Gemeinschaft mit) den anderen als eine „Fiktion" bezeichnen. Das allein machte sie nicht schlechter als die Fiktion des Kampfes der Brüderhorde aus „Totem und Tabu". Der entscheidende Unterschied ist ihr Verhältnis zur Macht.

Es ist falsch, Freud und Adler, i.S. der Dichotomie von „Sexual"-„Trieb" und „Macht"- „Trieb" gegen einander zustellen. Das Macht-Streben ist bei Adler kein Trieb, weder biologisch, noch anthropologisch im „Wesen" des Menschen begründet. Auch die Aggression ist bei Adler kein Trieb, vielmehr ist sie provoziert durch die negative Intervention eines anderen, durch die Behinderung der Befriedigung der Bedürfnisse (nach der Gemeinschaft mit dem anderen).

Das Macht-Streben ist gesellschaftlich determiniert, durch die Macht selbst hervorgerufen. Sie verwehrt den Zugang zu den „Mitteln der Befriedigung", fordert den Widerstand gegen sie heraus, den „männlichen Protest" (Adler). „Wo es Macht gibt, gibt es Widerstand" (Foucault 1976, S. 116). Und die Macht lenkt diesen Widerstand zugleich ab in die Konkurrenz gegen den „Nebenmenschen".

Die Differenz Freud/Adler liegt also auf dieser Dimension der Gesellschaftlichkeit, der gesellschaftlichen Bestimmtheit des Strebens, (des Begehrens).

Adler rückt nicht nur das Macht-Streben in den Blick, sondern die Macht selbst. Und d.h.: er macht die Blickwendung Freuds nicht mit, die Umkehrung der Ursache und Folge. Nicht: die gesellschaftliche Machtstruktur ist Ergebnis individuellen Machtstrebens, sondern umgekehrt: das individuelle Macht-Streben reproduziert die gesellschaftliche Macht-Struktur, deren Ergebnis es ist. Macht gibt es nicht, weil es Machtstreben gibt, sondern umgekehrt: die Macht ist das „Krebsgeschwür" (Adler), sie „macht Feige aus uns allen" – wie Adler Nietzsches Charakterisierung des „Gewissen" übernimmt.

Ergebnis von individuellem Macht-Streben kann immer nur sein: einen Platz an der Macht, in der Macht-Struktur erobert zu haben – nicht diesen Platz selbst geschaffen haben. Machtstreben: ein Schnappen nach dem Speck, der uns vorgehalten wird – meist nicht einmal Teilhabe an der Macht, sondern „Umverteilung" des Specks, ihn anderen wegzuschnappen. Deshalb richtet sich dieses Machtstreben vorzugsweise gegen den anderen (statt gegen die Macht): Neid, Konkurrenz, Entwertung.

Von „Machtstreben" kann nicht deshalb gesprochen werden, weil das Individuum nach Macht strebt, sondern weil dieses Streben von der Macht angeleitet ist. Gleichwohl kann es von der Illusion begleitet sein (und ist dies auch meist), dass das, was man damit erreicht, „Macht" ist – über den anderen, in den Augen des anderen: „als ob". Insofern Streben nach einem Surrogat, einem Schein (von Macht), „imaginär", eine Ablenkung von der „eigentlichen" Macht (der realen Macht). Eine Kompensation (der Minderwertigkeit), auch im wörtlichen Sinne „bloßer" Kompensation: nicht Aufhebung – der Minderwertigkeit, der Ungleichheit, der (Struktur der) Benachteiligung, der Herrschaft.

Dieser Charakter des „als ob" kann durchaus die Qualität des Unbewussten haben, aber es ist nicht ein „als ob ich den Führer liebe", sondern als „ob ich selbst der Führer wäre", Herr meines eigenen Tuns – und nicht „Knecht fremder Machtgelüste" sei (Adler 1919 a, S. 14).

Vielleicht haben Adler und Freud verschiedene (unbewusste) Verarbeitungsweisen der Macht im Kopf, unterschiedliche gesellschaftliche Schichten, ein jeweils anderes „Bewusstsein". Es ist aber die Frage des Verhältnisses zur Macht, die Freuds und Adlers Position unterscheidet. In „Totem und Tabu" ebenso wie in den Antikriegsschriften Freuds (1914a +b, 1915, 1932) wird die Macht gerechtfertigt, und zwar mit der „Notwendigkeit" der Unterdrückung der „Triebe", der Beherrschung der verbrecherischen Natur des „Menschen": die „Kulturleistung" der Macht. Im Ödipus-Mythos, der Darstellung der „Triebschicksale", gerät die gesellschaftliche Macht überhaupt aus dem Blick.

IV.

Der Mythos von Ödipus bleibt auch in und nach „Totem und Tabu" weiter der entscheidende Mythos der „Grundstruktur des Menschen" für Freud: das Verbrechen der Brüderhorde wird als „ödipales" bezeichnet, der Mythos des

Ödipus erfährt keine machttheoretische „Umkodierung", Umschreibung, sondern umgekehrt wird die Machttheorie in Begriffen der „ödipalen" Struktur gefasst. Menschheitsgeschichte und Individualgeschichte werden im Triebschicksal des Ödipus ineinander verschlungen. Ödipus ist nun nicht mehr nur die Triebgeschichte eines jeden von uns, sondern zugleich der Kern der Menschheitsgeschichte. Umgekehrt: wir wiederholen in unserer (Trieb)Geschichte die Ursprungsgeschichte der Menschheit.

Daher kann man sagen, dass es die Verleugnung der Macht ist, die die entscheidende Haltung Freuds gegenüber der gesellschaftlichen Macht darstellt. Die Theorie der Urhorde erscheint eher wie eine Entgegnung gegenüber der Machttheorie Adlers. Sie ist in der Zeit der Kontroverse mit Adler und nach der Trennung von Adler 1912/1913 entwickelt worden. Das Bild könnte nicht treffender sein für den „Vatermord", den ein Teil seiner Anhänger dadurch verübte, dass sie mit Adler die Mittwochsgesellschaft verlassen haben.

Dass der Ödipus-Mythos diesem Projekt der Verleugnung der Macht verpflichtet ist, wird nicht nur durch die ödipale Struktur der Machttheorie Freuds in „Totem und Tabu" bestätigt, sondern durch die Freudsche Rezeption des Ödipus-Mythos selbst. Betrachtet man das Stück, das diese Figur, wenngleich nicht in die Literatur eingeführt hat, so doch in ihr immer wieder aufgegriffen worden ist, die Tragödie von Sophokles, so muss man sich die Augen reiben.

In dem Stück ist keine Rede vom uns (durch Freud) nahegelegten „ödipalen" Begehren des Sohnes zur Mutter und nicht von der daraus folgenden feindseligen Rivalität gegen den Vater. Vielmehr ermordet Ödipus seinen Vater und heiratet seine Mutter ohne zu wissen, dass er das tut: er weiß nicht, dass der Mann, den er umbringt, sein Vater ist und dass die Frau, die er heiratet, seine Mutter.

Nun könnte man darin eine schöne Definition des Unbewussten sehen: wir handeln, ohne zu wissen was wir tun und weshalb, ohne Bewusstsein und Willen.

Dass Ödipus, durch das Orakel gewarnt, seine Eltern verlässt, um gerade nicht zu tun, was ihm prophezeit worden ist: auch hier handelt er ohne Wissen, wenngleich mit Willen: er weiß nicht, dass die, die ihn aufgezogen haben, nicht seine Eltern sind. Das Unbewusste zeigt sich eben – im Handeln – nicht im Bewusstsein. Ödipus tötet seinen Vater, heiratet seine Mutter: darin zeigt sich sein Wille, Wunsch als unbewusster.

Aber hier müssen wir genau bleiben, uns nicht mit voreiligem Verstehen zufrieden geben: Wenn wir darin eine zutreffende Definition des Unbewussten sehen wollen, dass sich der (unbewusste) Wunsch im Handeln zeigt, so zeigt sich in Ödipus´ Handeln gerade nicht sein Wunsch, sondern ein anderer: der der Götter.

Die Götter: das sind in der griechischen Mythologie und bei Sophokles: die Personifikation einer Macht, jenseits des Willens und Bewusstseins der Menschen, die das Handeln der Menschen lenken, bestimmen, woanders hin führen, als diese wollen und denken. Wir müssen die „Götter" übersetzen. Sie sind, wie Freud (1925, S. 86) zutreffend sagt, „die Materialisation" von etwas anderem, das wir hier einsetzen müssen.

Und zwar: „die Materialisationen der inneren Notwendigkeit": „dass der Held ohne sein Wissen und gegen seine Absicht sündigte, verstand sich [für Freud] als der richtige Ausdruck der unbewussten Natur seiner verbrecherischen Strebungen" (Freud 1925, S. 86).

Aber: Hier liegt (bereits) Freuds Kurzschluss vom (verbrecherischen) Handeln auf verbrecherische Strebungen. Dieser Schluss ist begründet in der Verlagerung der „Notwendigkeit" nach „innen". Diese Verlagerung muss aber erst stattgefunden haben. Für Freud ist sie vorausgesetzt, nicht Ergebnis.

Die Götter werden nicht ersetzt durch das Unbewusste, sondern zum Verschwinden gebracht. Ihr Platz bleibt leer. Die Wirkung der Macht der Götter wird dem Unbewussten zugeschrieben. Damit wird die Macht (der Götter) unbewusst gemacht.

Diese Freudsche Unbewusstmachung hat ihre Entsprechung im Realen, in der realen Unbewusstmachung der Macht selbst, die Freud aber als solche nicht expliziert. Im Gegenteil, er tut so, als sei diese primär.

Das Unbewusste ist (zunächst) an einem anderen Ort anzusiedeln: unbewusst sind Ödipus die Bedingungen, unter denen sein Handeln zum verbrecherischen wird – unbewusst i.S. von unwissend, von Nicht-Wissen. Ödipus weiß nicht, was er tut – nicht weil er seine Strebungen nicht kennt, sondern die Personen, auf die sich seine Strebungen richten.

Dieses Wissen wird ihm von diesen Personen selbst vorenthalten. Dort, bei den Eltern hat also das Unbewusste seinen Ort. „Die Psychoanalyse vergisst seit Freud der Tatsache Rechnung zu tragen, dass die Verdrängung und das Unbewusste beim Anderen da sind, bevor sie es beim Kind sind: bei den Eltern" (Laplanche 1991, S. 489). Sie, die Eltern übertragen das Unbewusste auf das Kind.

Es ist aber nicht, wie Laplanche annimmt, das Unbewusste der Eltern, sondern es wird erst zum Unbewussten, und zwar dem Unbewussten des Kindes durch diese Übertragung, durch dieses Vorenthalten von Wissen. Es handelt sich also um eine Transformation. (aktuelles Beispiel: das den Kindern der Nazi-Eltern von diesen vorenthaltene Wissen, das die Kinder als ihr Unbewusstes mit sich schleppen).

Die Eltern tun das, weil sie sich der Strafe entziehen wollen, der Konsequenzen ihrer Taten, weil sie den Willen der Götter außer Kraft setzen wollen, eine Macht verleugnen, der sie selber unterworfen sind.

Das ist nicht möglich, sagt Sophokles: wir setzen die Macht nicht außer Kraft, indem wir sie verleugnen. Das ist die Botschaft, die Sophokles als Vertreter des „demokratischen" Athen an seine Bürger gibt, die sich im Rahmen der Dionysos – Festspiele ein mal im Jahr versammelt haben.

Der Fortschritt der Demokratie, für die Sophokles spricht, liegt nicht darin, die Macht (der Götter) abgeschafft zu haben, (hinter der sich die Macht der Herrschenden verbirgt), sondern es ist ein Fortschritt in der Praxis des Rechts, wie Foucault (1970) herausgearbeitet hat: dem Recht gegenüber ist auch der König unterworfen.

Foucault erinnert trocken daran, dass dies der Titel des Stückes von Sophokles ist: „Ödipus Rex" (und nicht „Ödipus der Blutschänder", oder „Ödipus der Vatermörder"). Als König wird er auch in seinem Verhalten und in seiner Aufgabe dargestellt: den Mörder des Vorgängers auf dem Thron zu finden (und natürlich ihn der gerechten Strafe zuzuführen). Foucault sieht darin den eigentlichen Inhalt des Stückes von Sophokles, eine „dramatisierte Geschichte des griechischen Rechts" zu sein (S. 128). Es würden „eine Reihe von Verfahren" zur Ermittlung des Straftäters vorgeführt: Das Orakel, die Weissagungen, die religiöse Anweisungen, ihre typischen Formen des Fragens und Antwortens – in den ersten Szenen (S. 132) – und die Formen des neuen Verfahrens zur Wahrheitsermittlung im griechischen Gerichtsverfahren des 5. Jahrhunderts, als Ödipus am Ende die Rolle des Richters übernimmt und die beiden Knechte befragt (S. 133)

Dass der König als Richter sich selbst verurteilen muss, zeigt die Beschränkung der Macht durch das Recht und zugleich deren Affirmation als gerechtfertigte Macht. Dies, denke ich, ist die wesentliche Botschaft des Ödipus, des Ödipus Rex von Sophokles. Der Mord und der Inzest sind dabei lediglich der Vorwand, diese Botschaft als Geschichte auf die Bühne zu bringen.

V.

Freuds Botschaft ist eine andere: die Macht wird affirmiert – nicht durch ihre Legitimation, sondern durch ihr Verschweigen. Mit der Geschichte von Ödipus, so wie Freud sie erzählt und in der Bedeutung, die er ihr gibt, wird die Macht, die unser Handeln bestimmt, die „Notwendigkeit", das Nicht-Wissen, das „Unbewusste" ins Innere des Individuums verschoben. Die „innere" Notwendigkeit wird in der „Trieb"-Struktur des Individuums versteckt: das ödipale Begehren.

Das Schweigen über die Macht, die Verschiebung der Macht, die uns bestimmt, ins „Innere" des Individuums, bedeutet nicht, dass die („äußere") Macht verschwindet, sondern dass sie un(an)greifbar gemacht wird.

Mario Erdheim (1982, S. 433) bezeichnet dies als „Unbewusstmachung der Realität der Macht". Die Macht wird in die Vorstellungswelt der Kindheit geholt, auf das Format eines Familiendramas zurechtgeschnitten: die „Phantasmen der guten Herrschaft". Allerdings werden uns diese Bilder tagtäglich durch die Medien aufgedrängt – und gleichzeitig werden uns andere Bilder vorenthalten, die nicht „phantastisch" wären, sondern „realistisch". Indem uns die einen gezeigt werden, werden die anderen versteckt. Bourdieu (1996) nennt diese Strategie „Verstecken durch Zeigen": die Strategie des Diskurses der Macht – neben der anderen Strategie der Zuschaustellung der Macht – in ihren Selbstinszenierungen, in der Ausübung von Gewalt – gegenüber den „Feinden" der Macht (der Demokratie).

Die (Freudsche) Verschiebung der Macht ins Individuum macht die Psychoanalyse „anschlussfähig" an den Diskurs der Macht. Diese Anschlussfähigkeit stellt sich aber nicht erst post festum ein, sondern das gesamte Freudsche Projekt seines Ödipus-Mythos selbst ist in den Diskurs seiner Zeit eingebettet, aus diesem entnommen. Ödipus war wenn auch nicht unbedingt der Mythos des 19. Jahrhunderts, so doch zentrale Figur in der Rezeption der klassischen Antike in Literatur, Theater, Kunst und Architektur.

Die zahlreichen Inszenierungen und Bearbeitungen des Ödipus-Stoffes, die es gab, hatten diesen bereits mit der gesamten antiken Kunst aus seinem historischen, gesellschaftlichen und politischen Kontext gelöst – wie auch Freud es tat. Wie Freud abstrahierten sie von den gesellschaftlichen und historischen Bedingungen, in denen, aus denen heraus und für die das Stück geschrieben worden war: von der gesellschaftlichen Situation und Position des Schreibers (Sophokles als Staatsmann und Kriegherr Athens), vom Zusammenhang, in dem das Stück aufgeführt und für den es geschrieben worden war, (den Dionysos Festspielen, in denen die Bürgerschaft des athenischen Staates sich in der Selbstdarstellung ihrer neuen Macht als Metropole der griechischen Welt selbst feierte). Ebenso abstrahierten sie von den formalen ästhetischen Neuerungen, die Sophokles in die traditionelle Struktur und Aufführungspraxis der Tragödie eingeführt hatte, um auf der formal-ästhetischen Ebene dem Neuen Ausdruck zu verleihen: die neue Legitimation der Macht, in Gestalt der Demokratie, die der „Willkür" der alten Mächte Schranken gesetzt hatte – wobei der Demos dieser „Demokratie" sich auf die Besitzbürger beschränkte, immer noch eine Minderheit von etwa 15% der Bevölkerung.

Ebenso löste Freud die „Griechenland"-Begeisterung seiner Zeit, die die Dramatiker und Schauspieldirektoren dazu brachte, dieses Stück immer wieder zu inszenieren und zu bearbeiten, aus ihrem aktuellen politischen Bedingungen: Dem Zeitalter der Restauration und des Rückzugs des Bürgertums aus der politischen Arena, die Angst der Bürger vor der Revolution, das sich im Glanz der Perikleischen Klassik (der Zeit Sophokles', als dem Zeitalter der „Demokratie" spiegelte (und kostümierte), „das Land der Griechen mit der Seele suchend", wie Winkelmann und Goethe vorgegeben hatten und wogegen Nietzsche (1872) mit sarkastischer Polemik und einer Kritik am falschen Bild der griechischen „Heiterkeit" protestiert hatte.

Von all dem sieht Freud ab, sowohl vom zeitgeschichtlich aktuellen als auch historischen Kontext, wenn er scheinbar naiv allein aus der Handlung des Stückes die „Wirkung [des Stoffes] auf den Betrachter" erklären will. So behauptet er in seinem Brief an seinen Freund Wilhelm Fließ vom 15.10.1897: „... die griechische Sage greift einen Zwang auf, den jeder anerkennt, weil er dessen Existenz in sich verspürt hat (Freud 1897, S. 293).

Freud habe diesen Zwang auch bei sich „entdeckt": „Ich habe die Verliebtheit in die Mutter und die Eifersucht gegen den Vater auch bei mir gefunden und halte sie jetzt für ein allgemeines Ereignis früher Kindheit... Wenn das so ist, so versteht man die packende Macht des Königs Ödipus trotz aller Einwendungen, die der Verstand gegen die Fatumsvoraussetzung erhebt..." (Freud 1887, S. 293).

Von dieser Wirkung behauptet Freud auszugehen. Sie ist ihm Erklärung dafür, dass dieses Thema (des Ödipus-Stückes) immer noch auf die Zuschauer anziehend wirke, unter Absehung von diesem zeitgeschichtlichen Kontext.

„Es muss eine Stimme in unserem Innern geben, welche die zwingende Gewalt des Schicksals im Ödipus anzuerkennen bereit ist... Sein Schicksal ergreift uns nur darum, weil es auch das unsrige hätte werden können [...]. Uns allen vielleicht war es beschieden, die erste sexuelle Regung auf die Mutter, den ersten Hass und gewalttätigen Wunsch gegen den Vater zu richten; unsere Träume überzeugen uns davon" (Freud 1900, S. 269).

„Jeder der Hörer war einmal im Keime und in der Phantasie ein solcher Ödipus". (Freud 1887, S. 293). „König Ödipus [...] ist nur die Wunscherfüllung unserer Kindheit. [...]. Vor der Person, an welcher sich jener urzeitliche Kindheitswunsch erfüllt hat, schaudern wir zurück mit dem ganzen Betrag der Verdrängung, welche diese Wünsche in unserem Innern seither erlitten haben (Freud 1900, S. 269).

„Während der Dichter in jener Untersuchung die Schuld des Ödipus ans Licht bringt, nötigt er uns zur Erkenntnis unseres eigenen Innern, in dem jene Impulse, wenn auch unterdrückt, noch immer vorhanden sind. Wie Ödipus leben wir in Unwissenheit der die Moral beleidigenden Wünsche, welche die Natur uns aufgenötigt hat" (Freud 1900, S. 269).

Freud behauptet, er habe diese Wünsche in seinen (und der Patienten) Träume „entdeckt". Das mag sein, aber wie kommen diese Wünsche in die Träume?

Lange bevor Freud diese Entdeckung seinem Freund Fliess mitgeteilt hat, hat er selbst eine der berühmten Inszenierungen jener Zeit während seines Aufenthaltes in Paris (1885/86) gesehen (s. Jones 1953-57, Bd. I, S. 213). Freud war also, so ist anzunehmen, unter der „Wirkung" dieser Dramen-Figur gestanden, als er seine „Entdeckung" gemacht hat. Die Erklärung, er habe den Mythos des Ödipus in den Träumen entdeckt und die Geschichte von Sophokles habe diese Entdeckung nur bestätigt ist also umgekehrt zu lesen: Freud hatte die Träume unter dem Eindruck der Wirkung der Ödipus-Figur „gedeutet", die zu seiner Zeit überall (im Theater) präsent gewesen war.

Diese über die Träume gelegte Deutung gibt Freud als die Erzählung der Träume aus. Die Träume erzählen ihm keine andere Geschichte als die, die er um sich herum auch außerhalb der Träume hört, im Theater, in der Literatur, oder in sonst einem Medium des Diskurses der Zeit, heute: im Kino, im Fernsehen.

Freud verlegt diesen Diskurs in die Träume. „Das Unbewusste [selbst] wird Theater, Inszenierung – und noch nicht einmal avantgardistisches

Theater", wie Deleuze & Guattari bemerken, „sondern klassisches, Theater der Repräsentation" (– der Macht), „der Psychoanalytiker wird dessen Spielleiter" (Deleuze & Guattari 1972, S. 69).

Die Träume werden „dramatisiert": die „Verliebtheit" in die Mutter wird zum Inzest-Wunsch, die „Eifersucht" auf den Vater zum Todeswunsch (Mord-Wunsch).

Die Wünsche werden „ödipalisiert" (Deleuze & Guattari), in den Rahmen des „ödipalen Dreiecks" der Familie zurückgeholt – obwohl sie gar nicht dort entstanden sind und auch ihr Objekt und Bezugszentrum nicht in der Familie haben. Das ödipale Begehren ist keineswegs eine „Grundstruktur des menschlichen Daseins", sondern Ergebnis der Ödipalisierung (Refamiliarisierung) des Begehrens (durch die Psychoanalyse). Dieses wird infantilisiert, von seinen gesellschaftlichen Objekten und Bezugszentrum abgeschnitten, sein emanzipatorischer Horizont verriegelt (Bloch), seines widerständigen Potentials beraubt und damit seiner schöpferischen, produktiven Kraft (Adler).

Dieses Einsperren in das ödipale Dreieck ist zugleich ein Verschweigen der Macht, gegen die das Begehren Widerstand leistet, aufbegehrt: Verschweigen durch Reden (über etwas anderes), eine Form des „Versteckens durch Zeigen". Die Macht wird ins „Innere" des Subjekts verschoben, ins Unbewusste als der eigentlichen Macht, dem unser Verhalten, Denken, Wahrnehmen, Fühlen gehorcht. Diese Unbewusstmachung der Macht verdunkelt den emanzipatorischen Horizont der Psychoanalyse, des „Sagen sie alles, was Ihnen durch den Kopf geht".

Das ödipale Dreieck ist zwar nicht von der Psychoanalyse erfunden worden, sondern von ihr übernommen worden aus dem Diskurs der Zeit. Aber indem die Psychoanalyse diese Geschichte übernimmt, affirmiert sie das Schweigen (des Diskurses der Macht) über die Macht, die Unbewusstmachung der Macht, macht sie sich selbst zum Instrument dieser Macht (ihres Diskurses).

Das ödipale Dreieck ist selbst eine Machtbeziehung, die Gesellschaft, Familie, politische Macht usw. gegenüber dem Einzelnen herstellen (Foucault 1970, S. 129); eine Machtbeziehung, die nicht als solche erscheint, die vielmehr verschwindet hinter der – ödipalen – Struktur der Familie, in welcher das Begehren ödipalisiert wird.

Indem die Psychoanalyse die Geschichte des Ödipus dem Sprechen des Subjekts unterschiebt, zur Deutung seines Begehrens, als dessen – unbewusste – Geschichte benutzt, bindet sie dieses Sprechen an diesen – ödipalen – Diskurs (des Schweigens über die Macht), trägt sie die ödipale Struktur ins Begehren des Subjekts.

Dadurch wird die Psychoanalyse nicht nur kompatibel dem Diskurs der Macht, sondern – in ihrer Praxis – selbst ein Machtinstrument, eine „Deutungsmacht“ (Pohlen & Bautz-Holzherr 1991): Macht, die durch Deutung wirkt.

Die Psychoanalyse kann sich von dem Vorwurf, Macht-Instrument zu sein, nur befreien, wenn sie ihr Schweigen über die Macht, ihre Macht-Verleugnung aufgibt, wenn sie ihre eigene Macht-Ausübung („Ödipalisierung“) thematisiert, ihren Mythos von Ödipus dekonstruiert, wenn sie die Macht selbst thematisiert, die Macht, die unser Denken und Handeln, unser Wahrnehmen und Fühlen – auch gegen unseren Willen und hinter dem Rücken unseres Bewusstseins – bestimmt.

Literatur

Adler, Alfred (1910c): Der psychische Hermaphroditismus im Leben und in der Neurose. In: Heilen und Bilden. (S. 85-93): Frankfurt: Fischer 1973c.

Adler, Alfred (1911d): Beitrag zur Lehre vom Widerstand. IN: Praxis und Theorie der Individualpsychologie. (S. 152-160). Frankfurt: Fischer 1974.

Adler, Alfred (1919 a): Die andere Seite. Eine massenpsychologische Studie über die Schuld des Volkes. Wien. [Reprint (Faksimile) 1994, hrsg. und mit einem Vorwort versehen von Almuth Bruder-Bezzel].

Bourdieu, Pierre (1996): Über das Fernsehen. Frankfurt: Suhrkamp 1998.

Brückner, Peter (1978): Versuch, uns und anderen die Bundesrepublik zu erklären. Berlin: Wagenbach.

Bruder-Bezzel, Almuth (1983): Alfred Adler. Die Entstehungsgeschichte einer Theorie im historischen Milieu Wiens. Göttingen: Vandenhoeck & Ruprecht.

Bruder-Bezzel, Almuth u. Klaus-Jürgen Bruder (2004): Kreativität und Determination. Studien zu Nietzsche, Freud und Adler. Göttingen: Vandenhoeck & Ruprecht.

Chase, Cynthia (1979): Oedipal Textuality: Reading Freud's Reading of Oedipus. Diacritics 9.1, 53-68.

Deleuze, Gilles & Guattari, Félix (1972): Anti-Ödipus. Frankfurt: Suhrkamp 1974.

Erdheim, Mario (1982): Die gesellschaftliche Produktion von Unbewußtheit. Frankfurt: Suhrkamp.

Flashar, Hellmut (2000): Sophokles. Dichter im demokratischen Athen. München: C.H. Beck.
Foucault, Michel (1982): »Das Subjekt und die Macht«, Nachwort von Michel Foucault. In: Hubert L. Dreyfus & Paul Rabinow (Hg.) Michel Foucault. Jenseits von Strukturalismus und Hermeneutik. Frankfurt: Athenäum 1987, 243-261.
Foucault, Michel (1970): Die Wahrheit und die juristischen Formen. Frankfurt: Suhrkamp 2003.
Foucault, Michel (1976): Sexualität und Wahrheit. Frankfurt: Suhrkamp 1977.
Freud, Sigmund (1897): Brief an Wilhelm Fließ vom 15.10.1897. In: Briefe an Wilhelm Fließ, hg. von Jeffrey M. Masson. Frankfurt: Fischer 1986.
Freud, Sigmund (1900): „Die Traumdeutung". GW II/III.
Freud, Sigmund (1913): „Totem und Tabu", GW IX.
Freud, Sigmund (1914a): Brief an Karl Abraham vom 26. Juli 1914 in: Freud, S. & Abraham, K. (1965): Briefe 1907-1926. Frankfurt: Fischer 1965.
Freud, Sigmund (1914b): Brief Freuds an Frederik Eeden, zit n. Jones, E. Leben und Werk von Sigmund Freud, II, Bern/Stuttgart 1962.
Freud, Sigmund (1915): „Zeitgemäßes über Krieg und Tod". GW X, 323-355.
Freud, Sigmund (1916/17): „Vorlesungen zur Einführung in die Psychoanalyse". GW XI.
Freud, Sigmund (1925): „Selbstdarstellung". GW XIV, 31-96.
Freud, Sigmund (1932): „Warum Krieg?" Brief an Einstein. GW XVI, 11-27.
Gasser, Reinhard (1997): Nietzsche und Freud. Berlin: de Gruyter.
Jones, Ernest (1911): Das Problem des Hamlet und der Ödipus-Komplex. Leipzig und Wien: Schriften zur angewandten Seelenkunde 10.
Jones, Ernest (1953-57): Das Leben und Werk von Sigmund Freud, Bern/-Stuttgart: Huber 1960-62.
Lacan, Jacques (1959-60): Das Seminar, Buch VII. Die Ethik der Psychoanalyse. Textherstellung durch Jacques-Alain Miller. Paris: Editions du Seuil 1986 [Übersetzt von Norbert Haas. Weinheim, Berlin: Quadriga 1996].
Laplanche, Jean (1991): Deutung zwischen Determinismus und Hermeneutik. Eine neue Fragestellung. Psyche XLVI, Juni 1992, 467-498.
Le Rider, Jacques (2002): Freud – von der Akropolis zum Sinai. Die Rückwendung zur Antike in der Wiener Moderne. Wien: Passagen 2004.

Lehrer, Ronald (1995): Nietzsche´s Presence in Freud´s Life and Thought. Albany, N.Y: State University of New York Press.
Lévi-Strauss, Claude (1958): Strukturale Anthropologie I, Frankfurt: Suhrkamp 1967.
Nietzsche, Friedrich (1872): Geburt der Tragödie aus dem Geiste der Musik. Berlin: de Gruyter 1967.
Pohlen, Manfred & Margarethe Bautz-Holzherr (1991): Eine andere Aufklärung. Das Freudsche Subjekt in der Analyse. Frankfurt: Suhrkamp.
Rank, Otto (1912): Das Inzestmotiv in Dichtung und Sage. Wien und Leipzig: Deuticke.
Rudnytsky, P. L. (1987): Freud and Oedipus. New York: Columbia University Press.
Searle, Leroy F. (1997): The Conscience of the king: Oedipus, Hamlet, and the Problem…" Comparative Literature 49.4, S. 316ff.
Semprún, Jorge (2005): „Zwanzig Jahre und ein Tag" Frankfurt: Suhrkamp 2005.
Weber, Max (1922): Wirtschaft und Gesellschaft. Tübingen: Mohr.
Zelenak, Michael X. (1998): The Troublesome Reign of King Oedipus: Civic Discourse and Civil Discord in Greek Tragedy. Theatre Research International 23.1, S. 60ff.

AutorInnen

Karl Bald, Dr. phil., Psychoanalytiker (DGIP/DGPT), freie Praxis, Dozent am Alfred-Adler-Institut Berlin. Steinmetzstr. 43, 10783 Berlin, mail: k.bald@gmx.de.

Klaus-Jürgen Bruder, Dr. phil., Psychoanalytiker (DGIP), Professor für Psychologie, Freie Universität Berlin, Fachbereich Psychologie und Erziehungswissenschaften, Arbeitsbereich Theorie und Geschichte der Psychologie. Pariser Str. 56, 10719 Berlin, Tel.: 030/864 22 823, mail: bruderkj@zedat.fu-berlin.de.

Klaus Ohm, Dr. phil., Psychoanalytiker (DGIP/DGPT), freie Praxis. Birkenstr. 11, 10559 Berlin, Tel.: 030/394 34 11.

Almuth Bruder-Bezzel, Dr. phil., Psychoanalytikerin (DGIP/DGPT), freie Praxis, Lehranalytikerin, Dozentin und Vorstandmitglied des Alfred-Adler-Instituts Berlin. Pariser Str. 56, 10719 Berlin, Tel.: 030/883 3416, mail: bruderkj@zedat.fu-berlin.de.

Gisela Eife, Dr. med., Fachärztin für Psychotherapeutische Medizin, Psychoanalytikerin (DGIP/DGPT), freie Praxis, Lehranalytikerin, Dozentin und Leiterin der Ambulanz für Erwachsenenpsychotherapie am Alfred Adler Institut München. St.-Anna-Platz 1, 80538 München, mail: eife@g-eife.de.

Gerd Lehmkuhl, Dr. med., Psychoanalytiker (DGIP/DGPT), Professor, Direktor der Klinik und Poliklinik für Psychiatrie und Psychotherapie des Kindes- und Jugendalters, Universität zu Köln. Robert-Koch-Str. 10, 50931 Köln, 0221/4784370, mail: gerd.lehmkuhl@uk-koeln.de.

Ulrike Lehmkuhl, Dr. med., Psychoanalytikerin (DGIP/DGPT), Professorin, Direktorin der Klinik für Psychiatrie, Psychosomatik und Psychotherapie des Kindes- und Jugendalters, Charité Berlin, Lehranalytikerin. Augustenburger Platz 1, 13353 Berlin, Tel.: 030/450566202, mail: ulrike.lehmkuhl@charite.de.

Rainer Schmidt, Dr. med., Psychoanalytiker (DGIP/DGPT), freie Praxis, Lehranalytiker. Alte Vaalser Str. 115 a, 52074 Aachen.

Karl-Heinz Witte, Dr. phil., Psychoanalytiker (DGIP/DGPT), freie Praxis, Lehranalytiker, Dozent am Alfred Adler Institut München. St.-Anna-Platz 1, 80538 München, mail: witte@khwitte.de.

www.ingramcontent.com/pod-product-compliance
Ingram Content Group UK Ltd.
Pitfield, Milton Keynes, MK11 3LW, UK
UKHW021903290926
8980IPUK00015B/1028

9 783631 547526